Lee Carroll und Jan Tober

Die Indigo-Kinder

Eltern aufgepasst ...
Die Kinder von morgen sind da!

Titel der Originalausgabe:
»The Indigo Children«, first printing May 1999
Hay House, Carlsbad CA
Aus dem Englischen von Silvia Autenrieth

Deutsche Ausgabe: © KOHA-Verlag GmbH Burgrain, 1999
Alle Rechte vorbehalten
3. Auflage 2015
Lektorat: Birgit-Inga Weber
Gesamtherstellung: Karin Schnellbach
Druck: CPI Books
ISBN 978-3-86728-131-7

Für Jean Flores, beschäftigt bei den Vereinten Nationen, die während der Arbeit an diesem Buch aus dieser Welt in eine andere ging.
Nun ist sie unser Engel auf der andere Seite und hilft von dort noch immer den Kindern dieser Welt.

Diese Kinder können äußerst helle Köpfe sein, absolut bezaubernd – aber mit ihnen zusammenleben? Unmöglich. Jede Sekunde lassen sie sich zehn Sachen einfallen, die Superspaß machen und kreativ sind bis zum Abwinken. Du bist gerade noch damit beschäftigt, den Brand zu löschen, den sie beim Rösten von Marshmellows auf der Herdplatte gelegt haben, da sind sie auch schon in der Badewanne und probieren aus, ob Goldfische heißes Wasser vertragen.
Natasha Kern, Mutter,
zitiert von Nancy Gibbs im *Time*-Magazin[1]

Eure Kinder sind nicht eure Kinder.
Sie sind die Söhne und Töchter der Sehnsucht des Lebens nach sich selbst.
Sie kommen durch euch, aber nicht von euch.
Und obwohl sie mit euch sind, gehören sie euch doch nicht.
Ihr dürft ihnen eure Liebe geben, aber nicht eure Gedanken,
denn sie haben ihre eigenen Gedanken.
Ihr dürft ihren Körpern ein Haus geben, aber nicht ihren Seelen,
denn ihre Seelen wohnen im Haus von morgen, das ihr nicht besuchen könnt, nicht einmal in euren Träumen.
Ihr dürft euch bemühen, wie sie zu sein, aber versucht nicht, sie euch ähnlich zu machen.
Denn das Leben läuft nicht rückwärts, noch verweilt es im Gestern.
Ihr seid die Bogen, von denen eure Kinder als lebende Pfeile ausgeschickt werden.
Der Schütze sieht das Ziel auf dem Pfad der Unendlichkeit,
und er spannt euch mit seiner Macht, damit seine Pfeile schnell und weit fliegen.
Lasst euren Bogen von der Hand des Schützen auf Freude gerichtet sein.

KAHLIL GIBRAN, *DER PROPHET*

Hinweis der Redaktion (2009)

Die beiden Autoren Lee Carroll und Jan Tober haben mit der amerikanischen Originalausgabe dieses Buches das Verdienst erworben, den Begriff und das Thema »Indigo-Kinder« international eingeführt zu haben. Seitdem sind mehr als zehn Jahre vergangen – eine Zeitspanne, die zahlreiche weitere »Indigo«-Publikationen hervorbringen ließ. Dem Lauf der Welt und dem Wandel der menschlichen Interessen entsprechend, hat sich manches auch im umfassenden Bereich der Pädagogik, Psychologie und Therapie getan: Institutionen wurden etwa gegründet, andere aufgelöst. Referenzen (Adressen, Websites etc.), die in der amerikanischen Originalausgabe dieses Werkes und in der deutschen Erstausgabe von 1999 angegeben wurden, konnten in etlichen Fällen nicht mehr bestätigt werden; sie mussten teilweise gestrichen (oder, wo möglich, aktualisiert) werden, weil sie in der damaligen Form nicht mehr gültig sind. Dadurch mag es in Einzelfällen zutreffen, dass zum Beispiel Zitate aus Websites oder Aufsätzen nicht mehr auf einfachem Weg überprüft werden können. Dies beeinträchtigt jedoch in keiner Weise den Informationswert der einzelnen Artikel. Einige der in den Quellenangaben bzw. Anmerkungen erwähnten Bücher sind derzeit nicht mehr über den normalen Buchhandel verfügbar; interessierte Leserinnen und Leser werden jedoch eventuell in Bibliotheken und Antiquariaten fündig.
Hinzufügungen der Redaktion in den Anmerkungen wurden mit einem entsprechenden Vermerk gekennzeichnet.
Um den Lesefluss nicht unnötig zu behindern, wurde im Deutschen oft darauf verzichtet, die (im Englischen üblichen) geschlechtsneutralen Begriffe *(teachers, students ...)*

jeweils mit männlicher *und* weiblicher Endung wiederzugeben (*Lehrer und Lehrerinnen, Schüler und Schülerinnen* beziehungsweise *Lehrer(innen), Schüler(innen)* ...). Selbstverständlich ist in solchen Fällen sowohl der männliche als auch der weibliche Teil der genannten Gruppe gemeint.

Inhalt

Einleitung 13

1. Was ist ein Indigo-Kind? 23
Richard Seigle, M.D. – Klassifikationsschemata
für menschliche Persönlichkeiten 25
Nancy Ann Tappe – Erste Bekanntschaft
mit den Indigos 29
Barbra Dillenger, Ph.D. – Über das Indigo-Kind 43
Doreen Virtue, Ph.D. – Besonders begabt oder
Problemkind? 50
Kathy McCloskey, Ph.D. – Die neuen Powerkids 52
Debra Hegerle – Indigo-Kinder 61
Robert Gerard, Ph.D. – Sendboten des Himmels 68

2. Was Sie tun können 75
Nancy Ann Tappe – Kinder führen 80
Doreen Virtue, Ph.D. – Ratgeber für Eltern von
Indigo-Kindern 84
Kathy McCloskey, Ph.D. – Woran sich die Eltern
von Indigo-Kinder erinnern sollten 86
Debra Hegerle – Langeweile und Ehrlichkeit 88
Judith Spitler McKee, Ed.D. – Kindern kraftvolle,
positive Botschaften schicken 91
Robert Gerard, Ph.D. – Die Disziplinierung von
Indigo-Kindern 109
Robert P. Ocker – Mitten aus dem Herzen: Pädagogische
Visionen für die Pioniere neuer Paradigmen 113
Cathy Patterson – Brauchbare Strategien für die
pädagogische Führung von Indigo-Kindern 116

Robert P. Ocker – Die Kleinen als Geschenke ehren 131
Jennifer Palmer – Kindern etwas beibringen 136
Pauline Rogers – Konkurrenzfreie Spiele 148
Joyce Golden Seyburn – Sieben Geheimnisse,
wie Ihr Kind gesund und glücklich aufwächst 150

3. Spirituelle Aspekte der Indigos 155
Melanie Melvin, Ph.D. – Zum respektvollen
Umgang mit Indigo-Kindern 158
Robert P. Ocker – Mitten aus dem Herzen 174
Nancy Ann Tappe – Indigo-Spiritualität 178
Doreen Virtue, Ph.D. – Ratgeber für Eltern
von Indigo-Kindern 185
Pastorin Dr. Laurie Joy Pinkham –
Meine lieben Indigos! 198

4. Gesundheitliche Fragen 211
Doreen Virtue, Ph.D. – Ist Fügsamkeit gesund? 213
Keith R. Smith – Chronische Umkehrung der
Polaritätsverhältnisse bei den besonderen Kindern
von heute 225
Karen Eck – Ernährung als Antwort 244
Deborah Grossman – Nahrungsmittelergänzungsplan
für Ihr ADHS-Kind 251
Karen Bolesky – Soma-Arbeit: Eine Fallstudie 262

5. Kommentare von Indigos 271
Ryan Maluski – Wie es ist, als Indigo aufzuwachsen 272
Candice Creelman – All You Need Is Love:
Wie Indigos die Welt erleben 286

6. Zusammenfassung   297
Verfasser unbekannt – Kinder des Lichts –
Für alle Kinder ...   298

ANHANG
Biografische Angaben zu den Beitragenden   305
Über die Autoren   321
Weitere Literaturhinweise   323
Endnoten   **327**

Einleitung

Wenn Sie dieses Buch zur Hand nehmen, denken Sie vielleicht: »Was soll das jetzt wieder? Noch so ein ›Weltuntergangsbuch‹ darüber, wie die Gesellschaft unsere Kinder verändert?« Nein. Wir haben es hier mit der vielleicht spannendsten – wenn auch merkwürdigen – Veränderung in der grundlegenden Natur des Menschen zu tun, welche je in Gesellschaften, die das Instrumentarium dazu hatten, beobachtet und dokumentiert wurde. Wir bitten Sie, sich selbst Ihr Urteil zu bilden, wenn Sie hier weiterlesen.
Jan und ich leben in den USA. Wir halten Selbsthilfeseminare und schreiben Bücher. In den letzten Jahren sind wir durch die halbe Welt gereist und haben gleichermaßen vor großem Publikum wie auch vor kleinen Gruppen gesprochen. Wir sind dabei Menschen aller Altersgruppen und vielen Kulturen begegnet, in denen viele Sprachen vertreten waren. Meine beiden Jungs sind mittlerweile erwachsen und schon vor geraumer Zeit flügge geworden. Jan hat nie Kinder gehabt, hatte aber irgendwie das Gefühl, eines Tages würde sie mit Kindern arbeiten (womit sie recht behalten sollte). Von unseren ersten sechs Büchern handelt keines von Kindern, denn dort liegt eigentlich gar nicht der Schwerpunkt unserer Arbeit. Warum verfassen wir also ausgerechnet zu diesem Thema ein Buch?
Wenn Sie einige Zeit mit Menschen zusammen sind und dabei sehr persönliche Dinge über sie erfahren, kommen Sie als Berater nicht umhin, bestimmte neu entstehende menschliche Verhaltensmuster zu beobachten, die schließlich zum Ausgangsmaterial für Ihre Arbeit werden. Wie bei Louise Hay, die dieses Buch in USA verlegt, beruht der Schwerpunkt unserer Arbeit darauf, Schritt für Schritt zur eigenen

Kraft zu finden und mehr Selbstwertgefühl zu entwickeln. So können Menschen Hoffnung finden; sie erlangen die Kraft, sich selbst an den Haaren aus dem Sumpf zu ziehen – über das Niveau hinaus, das sie für möglich hielten. Zu dieser Arbeit gehört auch Heilung im spirituellen Sinn (nicht Religion); sie regt an, sich zunächst eingehend selbst zu betrachten, um »Gott in sich selbst« zu finden, bevor man irgendeine äußere Quelle sucht; sie zielt auf Selbstheilung sowie auf die Unabhängigkeit von Sorgen in einer veränderlichen und zu Sorgen neigenden Welt. Eine überaus lohnende Arbeit – bei der uns eben gewisse Phänomene auffallen.

Vor ein paar Jahren waren da mit einem Mal immer wieder Leute, die von ganz bestimmten Problemen mit ihren Kindern sprachen. Nun ja, nichts Neues, oder? Kinder sind eben oft der größte Segen im Leben, aber zugleich die größte Zerreißprobe. Über Entwicklungspsychologie sind eine Menge Elternratgeber und Bücher geschrieben worden, aber was uns damals auffiel, war anders geartet.

Wir hörten zunehmend über eine neue Art von Kind – oder zumindest über eine neue Art elterlicher Probleme. Die Schwierigkeiten waren ganz merkwürdiger Natur: Aus ihnen sprach ein Austausch von Erwachsenen und Kindern, der unerwartet und scheinbar untypisch war – gemessen an jenem, was unsere Generation erfahren hatte. Wir ignorierten diese Berichte, bis wir von Menschen, die beruflich mit Kindern umgehen, exakt das Gleiche hörten. Auch sie berichteten über ähnliche Herausforderungen. Viele waren verzweifelt und mit ihrer Weisheit am Ende. Die Mitarbeiter von Kindertagesstätten aus allen Gegenden des Landes, manche von ihnen schon über dreißig Jahre in ihrem Beruf, erzählten uns die gleiche Art von Geschichten, bei denen es immer wieder darum ging, dass diese Kinder irgendwie anders waren. Dann beobachteten wir etwas Haarsträubendes: Als diese »neuen« Probleme akut wurden, zeigte man sich überwältigend stark geneigt, das Problem zu lösen, indem das Kind – und zwar völlig legal – unter Medikamente gesetzt wurde!

Anfangs nahmen wir an, das Ganze sei nur unserer Kultur zuzuschreiben und spiegle eben die Umbrüche im heutigen Amerika. Fragen Sie heute einen x-beliebigen Lehrer in unserem Land, und er wird Ihnen sagen, dass unser Bildungssystem wirklich reformbedürftig ist. Wahrscheinlich ist es an der Zeit, dass hier etwas geschieht. Allerdings ist das keine revolutionäre Neuigkeit; das war es auch nicht, was uns bewegte, dieses Buch zu schreiben.

Jan und ich bearbeiten mit Menschen individuelle Problemstellungen; aus Politik und sogar Umweltbelangen halten wir uns fern. Nicht dass uns das Interesse daran fehlt; vielmehr steht bei unseren Beratungen und Vorträgen wirklich im Mittelpunkt, Männern und Frauen auf der persönlichen Ebene zu helfen (obwohl wir oft vor großen Gruppen sprechen). Unsere Prämisse lautet schon immer: Jeder Mensch, der sich seelisch im Gleichgewicht befindet, hat eine positive Sicht der Dinge und strahlt Wohlbefinden aus, sodass er auf sehr mächtige Weise alle nötigen Veränderungen bewirken kann. Mit anderen Worten: Selbst eine Flutwelle sozialen Wandels muss im Kopf und Herzen des Einzelnen beginnen.

Außerdem nahmen wir an, dass pädagogische Fachkräfte und Wissenschaftler innerhalb ihres Fachgebiets über die beachtlichen Veränderungen an den Kindern kommunizieren würden und dass auch die Experten diesen Vorgang beobachteten. Vor Jahren erwarteten wir, dass Berichte und Artikel über die »Merkmale der neuen Kinder« in Fachzeitschriften für Grundschulen und Tagesstätten erscheinen würden. Doch es geschah so gut wie gar nichts – zumindest nicht in einem Ausmaß, das sonderlich viel Aufmerksamkeit auf sich gelenkt hätte, und nicht so aufbereitet, dass es Eltern helfen oder sie informieren konnte.

Daher wurden wir in unserem ursprünglichen Denken bestärkt, dass unsere eigenen Beobachtungen wohl doch nicht so gängig waren, wie wir gedacht hatten. Außerdem standen Kinder für uns ja nicht im Mittelpunkt unseres Interesses. Wir brauchten mehrere Jahre, um es uns anders zu überlegen und zu beschließen, dass irgendjemand schließlich die Informationen zusammentragen und Bericht erstatten musste – egal wie eigenartig diese Berichte auch wirkten. Sie lagen ja schließlich vor!

Wie Sie meinen Worten entnehmen können, brachten also gleich mehrere Faktoren dieses Buch zustande; Sie sollten sie kennen, bevor Sie blind unsere Erklärungen akzeptieren. Immerhin fällt das Thema in die Kategorie von Dingen, »die wir zwar überall um uns herum beobachten können, die aber dennoch unerklärlich sind«.

Uns ist mittlerweile Folgendes klar geworden:

1. Es ist kein amerikanisches Phänomen. Wir haben es in der Zwischenzeit auf drei Kontinenten selbst beobachtet.
2. Es scheint keine kulturellen Schranken zu kennen; es findet sich in vielerlei Sprachräumen.
3. Bislang ist es der Aufmerksamkeit der breiten Masse entgangen, und zwar aufgrund der Tatsache, dass es einfach zu »abstrus« wirkt, um es im Rahmen des Paradigmas der Humanpsychologie auch nur in Erwägung zu ziehen, geht man doch dort selbstgefällig davon aus, dass das Menschsein ein statisches, unveränderliches Modell sei. In der Regel glaubt die Gesellschaft an die Evolution, doch nur in der Vergangenheitsform. Der Gedanke, dass wir womöglich heute erleben, wie sich langsam ein neues menschliches Bewusstsein auf dem Planeten zeigt

– Gestalt geworden in unseren Kindern –, geht weit über das eingefahrene Denken hinaus.
4. Das Phänomen nimmt zu; es wird immer mehr davon berichtet.
5. Es existiert mittlerweile lange genug, dass man es in Fachkreisen zur Kenntnis zu nehmen beginnt.
6. Mittlerweile tauchen einige Antworten auf die Herausforderungen auf.

Aus all diesen Gründen wagen wir nun den Vorstoß, indem wir Sie so gut wie irgend möglich über dieses von uns beobachtete Phänomen informieren, das zweifellos aus vielen Gründen kontrovers aufgenommen wird. Soweit wir wissen, ist es das erste Buch, das voll und ganz den Indigo-Kindern gewidmet ist. Beim Lesen werden viele von Ihnen etwas mit dem, was wir hier präsentieren, anfangen können; wir gehen definitiv davon aus, dass dieses Thema in der Zukunft von qualifizierteren Beobachtern noch in größerer Ausführlichkeit ergründet wird.

Das Ziel dieses Buches
Wir schreiben dieses Buch für Eltern. Mit diesem Bericht soll lediglich ein Anfang gemacht werden; es ist nicht das »letzte Wort« zum Thema »Indigo-Kinder«. Wir bieten es an, damit es Ihnen und Ihrer Familie helfen möge. Und sofern Sie sich mit dem hier Angesprochenen identifizieren, soll es Ihnen praktikable Informationen geben. Wir bitten Sie, bei allem Ihr kritisches Urteilsvermögen zu bewahren. Wir würden diesen Band nicht veröffentlichen, wenn wir nicht sicher wären, dass er vielen von Ihnen wirklich Wichtiges aufzeigt und für Sie hilfreich ist. Dieses Buch entstand hauptsächlich aufgrund der Ermutigung – und in manchen Fällen auch aufgrund der inständigen Bitten – von Hunderten von Eltern

und Lehrern aus der ganzen Welt, mit denen wir uns unterhalten haben.

Zur Methodik
Wir haben uns überlegt, wie wunderbar es doch wäre, wenn wir Ihnen eine Geschichte nach der anderen erzählen könnten: Geschichten von Eltern über ihre Indigo-Kinder – zu erzählen gibt es so viele. Aber das sind »nur« Geschichten, und sie liefern keinen Beleg für menschliches Verhalten, mit dem die Wissenschaft (oder das logische Denken) etwas anfangen kann. Also haben wir beschlossen, unsere internationalen Kontakte zu nutzen, um eine Reihe von Berichten, Kommentaren – und ja, auch ein paar Geschichten – von akkreditierten Persönlichkeiten aus den Bereichen Pädagogik, Lehramt, Akademie, Medizin sowie von Autoren und Autorinnen aus jedem Winkel der USA zusammenzutragen. Wie Sie beim Weiterlesen merken werden, haben wir unser Bestes gegeben, um etwas, das wir auf nicht wissenschaftliche Weise durch unsere Arbeit beobachten konnten, in der »wirklichen Welt« zu validieren. An Stellen dieses Buches, wo für unser Empfinden ein wissenschaftlicher Ansatz am besten war, haben wir auch einige Fallbeispiele mit aufgenommen. Wir persönlich haben keine anerkannte Forschung auf diesem Gebiet betrieben; deshalb gehen wir davon aus, dass die Berichte und Erkenntnisse von Fachkräften, deren Beiträge hier eingebunden wurden, bei der Validierung der hier präsentierten Prämisse helfen werden.

Zur Struktur des Buches
Wir haben einen möglichst übersichtlichen Aufbau gewählt. Diese Einführung hilft Ihnen, uns ein wenig kennenzulernen, und sie verdeutlicht Ihnen hoffentlich, dass wir uns in der Tat für Ihre Kinder interessieren!

Kapitel 1 ist unser Versuch, die Kennzeichen dieser Kinder zu benennen. Zudem werden hier einige der Beitragenden und Beteiligten vorgestellt, von denen Sie in den weiteren Kapiteln lesen werden.

Kapitel 2 befasst sich direkt mit der Frage, was mit einem Indigo-Kind zu tun ist. In vielen Büchern würde dieses praxisbezogene Kapitel am Schluss stehen. Bei uns greifen die nachfolgenden Kapitel jedoch einige medizinische und/oder esoterische Themen auf: Im Hinblick auf das, was sie aufzeigen, sollten sie als separate Einheit gesehen werden. Deshalb enthalten die beiden ersten Kapitel Antworten und praktische Informationen, die auch für sich stehen können, falls Sie entscheiden, sich nicht eingehender mit dem Thema zu befassen. In diesem Kapitel wird außerdem die Erziehung von Indigo-Kindern diskutiert; ebenso werden alternative Möglichkeiten für ihre schulische Ausbildung angesprochen.

Kapitel 3 dreht sich um die spirituellen Aspekte des Phänomens Indigo-Kind. Es geht hier nicht um Religion; vielmehr erfolgt ein Bericht über einige sehr ungewöhnliche Attribute, die bei diesen Kindern oft zu beobachten sind und die unbedingt in dieses Buch gehören. Die Indigo-Kinder scheinen in spiritueller Hinsicht zu »wissen, wer sie sind«, und das tun sie ihren Eltern in sehr jungen Jahren kund! Wie könnten wir also diese Beobachtung ignorieren?

Kapitel 4 befasst sich mit der medizinischen Diagnose dieser Kinder. Nicht alle Indigo-Kinder haben große psychologische Probleme, aber wenn das der Fall ist, so wird bei ihnen häufig ADS (Aufmerksamkeits-Defizit-Syndrom) oder ADHS (Aufmerksamkeits-Defizit-Syndrom in Verbindung mit Hyperaktivität) diagnostiziert. Nun, nicht alle Kinder mit einer solchen Diagnose sind Indigo-Kinder; aber möchten Sie nicht vielleicht einige alternative – und funktionierende! – Behandlungsmethoden für Hyperaktivität und

Konzentrationsstörungen kennen? Wir haben versucht, in Kapitel 4 einige davon anzugeben – herkömmliche und nicht herkömmliche –, begleitet von entsprechenden Fallbeispielen. Dies ist ein Versuch, Kinder von Medikamenten wegzubekommen, mit denen sie ruhiggestellt werden, und Eltern einige Alternativen an die Hand zu geben, die sie ausprobieren können.

Hier ein ernüchternder Gedanke: Als Eltern eines ruhiggestellten Kindes haben Sie vielleicht das Gefühl, Ritalin sei eine wirkliche Lösung des Problems. Das Kind benimmt sich besser, wirkt ruhiger, und in der Familie und Schule läuft alles wieder glatter – uff! Bei Ritalin jedoch ist es so, dass das Kind verhaltensmäßig gebremst wird – und es kann gut sein, dass das Kind das sogar mag. Doch später, wenn der Korken aus der Flasche kommt (sprich: wenn das Medikament abgesetzt wird), können die Bläschen, die ja noch immer in der Flasche sind, eine Art Explosion auslösen. Diese Kinder könnten als Erwachsene irgendwann rückblickend das Gefühl haben, einen Teil ihrer Kindheit in einem dumpfen Dämmerzustand vertan zu haben, ohne eine Verbindung zu ihrem tatsächlichen Ich. Ritalin zögert das eigentliche Erwachsenwerden und die zunehmende Weisheit, die damit einhergeht, oft hinaus: zu lernen, wie die Gesellschaft funktioniert. So viel ist belegt.

Es mag tatsächlich eine Methode geben, Ihrem Kind zu helfen, ohne Ritalin einzusetzen: eine alternative Behandlungsweise. Geistige Offenheit kann hier helfen, und wir stellen einige Menschen mit sehr beeindruckenden Referenzen und guten Resultaten vor, die liebend gern auf diesem Gebiet behilflich sein möchten.

In Kapitel 5 bringen wir einige Mitteilungen von tatsächlichen Indigos. Es umfasst unter anderem Texte einiger erwachsener oder beinahe erwachsener Indigo-Kinder. Es

ist ihre Perspektive, wenn sie im Rückblick betrachten, wie sie aufgewachsen sind. Sie können uns glauben: Diese Menschen wissen, dass sie anders sind! Was sie schreiben, hat großen Tiefgang.
In Kapitel 6, der Zusammenfassung, finden Sie kurze Kommentare von uns beiden.

Die Beitragenden
Wir werden die Autoren, die den darauffolgenden Beitrag verfasst haben, jeweils vorstellen. Weitere Angaben finden Sie hinten im Buch, dazu die Kontaktadressen. Sie, die Leserinnen und Leser, können selbstverständlich auch uns anschreiben, wenn Sie Fragen haben, nur fühlen wir uns auf diesem Gebiet nicht als Experten. Wir sind hier reine Berichterstatter und haben einfach die Arbeit geleistet, eine Gruppe von besser Qualifizierten zusammenzustellen, die helfen, das Phänomen Indigo-Kinder näher einzugrenzen und mit ihm umzugehen.

1

Was ist ein Indigo-Kind?

Ja, was ist ein Indigo-Kind? Und warum Indigo? Zuerst die Definition: Ein Indigo-Kind ist ein Kind, das neue und ungewöhnliche psychologische Merkmale an den Tag legt und das ein Verhaltensmuster aufweist, welches im Allgemeinen nicht von früheren Zeitpunkten belegt ist. Diese Muster sind von gemeinsamen einzigartigen Faktoren gekennzeichnet und lassen es für jene, die mit den Kindern zu tun haben (insbesondere die Eltern), angeraten scheinen, ihren Umgang mit den Kindern und deren Erziehung zu ändern, um ein Gleichgewicht herzustellen. Diese neuen Muster zu ignorieren, bedeutet nämlich möglicherweise, dass im Geist dieses kostbaren neuen Lebens Ungleichgewicht und Frustration entstehen. Das Thema dieses Kapitels ist die Benennung, Klassifizierung und Validierung der Attribute eines Indigo-Kindes.

Scheinbar gibt es verschiedene Arten von Indigos, und wir werden sie an späterer Stelle in diesem Kapitel beschreiben, doch anhand der nachfolgenden Liste können wir Ihnen einige der am meisten verbreiteten Verhaltensmuster aufzeigen. Treffen sie auf ein Kind zu, das Sie kennen?

Hier die gängigsten Charakterzüge von Indigo-Kindern:

- Sie kommen mit dem Gefühl auf die Welt, königliche Hoheiten zu sein (und verhalten sich oft dementsprechend).

- Sie haben das Gefühl, dass sie es »verdienen, auf der Welt zu sein«, und sind überrascht, wenn andere diese Ansicht nicht teilen.
- Selbstwertgefühl ist für sie kein großes Thema. Sie sagen ihren Eltern oft schon sehr deutlich, »wer sie sind«.
- Sie haben Probleme mit absoluter Autorität (Autorität ohne Erklärung oder Wahlmöglichkeit).
- Sie tun bestimmte Dinge partout nicht; zum Beispiel fällt es ihnen schwer, Schlange zu stehen.
- Sie werden frustriert, wenn Systeme ritualorientiert sind und kein kreatives Denken erfordern.
- Sie nehmen oft bessere Möglichkeiten wahr, wie man etwas angehen könnte – ob zu Hause oder in der Schule –, und werden oft als Kinder gesehen, die gegen bestehende Systeme rebellieren (mit keinem System konform gehen).
- Sie wirken unsozial, es sei denn, sie bewegen sich unter ihresgleichen. Sind keine anderen in ihrem Umfeld, deren Bewusstsein ähnlich strukturiert ist, so verkriechen sie sich oft in sich selbst und haben das Gefühl, von niemandem verstanden zu werden. Schule ist für sie sozial gesehen oft außerordentlich schwierig.
- Sie sprechen nicht auf »Disziplin aus Schuldgefühlen« an (»Na warte, bis dein Vater nach Hause kommt und herausbekommt, was du angestellt hast!«).
- Sie sind nicht zurückhaltend, wenn es darum geht, deutlich zu machen, was sie brauchen.

Auf einige dieser Wesenszüge werden wir später noch eingehender zu sprechen kommen; als Nächstes sollen Sie jedoch wissen, warum wir diese Kinder »Indigos« nennen.
In der gesamten Geschichte der Psychologie gab es Systeme, nach denen man menschliches Verhalten einstufte. In der Tat fallen wir alle oft in bestimmte Gruppen von Verhaltensmus-

tern, und manchmal macht es Spaß, etwas über sie zu lesen und sich darin wiederzuerkennen. Mithilfe dieser Zuordnungen versucht man, menschliches Handeln zu benennen und Korrelationen herzustellen – zweifellos auf der Suche nach irgendeiner Formel, die bewirkt, dass jede Person fein säuberlich durch den einen oder anderen Schlitz passt, als Hilfe für diejenigen, die sich mit dem Studium des menschlichen Geistes befassen. Manche dieser Systeme sind uralt, manche sehr neu.

Lassen wir nun gleich einen Psychiater zu Wort kommen, der uns diese Tatsache in einer knappen Ausführung bestätigen wird, damit wir wissen, dass wir hier auf einer soliden wissenschaftlichen Grundlage aufbauen. Richard Seigle ist nicht nur praktischer Arzt, sondern studiert daneben geisteswissenschaftliche und spirituelle Aspekte von Heilmethoden alter Völker.

Klassifikationsschemata für menschliche Persönlichkeiten
RICHARD SEIGLE, M.D.

In der gesamten Geschichte der abendländischen Zivilisation zeigten die Menschen ein starkes Bedürfnis, zu erforschen, zu definieren und zu urteilen. Wann immer wir neue Länder und Völker auf der Erde entdeckten, waren unsere ersten Gedanken: Wer ist wie wir und wer nicht? Und was gibt es hier für uns zu holen? Diejenigen, die sich von uns hinsichtlich ihrer Hautfarbe, ihrer Glaubensvorstellungen, Kultur und Sprache unterschieden, galten über weite Strecken unserer Geschichte als minderwertig.

Wir versuchten Menschen wissenschaftlich nach ihrer Kopfform, ihrer Hautfarbe, ihrem IQ und so weiter zu klassifizieren. Anthropologen und Psychologen verwandten Jahre darauf, auszuwerten, wie wir denken, fühlen und handeln. Hier einige Beispiele für diverse Kategorisierungssysteme:

- Intelligenztests, wie etwa der Wechsler-Test (WAIS) und der Stanford-Binet-Persönlichkeitstest.
- Persönlichkeitstests, zum Beispiel MMPI, MCMI, Typ A und Typ B.[2]
- Projektive Persönlichkeitsbeurteilungen, wie etwa der Rorschach-Test, TAT und ScT.[3]
- Gedächtnistests, etwa WMS-R und Bender.[4]
- Spezielle psychologische Faktoren. Mitunter wurden Faktoren wie die folgenden als Basis für die Klassifizierung menschlichen Verhaltens eingesetzt: Familienstruktur und Bräuche; Kultur; Träume; Selbst-Psychologie[5], Knüpfung und Aufrechterhaltung sozialer Beziehungen; Mythen; Religion; bewusste und unbewusste Motive und Gedanken.
- Anerkannte psychiatrische Theoretiker verwendeten verschiedene Systeme der Persönlichkeitstypisierung: Freud, Jung, Adler, Berne, Fromm, Kernberg, Klein, Maslow, Peris, Reich, Rogers, Skinner und Sullivan.

Gandhi hat gesagt: »Unser Vermögen, Einheit in der Vielfalt zu erreichen – darin wird die Schönheit und Prüfung unserer Zivilisation liegen.« Das Ende eines Jahrtausends und der Beginn des nächsten kündet von einem höheren Bewusstsein der Liebe und von der Annahme aller Menschen – etwas, das wir vor Jahrhunderten von den Kulturen der Eingeborenen hätten lernen können, wären sie nicht von uns als minderwertig betrachtet worden.

Neben den herkömmlichen Zuordnungssystemen, nach denen man Menschen einzuordnen sucht, gibt es noch die spirituellen und metaphysischen, wie etwa die ihnen durch den Zeitpunkt ihrer Geburt gegebenen Attribute (Astrologie), nach ihrer Lebensenergie oder ihren heiligen Verbindungen zu bestimmten Symbol- oder Totemtieren (chinesische und indianische Wurzeln). Was auch immer Sie von Astrologie und einigen anderen dieser scheinbar unwissenschaftlichen Systeme halten mögen: Sie sind von den Institutionen als zu den ältesten Wissenschaften gehörig identifiziert und anerkannt worden, findet man sie doch in vielen der ältesten menschlichen Schriften. Alle diese Systeme, die alten wie die aktuellen, sind dazu da, dass der Mensch andere Menschen besser verstehen kann.

Nancy Ann Tappe hat 1982 ein Buch verfasst mit dem Titel *Understanding Your Life Through Color*[6]. Es ist die früheste bekannt gewordene Publikation, in der die Verhaltensmuster dieser neuen Kindergeneration benannt werden. In diesem Buch werden verschiedene menschliche Verhaltensweisen bestimmten Farbgruppen zugeordnet, und nach diesem Verfahren schuf die Autorin, von ihrer Intuition geleitet, ein verblüffend präzises und aufschlussreiches System. Dieses metaphysisch ausgerichtete Buch bietet einen wahren Lesespaß, und man wird unweigerlich an der einen oder anderen Stelle in Nancys System seine eigenen Wesenszüge wiedererkennen, über sich selbst lachen und staunen, wie genau es offenbar ist.

Wer der Ansicht ist, es sei eine verrückte Idee, Menschen nach Farbkategorien einzuordnen, und sich dabei aber prinzipiell für Metaphysisches interessiert, dem (und nur dem) möchten wir ein Buch empfehlen: *The Color Code: A New Way to See Yourself, Your Relationships, and Life* von Hartman Taylor, Ph. D.[7] Dieses Buch hat jedoch nichts mit den Indigo-Kindern zu tun. Wir erwähnen es an dieser Stelle nur, um Ihnen aufzuzeigen, dass nicht nur bestimmte Gruppen, die überall »Gespenster« sehen, eine Verbindung zwischen Farben und menschlichen Eigenschaften ziehen! Taylors Buch befasst sich mit dem hippokratischen Modell oder dem mittelalterlichen Modell der Charaktertypen – Sanguiniker, Melancholiker, Phlegmatiker und Choleriker – und ordnet diesen Charaktertypen jeweils Farben zu: Rot, Blau, Weiß und Gelb.

Wie bereits erwähnt, erfolgen Nancy Tappes Kategorisierungen rein intuitiv, sind aber ebenfalls sehr akkurat und basieren auf Beobachtungen in der Praxis. Eine der Farbgruppen in ihrem Buch ist – richtig geraten! – Indigoblau. Diese Farbkategorie offenbart sehr genau, was es mit dem neuen Typus Kind auf sich hat – und das bereits 1982! (Wenigstens eine Person, die aufmerksam war.) Wir finden, dass ihre Erkenntnisse und ihre wache Wahrnehmung der menschlichen Natur Anerkennung verdienen. Wenn Sie sich für Dinge interessieren, die in Richtung Prophezeiungen gehen: In Kapitel 3 wird eine aus dem Fernsehen bekannte Persönlichkeit erwähnt, die tatsächlich die »dunkelblauen« Kinder vorhergesagt hatte!

Jan forschte nach und schaffte es, Nancy Tappe ausfindig zu machen. Sie hatte das Gefühl, dass es für dieses Buch notwendig sei, mit der Autorin persönlich zu sprechen und ihr in einem Interview einige grundlegende Fragen zu Nancys »Lebensfarbe Indigoblau« zu stellen. Wir beide hatten den Eindruck, dass es ein guter Ausgangspunkt für ein Gespräch über das Indigo-Phänomen wäre, wenn wir darstellen, was Nancy Tappe zu sagen hat, da sie letztlich das Ganze identifiziert und vorgestellt hat. Jans Interview mit ihr wurde hier in mehrere Teile untergliedert, die passend zur jeweils angesprochenen Materie eingeflochten werden.

Erste Bekanntschaft mit den Indigos
Nancy Ann Tappe im Gespräch mit Jan Tober

Nancy, Sie waren die Erste, die in ihrem Buch »Understanding Your Life Through Color« das Indigo-Phänomen benannte und darüber schrieb. Was ist ein Indigo-Kind, und warum nennen wir diese Kinder »Indigos«?
Für mich heißen sie »Indigos«, weil das die Farbe ist, die ich sehe.

Was meinen Sie damit?
Ihre Lebensfarbe. Ich betrachte die Lebensfarben der Menschen, um in Erfahrung zu bringen, welchen Auftrag sie hier auf der irdischen Ebene zu erfüllen haben ..., was sie hier lernen sollen und was für sie auf dem Lehrplan steht. Bis irgendwann in den 1980er-Jahren hatte ich das Gefühl, es würden noch zwei weitere Farben zu dem System hinzukommen, denn wir konnten erleben, wie zwei andere verschwanden. Wir sahen die Farbe Fuchsia verschwinden, und auch Tiefrot schien überholt. Also dachte ich mir, dass diese beiden Lebensfarben wohl von anderen abgelöst würden. Ich war schockiert, als ich in Palm Springs eine Person fand, die zum Fuchsia-Typ gehörte, denn das ist eine Farbe, die schon Anfang dieses Jahrhunderts »ausgelaufen« war, so hatte man mir zumindest gesagt.
Ich sagte allen, es würde zwei weitere Lebensfarben geben, aber ich wüsste noch nicht, welche. Auf der Suche nach ihnen »sah« ich dann das Indigoblau. Ich unternahm Forschungsarbeiten an der San Diego State University, um zu versuchen, ein umfassendes psychologisches Profil auf die Beine zu stellen, das wissenschaftlicher Kritik standhalten würde. Damals arbeitete der Psychiater Dr. McGreggor mit mir zusammen. Ich versuche, mich an den Namen eines weiteren Arztes zu

erinnern, aber er fällt mir nicht mehr ein. Er ist in der Kinderklinik beschäftigt, und eigentlich war es in erster Linie er, der mir auffiel, da seine Frau ein Baby bekam, obwohl man davon ausgegangen war, sie könnte keine Kinder bekommen. Das Baby hatte bei seiner Geburt sehr ausgeprägte Herzgeräusche, sodass mich der Vater zu sich rief, um mich zu bitten, mir den Kleinen einmal anzusehen und ihm zu sagen, was ich bei ihm »sah«. Ich fuhr also auf diese Etage hinunter und sah mir das Baby an, und da wurde mir deutlich, dass ich eine neue Farbe vor mir hatte, die nicht in mein System von Lebensfarben passte. Das Kind starb etwa sechs Wochen später – es ging alles sehr schnell. Das war das erste physische Erlebnis, das mir zeigte, dass solche Kinder anders waren. Von da an begann ich, nach ihnen Ausschau zu halten.

Ich gab meine Dozentur an der San Diego State University 1975 auf; von daher weiß ich, dass es davor gewesen sein muss. Bis 1980, als ich mein Buch zu schreiben begann, machte ich wirklich kein großes Tamtam um die Sache. Es dauerte dann zwei Jahre, bis jemand das Buch druckte: 1982 die erste Auflage, 1986 die nächste. Also war es wohl irgendwann in den Siebzigern, dass mir das Phänomen auffiel.

In den Achtzigerjahren bekam es dann erst wirklich ein Etikett von mir, und ich begann mit dem Prozess, die entsprechende Persönlichkeit zu ergründen. Denn zu diesem Zeitpunkt hatten wir da ein paar Kinder, die fünf, sechs und sieben Jahre alt waren, und ich konnte sie mir ansehen, ihre Persönlichkeit »ablesen« und prüfen, was es mit dem Ganzen auf sich hatte. Die Hauptsache, die ich dabei lernte: Sie haben noch keinen Lehrplan; sie werden auch für weitere acht Jahre keinen haben. Mit 26, 27 wird man einen großen Wandel an den Indigo-Kindern erleben können. Der Wandel wird darin bestehen, dass ihr Daseinszweck mit einem Mal präsent sein wird. Bei den älteren wird sich wirklich festigen, was sie tun, und bei den jüngeren wird schon bei ihrem Eintritt in dieses Leben klar sein, was sie mit ihrem Leben anfangen werden.

Klingt, als hätten wir noch irgendwie in der Hand, was geschieht?
Das wird derzeit noch untersucht. Deshalb habe ich es immer wieder hinausgezögert, ein Buch über die Indigos zu veröffentlichen. Ich freue mich, dass ihr nun eines herausgebt.

Es scheint ein immenses Interesse daran zu bestehen, ein immenser Wissenshunger.
Richtig, den gibt es, weil Leute diese Indigos einfach nicht verstehen. Es sind computerisierte Kinder, was bedeutet, sie sind mehr Kopf als Herz. Ich denke, diese Kinder haben schon bei ihrer Ankunft hier einige Regeln für geistige Visualisierung parat. Sie wissen, wenn sie etwas benennen können, dann haben sie es sich angeeignet. Es sind technologieorientierte Kinder, was für mich besagt, dass sie sogar noch stärker auf Technologie ausgerichtet sein werden als wir heute. Mit drei oder vier Jahren begreifen diese Kinder Computer, die Erwachsene mit fünfundsechzig nicht verstehen. Es sind Technologiekinder – Kinder, die geborene Technologen sind, und so können wir leicht vorhersagen, was wir in den nächsten Jahren erleben werden: Technologien, von denen wir nicht einmal zu träumen gewagt hätten. Ich glaube, diese Kinder öffnen ein Tor, und wir kommen bald an einen Punkt, wo harte Arbeit nur noch in unseren Köpfen stattfindet.

Das sehe ich auch so.
Das ist ihr Daseinszweck. Ich sehe, dass diese Kinder in einigen Fällen durch das, was ihnen ihre Umwelt antrainiert hat, so blockiert sind, dass sie womöglich töten. Nun, ich glaube

immer an das Paradoxe. Wir müssen die Dunkelheit haben, und wir müssen auch das Licht haben, damit wir frei wählen können. Ohne Entscheidungsfreiheit kein Wachstum. Wären wir nur Roboter, die etwas befolgen, so gäbe es keinen freien Willen – es gäbe keine Entscheidungsfreiheit, es gäbe nichts. Ich schweife hier ab, aber das hat einen Grund.

Was ich in neuerer Zeit immer wieder zu meinen Studentinnen und Studenten sage, ist: Wenn wir an unsere Anfänge glauben wollen, wenn wir unserer Bibel glauben wollen, so heißt es dort tatsächlich: »Am Anfang schuf Gott Himmel und Erde. Und die Erde war wüst und leer, und es war finster auf der Tiefe« (1. Mose 1,1–2). Und Gott sagte dann: »Es werde Licht.« Er schuf also das Gute – er schuf Licht. Er schuf nicht die Dunkelheit – sie war bereits da. Und sein gesamter nachfolgender Schöpfungsprozess war der reinste Vandalismus an Trennung. Er trennte die Nacht vom Tag, das Licht von der Dunkelheit, die Erde vom Himmel, das Firmament von der Luft, das Land vom Wasser. Er trennte Frau und Mann und schuf Männlich und Weiblich. Das ist die Regel bei der Schöpfung: zu trennen, damit Entscheidungsfreiheit entsteht; ohne Entscheidungsfreiheit kein Wachstum unsererseits.

Was ich also sehe, ist, dass wir immer Extreme gehabt haben, besonders in dieser Dimension hier. Wir haben das ganz Extreme erlebt: das Heiligste vom Heiligen und auch das Verruchteste vom Verruchten. Die meisten von uns passen irgendwo in die Mitte; sie streben es an, Heilige zu sein, und machen dabei ihre Fehler. Ich beobachte nun, wie die Extreme stärker integriert werden. Die Heiligen werden Durchschnittsmenschen, aber auch die Bösewichter. Das Gleichgewicht zwischen beiden wird feiner verteilt. Ich bin einzelnen Indigos begegnet, die leider Schreckliches getan haben.

Eine interessante Beobachtung. Ich entnehme dem, was Sie sagen, dass der Weg dieser Kinder sehr klar ist, dass aber irgendwie etwas zwischen sie und ihre Mission geraten ist, oder? Ihre vermeintliche Alternative besteht womöglich darin, sich das vom Leib zu schaffen, was sie ihrer Meinung nach blockiert?
Als Sie und ich Kinder waren, hatten wir diese Furcht erregenden Gedanken und wollten weglaufen. Wir hatten Angst. Diese Kinder haben keine Angst.

Sie sind furchtlos, weil sie wissen, wer sie sind.
Sie glauben an sich selbst.

Nun, befassen wir uns mit ein paar anderen Fragen. Wann wurden Ihres Wissens die ersten Indigo-Kinder bemerkt, und wie groß ist heute der Gesamtanteil der Indigo-Kinder an den Geburten?
Ich würde die Aussage treffen, dass neunzig Prozent der Kinder unter zehn Jahren Indigos sind. Ich kann Ihnen nicht sagen, wann sie auf den Plan traten, aber ich weiß, wann ich mich damit zu beschäftigen begann. Es fiel mir Anfang der Achtzigerjahre auf. Aber ich brauchte bis etwa 1985, um wirklich zu sehen, dass sie dauerhaft hier bleiben würden.

Gibt es unterschiedliche Typen von Indigos? Wenn ja, welche? Und was zeichnet sie aus?
Es gibt vier verschiedene Typen, und jeder davon dient einem bestimmten Zweck:

1. DER HUMANISTISCHE TYP: Zuerst haben wir die Humanisten unter den Indigos, die mit der breiten Masse arbeiten werden. Das sind die Ärzte, Anwälte, Lehrer, Verkäufer, Geschäftsleute und Politiker von morgen. Sie werden der breiten Masse dienen, und sie sind hyperak-

tiv. Sie sind außerordentlich gesellig. Sie unterhalten sich mit jedem, jederzeit – freundlich, freundlich, freundlich. Und sie haben sehr ausgeprägte Meinungen. Sie stellen sich außerdem ungeschickt an, was ihren Körper betrifft – hyperaktiv, wie schon gesagt –, und manchmal fahren sie gegen eine Wand, weil sie vergessen, zu bremsen. Sie können nicht mit einem einzigen Spielzeug spielen. Vielmehr müssen sie alles herausräumen – alles liegt dann da –, und dann rühren sie es vielleicht an oder auch nicht. Wenn Sie diesen Kindern sagen, sie sollen ihr Zimmer aufräumen, müssen Sie sie immer wieder daran erinnern, da sie sonst durch anderes abgelenkt werden. So einen kleinen Indigo-Jungen, drei Jahre alt, konnte ich gestern im Flugzeug erleben, als er dort Theater machte: Seine Mutter gab ihm die Broschüre mit den Sicherheitshinweisen, und er schlug sie auf, mit all den Bildern, die da zu sehen waren. Dann saß er da, ganz ernsthaft, als würde er sie lesen, äußerst ernst und intensiv. Er beschäftigte sich fünf Minuten lang damit, und ich weiß zwar, dass er noch nicht lesen konnte, aber ich glaube, er selbst dachte durchaus, er würde lesen. Das sind die Indigo-Humanisten.

2. DER IDEENORIENTIERTE TYP: Dann gibt es die auf Ideen ausgerichteten Indigos. Indigos mit dieser Veranlagung liegt mehr an Projekten als an Menschen. Sie sind die Ingenieure, Architekten, Designer, Astronauten, Piloten und Offiziere von morgen. Sie sind nicht körperlich unbeholfen, sondern als Kinder sogar oft sehr sportlich. Sie haben Probleme mit Kontrolle: Die Jungen versuchen vor allem, ihre Mutter zu manipulieren, während es die Mädchen bei ihren Vätern probieren. Wenn man es ihnen durchgehen lässt, steckt man in einem

großen Problem. Dieser Typ von Indigos neigt im Teenageralter zu Suchterkrankungen, vor allem Drogen. Eltern müssen das Verhalten der Jugendlichen hier sorgsam beobachten, und wenn sie anfangen, sich zu verstecken oder Dinge zu sagen wie »Komm meinem Zimmer nicht zu nahe«, ist der Zeitpunkt gekommen, wo die Mutter ihr Zimmer in Augenschein nehmen sollte.

3. DER KÜNSTLERISCHE TYP: Dann gibt es die Künstlerinnen und Künstler unter den Indigos. Dieser Typ ist viel sensibler und oft kleinwüchsiger, wenn auch nicht immer. Diese Kinder begeistern sich eher für die Künste. Sie sind kreativ, diese Lehrer und Künstler von morgen. Womit sie sich auch befassen, sie werden die kreative Seite davon bearbeiten. Wenn sie auf medizinischem Gebiet tätig sind, dann als Chirurgen oder in der Forschung. Wenn es um die Darstellende Kunst geht, so sind sie Schauspieler ersten Ranges. Im Alter zwischen vier und zehn können sie womöglich fünfzehn unterschiedliche Künste aufgreifen – sie befassen sich fünf Minuten mit einer Sache, und dann legen sie sie wieder hin. Ich sage den Müttern von solchen kleinen Künstlern oder Musikern also immer: »Kaufen Sie keine Instrumente – mieten Sie welche!« Künstlerisch gepolte Indigos arbeiten vielleicht mit fünf oder sechs unterschiedlichen Instrumenten, und wenn sie dann zu Jugendlichen heranwachsen, greifen sie einfach ein Feld oder ein Bestreben auf und werden Virtuosen auf diesem Gebiet.

4. DER INTERDIMENSIONALE TYP: Dann gibt es da noch den vierten Typus, nämlich die interdimensional angelegten Indigos. Sie sind größer als alle anderen Indigos, und im Alter von ein, zwei Jahren können Sie ihnen

schon nichts mehr sagen. Sie kontern dann: »Das weiß ich doch. Ich kann das allein. Lass mich.« Das sind diejenigen, die neue Philosophien und neue Religionen auf die Welt bringen werden. Sie können Grobiane sein, weil sie so viel größer sind und auch weil sie sich nicht eingliedern lassen wie die anderen drei Typen.

Nun, von den physischen Lebensfarben werden innerhalb der nächsten zwanzig Jahre wohl alle verschwinden bis auf Rot – und wir sprechen hier nur von den Lebensfarben. Nur die geistigen Farben – die Hellbraun-, Gelb- und Grüntöne – und die spirituellen Farben – die Blau- und Violetttöne – werden übrig bleiben. Davon übernehmen die Indigo-Humanisten den Part von Gelb und Violett. Die ideenorientierten Indigos treten an die Stelle des Hellbrauns, des Grüns und des Violetts. Die Indigo-Künstler lösen Blau und Violett ab. Die interdimensionalen Indigos lösen das Violett ab. Violett kommt also bei allen vieren vor.

Und sie werden intuitiv veranlagt sein?
Ich habe dazu eine Geschichte – sie hat sich heute Morgen ereignet. Eine Freundin von mir hat einen vierjährigen Enkel. Sie war nach Santa Barbara hinaufgefahren, um dort jemanden zu besuchen, und dort führte sie ihre Schwiegertochter und Zachary, den kleinen Jungen, zum Essen aus. Die Mutter des Kleinen prahlt ständig, was für gute Zeugnisse Zachary doch habe und wie gut er schwimmen könne und dass sein Lehrer in der Schule gesagt habe, er lerne schnell und könne perfekt Salto rückwärts. Er kennt absolut keine Angst.
Sie gingen also zu einem schicken Restaurant, und zum Nachtisch sollte es Mousse au Chocolat geben; der Junge freute sich schon darauf. Dann kam das Dessert, wurde mit viel Tamtam

in die Mitte des Tisches gestellt, und alle erhielten einen Löffel, um davon essen zu können. Der Kleine bekam ganz große Augen. Dann lachte er und griff nach der Platte mit dem Nachtisch, zog sie zu sich hin und begann zu essen. Er saß also einfach nur so da und aß, und schließlich fragte die Mutter: »Zachary, weißt du, was Furchtlosigkeit bedeutet?«
Er legte seinen Löffel hin, runzelte die Brauen, sah sie an und sagte: »Ja, das weiß ich.«
»Und, was meinst du?«, fragte seine Mutter.
Worauf er zurückgab: »Ich glaube an mich selbst!«
Ein Vierjähriger. Das bedeutete Furchtlosigkeit für ihn.
Zachary brachte es sehr deutlich zum Ausdruck: Diese Kinder glauben an sich. Wenn Sie versuchen, ihnen zu sagen, dass sie etwas falsch machen, wo sie doch von sich überzeugt sind, so wissen diese Kinder, dass Sie nicht wissen, wovon Sie reden. Ich würde Eltern also den Tipp geben, Grenzen zu setzen, dabei aber ihren Kindern nicht zu sagen, sie sollten bestimmte Dinge nicht tun. Sagen Sie vielmehr: »Nun erklär mir doch mal, warum du das tun willst. Komm, setzen wir uns hin und reden wir darüber. Was meinst du, was passiert, wenn du das machst? Spielen wir es einfach mal durch: Was meinst du, wird passieren, wenn du das tust?« Wenn das Kind Ihnen sagt, was dann seines Erachtens passieren wird, fragen Sie: »Okay, wie würdest du damit umgehen?« Und dann wird es Ihnen sagen, wie es darauf reagieren würde.
Sie müssen kleine Indigos so weit bekommen, das zu tun, ansonsten spielen sie nicht mit – es sei denn, sie haben einen humanistisch gesinnten Indigo vor sich –, sonst wird das Kind nicht mit Ihnen darüber reden.

Wenn Sie »kleine Indigos« sagen – welches Alter meinen Sie damit?
Von der Minute an, in der sie zu sprechen anfangen, reden

Sie ganz offen mit ihnen. Bringen Sie sie dazu, Dinge durchzusprechen.

Und was, wenn sie noch Babys sind?
Sie können das auch, wenn die Kinder noch Babys sind. Sie plappern ihnen etwas vor, sprechen alles mit ihnen durch. Lassen Sie das Kind hören, wie Sie mit ihm plappern. »Und jetzt wechseln wir einmal schön deine Windel. Das muss sein, damit du nicht wund wirst, und dann geht es dir gut, und dann geht es auch mir gut. Du musst dann nicht weinen, und ich brauche mir keine Sorgen darüber zu machen. Und dann geht es uns allen ganz prima, siehst du? Jetzt wechseln wir also deine Windel.«

Sie haben hier einen weiteren sehr wichtigen Punkt angesprochen, nämlich den, diese Kinder, sobald sie zu sprechen beginnen, wie Erwachsene zu behandeln.
Mit diesen Kindern können Sie nicht »von oben herab« reden. Die spucken Ihnen ins Gesicht, wenn Sie »von oben herab« mit ihnen reden. Sie respektieren Menschen nicht, bloß weil sie graues Haar oder Falten haben. Den Respekt dieser Indigos müssen Sie sich erst erarbeiten.

Gibt es noch etwas, worauf wir hier nicht eingegangen sind und was die Leserinnen und Leser Ihrer Meinung nach zum Thema »Indigos« wissen sollten?
Ich glaube, ich würde sagen: »Hören Sie ihnen einfach zu.« Folgen Sie Ihrem Instinkt und versuchen Sie, es aufzugeben, eine Autoritätsperson zu sein. Lassen Sie sich von den Kindern sagen, was sie brauchen. Und erklären Sie ihnen dann, warum Sie es ihnen nicht geben können oder warum es in Ordnung ist, dass sie es bekommen. Und es erfordert wirklich nichts anderes als Zuhören. Das ist alles. Diese Indigos sind sehr offen.

Auch hier geht es also wieder darum, präsent zu sein.
Das ist richtig. Wenn Sie diese Indigo-Kinder missbrauchen, gehen sie zur Schule und sagen es ihrer Lehrerin oder sie rufen den Polizeinotruf an. Sie haben zweifellos in den letzten paar Jahren von den vielen Fällen gehört, wo Zwei-, Dreijährige ihre Eltern retteten, indem sie den Notruf wählten oder Ähnliches in dieser Art. Wenn diese Kinder missbraucht werden, wenden sie sich automatisch an eine Autoritätsperson. Sie tun es – und wir regen uns darüber auf.

Mit Blick darauf, wo wir für sie stehen, bezeichne ich uns gern als die Regenbogenbrücke.
Ich denke, das stimmt. Ich nenne sie die Brücke von der dritten zur vierten Dimension. Die dritte Dimension ist eine Vernunftebene, eine Denkebene. Die vierte Dimension ist eine Ebene des Seins. Wir sprechen hier von Liebe und Ehre und Frieden und Glück und alldem, aber wir praktizieren es kaum jemals. Aber wir werden besser darin. In der vierten Dimension werden wir es praktizieren. Und uns wird deutlich, dass Krieg unnütz ist und dass die Herabsetzung anderer lediglich eine andere Art und Weise ist, sich selbst umzubringen. Diese Kinder wissen das bereits.
Beim ersten Indigo-Workshop, den ich abhielt, nahmen Eltern und Kinder teil. Babysitter kümmerten sich um die Kinder – jeweils eine Betreuung für vier Kinder. Nachmittags wurden dann die Kinder in den Raum gebracht, und die Eltern konnten beobachten, wie sie miteinander umgingen, und Fragen stellen. Wir hatten eine alte elektrische Schreibmaschine, also platzierten wir sie in der Mitte auf den Boden, und unsere anderen Kleinigkeiten darum herum. Wir hatten keinen Computer zur Verfügung, den wir dort hätten hinstellen können, aber wie schon gesagt, sind diese Kinder Elektronikfreaks, also setzte sich ein Kind vor die Schreibmaschine,

während alle anderen Kinder irgendwo anders spielten. Ein verblüffendes Experiment!
Ein Kind spielte also mit der Schreibmaschine, und nach einer Weile kam ein weiteres Kind, setzte sich daneben und schaute zu. Einige Zeit später stand das Kind, das ursprünglich mit der Schreibmaschine gespielt hatte, auf und ging – und dann nahm das nächste seinen Platz ein, und von irgendwo anders her in der Kindermeute kam eines, setzte sich daneben und sah zu. Und dann ging es nach dem gleichen Muster weiter, als würden sie Schlange stehen – nur dass da keine Schlange war.

Das ist richtig, denn diese Kinder stellen sich nicht irgendwo an.
Genau, und das beobachteten die Eltern also. Nur eines von ungefähr fünfzehn Kindern setzte sich auf den Schoß seiner Eltern. Die anderen beachteten ihre Eltern gar nicht.

In welchem Jahr war das?
Ich glaube, es war 1984. Diese Kinder ..., sie verlangen ja lediglich, als Kinder respektiert und wie menschliche Wesen behandelt zu werden. Keine Unterscheidung zwischen Kindern und Erwachsenen.
Ich habe noch eine weitere witzige Geschichte über meinen Enkel auf Lager: Als er acht Jahre alt war, gehörte meine Tochter zu den Leuten, bei denen ein Kind keine Waffen haben darf. Er durfte keine Pistole haben und nicht mit Kriegsspielzeug spielen. Und natürlich wollte sie auch nicht, dass er irgendwelches elektronisches Spielzeug hatte. Als er gerade einmal drei Jahre alt war, stand ich im Badezimmer und bearbeitete mein Haar mit einem Lockenstab. Ich habe zwei: einen, der nach einem Heißverfahren funktioniert, und einen, der kalt bleibt. Ich verwendete den heißen, und da nahm der Kleine den kalten und machte: »Peng-peng!«

Also nahm ich meinen Lockenstab und machte ebenfalls: »Peng-peng!« Wir rannten damit durchs ganze Haus – »Peng-peng-peng!«
»Aber Mutter«, tadelte mich meine Tochter, »du sollst so etwas doch nicht mit ihm machen!«
»Er hat angefangen!«, sagte ich. Wir hatten viel Spaß, der Kleine und ich.
Mit acht Jahren also kam er zu mir und fragte: »Mano, weißt du, was ich zu Weihnachten möchte?«
»Nein, was?«, gab ich zurück, und er antwortete: »Ein Nintendo!«
»Untersteh dich!«, raunte mir meine Tochter mit zusammengepressten Zähnen zu.
Ich lachte und dachte insgeheim: Tja, weißt du, ich bin seine Oma, und er hat mich darum gebeten. Du wirst damit fertig werden müssen. Also kaufte ich ihm vor meiner Abreise ein Nintendo und war danach eine Zeit lang verreist.
Zwei Monate später kam ich zurück, und meine Tochter rief mich an: »Ma, ich möchte mich wirklich noch bei dir bedanken, dass du Colin das Nintendo-Spiel geschenkt hast.«
»Ah ja, klar, ich weiß schon«, gab ich zurück, worauf sie meinte: »Nein, ich meine es ernst. Ich will dir wirklich dafür danken, weil mir klar geworden ist, dass ich es ihm nicht wegnehmen konnte. Mir wurde aber auch klar, dass ich die Regie übernehmen musste, also begann ich, ihm Nintendo-Zeit zu ›verkaufen‹. Ich sagte ihm, wenn er seine Aufgaben pünktlich erledigte, bekäme er dafür so und so viele Minuten fürs Nintendo-Spielen. Er kassierte ja ständig schlechte Noten in der Schule, weil er nicht mitmachte und den Unterricht störte. Also sagte ich ihm: ›Wenn du in der Schule gut mitarbeitest, bekommst du dafür zehn Minuten auf dem Nintendo. Wenn du in XY die-und-die Note hast, bekommst du dafür so und so viele Minuten Nin-

tendo. Wenn deine Note wieder schlechter wird, verlierst du so und so viele Minuten.«

Na ja, und so kam mein Enkel von der Schule nach Hause und erledigte seinen Anteil an der Hausarbeit, und dann fragte er: »Soll ich noch etwas machen?« Dann antwortete meine Tochter: »Du könntest noch das hier erledigen«, und er fragte: »Wie viele Minuten Nintendo bekomme ich dafür?« Seine Mathenote kletterte von einer Vier auf eine Eins. Zwei Wochen später rief die Lehrerin an und fragte: »Was ist denn mit Colin passiert? Er ist wie umgekrempelt.« Also erzählte Laura es ihr. Und die Lehrerin kommentierte: »Behalten Sie das um Gottes willen so bei. Er ist jetzt der beste Schüler, den ich habe!« In der Schule, sagte die Lehrerin, sei der Junge auf sie zugekommen und habe sie gefragt: »Kann ich irgendetwas für Sie tun?« Bevor er nach Hause ging, kam er zu ihr nach vorn und fragte: »Kann ich etwas für Sie tun?« Sie sagte es ihm, und dann ging er nach Hause und erzählte seiner Mutter, was er gemacht hatte, und fragte, wie viel Nintendo-Zeit er dafür erwartete. Er bekam sie! So wurde aus meinem Enkel ein erstklassiger Schüler.

Es heißt oft, das Internet sei schlecht für Kinder und es gebe dort so viele gefährliche Sachen. Aber wenn Eltern mit ihren Kindern gesprochen haben, ihnen gegenüber offen gewesen sind und ihnen gezeigt haben, wo sie bewusst ihre Wahl treffen müssen, geraten die Kinder Derartigem nicht in die Fänge. Diese Kinder sind clever. Aber sie sind wie wir: Manchmal treffen wir eben unkluge Entscheidungen, wenn wir etwas brauchen, und das tun auch sie, wenn sie etwas brauchen. Aber wenn wir dafür sorgen, dass sie stabil bleiben, treffen sie sehr kluge Entscheidungen. Es sind großartige Kinder!

Gibt es Indigo-Kinder denn wirklich?
Vielleicht können Sie mit Menschen, die »Farben sehen«, nicht viel anfangen. Nachfolgend also Berichte und Erörterungen zum Thema »Indigos« aus universitären Fachkreisen und von einer Lehrerin.
Entsprechen Nancy Ann Tappes Klassifikationen der einzelnen Indigo-Typen dem Bild, das sich Experten bietet? Dr. Barbra Dillenger bejaht dies.

Barbra Dillenger, Ph.D., verbringt einen Großteil der wachen Stunden ihres Tages damit, Menschen zu beraten. Im Mittelpunkt ihres Tuns steht die menschliche Natur, und sie konzentriert sich darauf, anderen zu helfen, ihr Leben im Überblick wahrzunehmen sowie Gründe für ihr Leben und Lektionen im Leben zu erkennen. Sie sieht Veränderungen und heißt sie willkommen; außerdem ist sie sich der vielen Menschen-»Typen« bewusst und hält eine Typologie wie jene von Nancy Tappe förderlich, um den Menschen auf einer tiefen Ebene zu erkennen zu helfen, wer sie sind. Sie hat in der Tat die Indigo-Typen gesehen und zögert nicht, uns die nachfolgenden Informationen zukommen zu lassen. Unser Beifall für ihren fantastischen Beitrag zu diesem Buch.

Über das Indigo-Kind
BARBRA DILLENGER, PH.D.

Wie Nancy Tappe bei ihren Beobachtungen zu den Indigo-Kindern feststellte, gibt es vier unterschiedliche Typen: die Humanisten, die Ideenorientierten, die Künstler und dann den seltensten Typus, die Interdimensionalen. Sie alle weisen in ihrem Verhalten Ähnlichkeiten auf, es gibt aber auch deutliche Unterschiede. Hier sind drei mitten aus dem Leben gegriffene Erlebnisse mit Indigo-Kindern: eines mit einem kleinen Künstler, eines mit einem Humanisten und das letzte mit einem ideenorientierten Indigo.

Der Künstler – Die Geschichte einer Berufung
Travis ist ein Indigo-Kind mit künstlerischen Neigungen. Er ist musikalisch begabt. Mit vier Jahren trat er zum ersten Mal in einem öffentlichen Mandolinenkonzert auf. Im Alter von etwa fünf Jahren stellte er eine Band mit anderen kleinen Indigos auf die Beine, und nachdem sie im Alter von neun Jahren landesweite Wettbewerbe gewonnen hatten, nahmen sie ihre erste CD auf. Mit 14 brachte er ein Soloalbum heraus, von dem ein Titel bald unter den »Top Ten« war. Alle Stücke wurden von ihm selbst komponiert, arrangiert und gespielt. Er gilt, so der Musikkritiker der *Chicago Tribune,* als der Mozart auf der Mandoline. Das folgende Ereignis geschah bei einem seiner Konzerte.

Mein Mann und ich waren eigens hingegangen, um uns anzuhören, wie Travis vor einem Publikum von schätzungsweise 3000 Menschen spielen würde. Auf der Damentoilette schnappte ich ein Gespräch zwischen zwei Frauen auf. Eine von ihnen sagte: »Mein Mann hat so darauf bestanden, dass ich mitkomme. Er dachte, es würde mich auf andere Gedanken bringen.« Im weiteren Verlauf des Gesprächs erfuhr ich, dass sie gerade erst kurz zuvor ein Baby bekommen hatte. Sie hatte das Kind zwei Wochen nach seiner Geburt verloren und trug noch Schwangerschaftskleidung. Mein Herz schwoll an vor Trauer.

Unterdessen trat Travis auf die Bühne. Bei der Vorstellung spielte er einen Song, den er mit neun Jahren geschrieben hatte: »Press on« (»Mach weiter«), bei dem es um den Tod seines Großvaters ging. Dieses Lied gehört zu meinen Lieblingssongs. In ihm ist von all den vielen Erfahrungen die

Rede, die wir in unserem Leben machen, und davon, dass wir mit Gottes Hilfe immer weitermachen müssen. Stehender Applaus, als das Konzert endete. Mein Blick fiel auf dieselbe junge Frau, die ich in der Toilette gesehen hatte. Sie unterhielt sich mit Travis. Mit Tränen in den Augen sagte sie zu ihm: »Dieses letzte Lied, das du gesungen hast, hat mir geholfen, eine schlimme Wunde zu heilen. Danke. Ich bin so froh, dass ich hierhergekommen bin.«

Travis bedankte sich bei ihr, und als sie außer Sichtweite war, drehte er sich zu seinem Gitarristen um und sagte in urechtem Teenagerjargon, mit der erhobenen Rechten begeistert gegen die Hand seines Freundes klatschend: »Stark – genau darum geht's!« Wieder schwoll mir das Herz an und erfüllte meinen Körper mit neuem Leben. Heute, im reifen Alter von 17 Jahren, spielt und komponiert Travis noch immer. Wahrhaftig ein Indigo-Sternenbaby mit einer besonderen Berufung.

Der Humanist – Die Geschichte einer häuslichen Disziplinierung

Todd ist ein Indigo-Humanist. Bei einem Besuch im Haus seiner Großmutter kam es zu einem unangenehmen Zwischenfall. Auf Omas Bett saß nämlich ein wunderschöner Musikclown mit Porzellangesicht. Es war ihre Lieblingspuppe, ein Geschenk ihres Mannes. Der traurige Gesichtsausdruck des Harlekins erinnerte Todd an etwas in seiner »Vergangenheit«, also fand er einen Weg, den Kopf der Puppe in winzige Stücke zu zertrümmern. Er tat das sehr energisch. Großmama war sichtlich schockiert. Todd war drei oder vier Jahre alt und hatte eindeutig keinerlei Schuldgefühle. Nachdem sich die Großmama wieder gefasst hatte (sie hatte Todd bereits gepackt und auf das Sofa gesetzt), fragte sie mit bebender Stimme: »Was ist dein Lieblingsspielzeug?«
»Polizeiauto«, gab Todd zurück.

»Kann ich jetzt zu dir nach Hause kommen und dein neues Polizeiauto kaputt machen?«, fragte seine Großmutter.
»Nein!«, sagte Todd mit großen Augen.
»Tja, dieses Haus hier gehört deinem Opa und mir, und hier wird nichts absichtlich kaputt gemacht. Wir möchten gerne, dass unser Haus ein frohes Haus ist. Wenn du also die Oma wärst, was würdest du Todd jetzt sagen?«
Todd überlegte einen Moment und gab dann zurück: »Wahrscheinlich muss ich für eine Zeit lang allein bleiben.« Er verzog sich also in ein anderes Zimmer in ihrem Haus, wo er sich ganz allein hinsetzte und sich selbst von der Feier ausschloss, die gerade im Gang war.
Nach ein paar Minuten kam die Großmutter nach und redete mit Todd über Wut, Angst und darüber, sich positiv auszudrücken (natürlich alles in einer Sprache, die ein Vierjähriger verstand). Was wir hier sehen, ist ein Indigo-Humanist, der Menschen und die Freiheit liebt und der sich, so jung er war, selbst dafür entschied, eine Zeit lang allein bleiben zu müssen. Diese selbst auferlegte Isolationshaft war für Todd ein gerechter Ausgleich für sein unangebrachtes Verhalten.
Mittlerweile hat Großmama eine wunderschöne neue Puppe, einen Engel, den ihr eine gute Freundin geschenkt hat, und diese Puppe hat ein Gesicht aus Stoff.

Der Ideenorientierte – Eine Geschichte über die Schule und nötige Veränderungen

Tim, ein Zwölfjähriger, kam mit seiner frustrierten Mutter in meine Praxis. Er wollte einfach nicht in die Schule. Für ihn hatte es keinen Wert, seine Stunden dort abzusitzen. Vor allem der Englischunterricht gefiel ihm gar nicht. (Ich glaube, seine Mutter brachte ihn mit der Intention zu mir, dass ich ihn überzeugen sollte, wieder in die Schule zu gehen.) Tim ist ein ideenorientierter Indigo und ein ziemlicher Computerfreak.

»Warum gefällt dir Englisch nicht?«, fragte ich ihn.
Er antwortete: »Die Lehrerin ist bescheuert – sie will, dass ich *Huck Finn* lese.«
Ich gab ihm zu verstehen, es könne in der Tat sein, dass er ein hellerer Kopf sei als einige seiner Lehrer, und zeigte ihm auf, dass er dennoch etwas von ihnen lernen könne. Ich sagte ihm, dass Englisch an der Schule eben notwendig sei, dass es aber auch andere Möglichkeiten gebe, es zu lernen. Und dann fragte ich ihn, welche Lösung er für diese Situation finden würde. Tim hatte sofort eine Antwort.
Er sagte mir, er und ein paar Freunde von ihm, denen es genauso ginge, hätten eine private Englisch-AG nach der Schule gegründet. Huckleberry Finn interessierte sie nicht, so viel war klar. Stattdessen nutzten sie das Internet. Sie waren auf der Suche nach einem Förderer, der sie nach der Schule in den Schulräumen beaufsichtigen würde. Ich gab ihm zu verstehen, dass ich diese Idee ausgezeichnet fand. Seiner Mutter fiel fast die Kinnlade herunter, als ich vorschlug, sie könne diese Lösung unterstützen, indem sie ihm helfe, eine Lehrkraft zu finden, die sich dazu bereitfand.
Tim fühlte sich verstanden, und sein Körper lockerte sich. Ich habe gehört, dass dadurch zwar nicht sämtliche Schulprobleme von Tim gelöst wurden; doch immerhin konnte er diesen beaufsichtigten Internetkurs an die Stelle seines früheren Englischunterrichts treten lassen. Jetzt geht er auch wieder zur Schule. Sein brillantes Konzept verweist auf einen beginnenden Wandel in unserem mitunter starren, autoritären Schulwesen. So vieles am derzeitigen Aufbau von Schulen ist dem Denken der hellen Köpfe, die die Indigos sind, nicht dienlich. Tims Mutter ist mittlerweile eine aktive Fürsprecherin für Bildungsreformen geworden.

Klüger als wir?

Im Rahmen der Diskussionen um Indigos taucht ein weiteres, verwandtes Phänomen auf. Alle Eltern wollen denken, dass ihr Kind klüger ist als der Durchschnitt. Nun, die Berichte bestätigen das tatsächlich! Sie sind also nicht verrückt, liebe Mütter! Vielleicht muss man allerdings die Norm ändern, um eine neue Messlatte zu erhalten, an der Kinder nun gemessen werden können.

Haben Sie den Eindruck, dass ihr Kind wirklich klüger ist, als sie es waren, oder als die anderen Kinder, die Sie in früheren Jahren großgezogen haben? Vielleicht gelten die »Schlaumeier« als Problemkinder, während sie doch in Wirklichkeit als Kapital gesehen werden sollten. Könnte es sein, dass gerade die »Schlaumeier« den Betrieb lahmlegen? Wie kann man das wissen? Sind die Schulen auf klügere Kinder nicht vorbereitet? (Ich wette, intuitiv hatten Sie diesen Gedanken schon die ganze Zeit.) Sind Indigo-Kinder generell klüger, als die meisten von uns Eltern in ihrer Kindheit gewesen sind? Kommen die meisten der neuen Kinder, die nun geboren werden (Indigos oder sonstige), eigentlich mit einer bislang ungekannten Intelligenz und Weisheit auf diese Welt?

Das ist eine Frage, die vielleicht überall im Land die Alarmglocken schrillen lässt. Sind Ihnen in neuerer Zeit schon einmal Zeitungsberichte zu Augen gekommen, in denen man tönt, unsere Kinder würden von unseren Schulen mit ihrem Notensystem nicht gut genug aufs Leben vorbereitet und schnitten im Vergleich der Nationen unterdurchschnittlich ab? Sicher haben Sie Derartiges gelesen. Und dennoch ist alles nicht so, wie es zu sein scheint, und das Folgende gibt Ihnen hierzu vielleicht Stoff zum Nachdenken und mag andeuten, dass universell etwas mit unseren Kindern vor sich geht.

Es gibt in der Tat Hinweise darauf, dass die Kinder von heute geistig viel besser ausgestattet sind als die Schulen, die Mühe haben, mit ihnen Schritt zu halten – oder vielleicht korrekt zu diagnostizieren, was es mit der Sache auf sich hat. Hier ein Zitat vom Einband des Buches *The Rising Curve: Long-Term Gains in IQ & Related Measures*[8]:

> »Es ist eine weit verbreitete Klage, dass das, was die Kinder an Bildung erwerben, rapide abnimmt und dass die Schulen versagen, wenn es darum geht, Kinder auf entscheidende Lebensaufgaben vorzubereiten. Und dennoch haben Psychometriker einen merkwürdigen Trend entdeckt, der diesem Lamento widerspricht: Tatsache ist, dass die IQ-Bewertungen über die letzten 50 Jahre sogar einen erstaunlichen Anstieg aufweisen und dass die Werte für weiße Schülerinnen und Schüler und solche, die ethnischen Minderheiten angehören, sich einander annähern. Diese Tendenz, als ›Flynn-Effekt‹ bezeichnet (nach James Flynn, dem Sozialwissenschaftler, der ihn zuerst belegte), steht im Mittelpunkt dieses provokativen Buches ... Ist es möglich, die IQ-Werte der einen Generation mit denen der nächsten zu vergleichen? Welche Umweltfaktoren wirken sich am stärksten auf den IQ aus? Welche Art von Intelligenz wird von psychometrischen Tests eigentlich gemessen? Führende Ernährungsexperten sowie Fachleute aus der psychometrischen Forschung, der Soziologie sowie der kognitiven Psychologie, Sozial- und Entwicklungspsychologie debattieren über den Ursprung des Flynn-Effekts, ebenso wie über die viel diskutierte dysgenische Hypothese, die durch Charles Murray in *The Bell Curve* Popularität errang. Eine Pflichtlektüre für alle, die auf der Suche nach den neuesten Erkenntnissen der Wissenschaft zu Intelligenz und Intelligenzmessung sind.«

Besprechen wir die Merkmale Intelligenzquotient und Klugheit direkt im Rahmen des Themas »Indigo-Kind«. Wir möchten an dieser Stelle eine wunderbare Frau vorstellen, die ebenfalls zu diesem Buch beigetragen hat: Dr. Doreen Virtue. Abgesehen davon, dass sie ein Faible für Kinder hat, ist sie in den USA eine Bestsellerautorin von landesweitem Ruhm. Aufgrund ihrer Philosophie hat sie in mehreren nationalen Zeitschriften Erwähnung gefunden, und in ihren tief reichenden Studien werden wissenschaftliche Fakten mit bis dato noch nicht untermauertem metaphysischem Gedankengut zusammengebracht. In Kapitel 2, 3 und 4 dieses Buches finden Sie erneut Beiträge von Doreen Virtue[9].

Besonders begabt oder Problemkind?
DOREEN VIRTUE, PH.D.

Wir wissen, dass Indigo-Kinder die ihnen von Gott gegebenen Gaben schon bei ihrer Geburt unverkennbar zu verstehen geben. Viele von ihnen sind von Natur aus Philosophen, die sich Gedanken über den Sinn des Lebens machen und darüber, wie sie den Planeten retten können. In ihnen stecken begabte Wissenschaftler, Erfinder und Künstler. Und dennoch erstickt unsere Gesellschaft, die auf der alten Energie aufbaut, die Begabungen der Indigo-Kinder.
Viele begabte Kinder gelten fälschlicherweise als »lernbehindert«, so die National Foundation for Gifted and Creative Children (Nationale Stiftung für begabte und kreative Kinder), eine gemeinnützige, überkonfessionelle Organisation, deren Hauptziel darin besteht, nach außen zu wirken und diesen kostbaren Kindern zu helfen. »Viele begabte Kinder«, so die Leitung dieser Organisation, »gehen im öffentlichen Bildungswesen zugrunde. Vielen begabten Kin-

dern wird zu Unrecht das Etikett ›ADHS‹ angeheftet. Und vielen Eltern ist gar nicht bewusst, dass ihr Kind möglicherweise hochgradig begabt sein könnte.«
Die Organisation listet folgende Merkmale auf, die Ihnen helfen, herauszufinden, ob Ihr Kind besonders begabt ist:
- Ist sehr sensibel.
- Weiß nicht, wohin mit seiner Energie.
- Langweilt sich leicht – kann so wirken, als hätte es eine kurze Aufmerksamkeitsspanne.
- Braucht emotional stabile und sichere Erwachsene um sich.
- Widersetzt sich Autorität, wenn sie nicht demokratisch ausgerichtet ist.
- Hat bevorzugte Lernmethoden, insbesondere beim Lesen und in Mathematik.
- Ist leicht zu frustrieren, da es große Ideen hat, aber nicht die Mittel oder andere Menschen, die ihm dabei helfen, diese Aufgaben so weit fortzuführen, dass sie Früchte tragen können.
- Lernt durch eigenes Erforschen; widersetzt sich reiner Gedächtnisakrobatik oder bloßem Zuhören.
- Kann nicht stillsitzen, es sei denn, es ist in etwas versunken, das für es selbst von Interesse ist.
- Ist sehr mitfühlend; hat viele Ängste, wie etwa den Tod und Verlust geliebter Menschen.
- Kann, wenn es früh Fehlschläge erfährt, aufgeben und bleibende Lernblockaden entwickeln.

Klingt ganz nach der Beschreibung eines Indigo-Kindes, meinen Sie nicht? Die Organisation geht mit unserem Befund überein, dass sich »begabte Kinder auch zurückziehen, wenn sie sich bedroht oder fremd fühlen, und es kann vorkommen, dass sie ihre Kreativität opfern, um ›dazuzugehören‹. Viele von uns überprüfte Kinder weisen einen hohen IQ auf, zeigen aber oft auch eine ›eingefrorene‹ Kreativität.«

Dr. Kathy McCloskey ist eine weitere wissenschaftliche Beraterin, die wir in diesem Buch zum Thema »Indigo-Kinder« zu Rate gezogen haben. Wir wissen ihre Beiträge in Verbindung mit ihren praktischen Erfahrungen und Fallbeispielen sehr zu schätzen.

Die neuen Powerkids
KATHY MCCLOSKEY, PH.D.

Im Lauf des letzten Jahres habe ich bei uns im städtischen Psychiatriezentrum offizielle psychologische Tests mit drei Kindern durchgeführt, die eindeutig Indigo-Kinder sind. Alle drei wurden von einer dortigen Kinderpsychologin an mich überwiesen: Die Berichte von Eltern und Lehrern über die Verhaltens- und Aufmerksamkeitsprobleme dieser Kinder waren ihr »ein Rätsel«. In ihrer Praxis zeigten die Kinder nämlich wenige oder keine dieser Symptome, und doch bestanden die anderen Erwachsenen aus dem Umfeld dieser Kinder hartnäckig darauf, berichten zu müssen, dass keiner diese Kinder zu Hause, in der Schule oder an beiden Orten »unter Kontrolle« hatte.
Nun hat diese Psychologin (ich nenne sie hier »Amanda«) eine wunderbare Art, ihre jungen Klienten mit Liebe und Achtung zu behandeln; sie weigerte sich also, den Berichten unbesehen zu glauben, da sie sich nicht mit ihren eigenen Erfahrungen deckten. Sie bestand auf reguläre Prüfverfahren.

Das erste Kind, das zu ihr geschickt wurde, war ein vierzehnjähriges Mädchen kaukasischer Abstammung. Die Jugendliche hatte unerlaubt (und ohne Führerschein) den Wagen ihrer leiblichen Eltern entwendet und das Haus verlassen, um sich in der Nähe eines rund um die Uhr geöffneten Einkaufszentrums herumzutreiben. Aufgrund ihrer schlechten schulischen Leistungen hatte sie ein Schuljahr wiederholen müssen und wurde von Gleichaltrigen und Lehrpersonal wegen ihrer fortgeschrittenen körperlichen Entwicklung und ihrer »Klugschwätzerei« ausgegrenzt. Außerdem musste sie gegenüber ihren Eltern immer »das letzte Wort« haben. Mutter und Vater berichteten, dass sie mit ihrer Weisheit am Ende seien.

Die Tochter hatte, wie sich in den Tests herausstellte, einen IQ von 129 im Hinblick auf sprachliche Fähigkeiten sowie einen IQ von 112 in puncto visuell-räumliches Vorstellungsvermögen. (IQ 69 und darunter gilt als geistig behindert; 70–79 ist grenzwertig; 80–89 ist unterer Durchschnitt; 90–109 durchschnittlich; 110–119 ist gehobener Durchschnitt; 120–129 überdurchschnittlich, und 130 und mehr herausragend.) In einem Leistungstest zu schulischem Wissen ergaben die Tests für den gesamten sprachlichen Bereich überdurchschnittliche Fähigkeiten, und die niedrigsten Punktzahlen, die sie erzielte, waren »durchschnittlich« für ihr Alter und ihre Schulklasse!

Mit anderen Worten: Es gab keinen Bereich, in dem sie leistungsschwach war. Sie erzielte sogar bessere Gesamtergebnisse als andere in ihrem Alter – sowohl im Hinblick auf ihre kognitiven Leistungen als auch im Hinblick auf ihre Kenntnis des Unterrichtsstoffs, und das, obwohl sie ein Schuljahr hatte wiederholen müssen! Wie konnte das sein?

Dieses junge Mädchen war mit Ritalin und Cylert behandelt worden, zwei der Medikamente »erster Wahl« zur Behandlung von ADHS – doch ohne Erfolg. Ihre Eltern berichteten, ihre Tochter sei »schon immer so gewesen«, und nichts von dem, was sie versuchten, habe »gewirkt«. Im Gespräch mit ihr

zeigte sich deutlich, dass sie in ihrem Umgang mit anderen sehr klug und erwachsen war, und dies spiegelte sich auch in ihrem Gesicht und ihren Augen. Sie schien, populär ausgedrückt, eine »weise alte Seele«. Das Problem war nur, dass es niemand außer ihr erkannte!
Amanda, ihre neue psychologische Betreuerin, und ich sahen es jedoch sehr klar (durch Tests und klinische Befragungen). Dank des klugen Einschreitens ihrer Eltern wird die Vierzehnjährige mittlerweile in einem besonderen, eigens auf sie abgestimmten Lernumfeld unterrichtet. Das war nicht leicht ... Die Eltern der Heranwachsenden mussten sich dazu um ein Stipendium für diese sehr kostspielige, aber hochgradig effektive Schule bewerben. Und doch schaffte sie es, zugelassen zu werden, und kommt dort hervorragend zurecht, da ihre Eltern offen waren für Rückmeldungen, ihre Tochter ernst nahmen und sie jetzt als das besondere, hochbegabte Indigo-Kind behandeln, das sie ist.

Das zweite Kind, das zu der Psychologin kam, war ein neunjähriger Afroamerikaner. Der Kleine war drei Jahre zuvor von zwei Afroamerikanern adoptiert worden, die kurze Zeit, bevor ihn die Psychologin zu Gesicht bekam, von einer anderen Stadt zugezogen waren. Beide berichteten, dass ihr Sohn »hyperaktiv« sei, da er nicht stillsitzen konnte und ständig in Bewegung war, und dass die Lehrer in neuerer Zeit berichteten, er störe den Unterricht (indem er Antworten in den Klassenraum rief, Mitschülerinnen und Mitschüler belästigte, unerlaubt aufstand und so weiter). Sie befürchteten, bei ihrem Sohn zeichne sich ein beginnender Verlust des körperlichen Gleichgewichts ab, da sein leiblicher Vater drogensüchtig gewesen war. Außerdem fragten sie sich, ob der Junge wohl die Nachwehen eines instabilen häuslichen Umfelds und seines häufigen Schulwechsels in frühen Jahren erlebte, da er einen Großteil seines jungen Lebens in Kinderheime gesteckt und wieder herausgeholt worden war. Die Lehrer empfahlen, ihm Medikamente zu verabreichen, wie sie Kinder mit ADHS erhalten; seine Eltern wollten jedoch »sichergehen«, was mit ihrem Sohn los war, bevor sie einen derart drastischen Weg einschlugen.

Dieser Junge wies im Hinblick auf sprachliche Fähigkeiten und seine Leistungen zwar IQs von 116 beziehungsweise 110 (gehobener Durchschnitt) auf, lag damit jedoch nicht im Bereich der Hochbegabten. Allerdings ergaben sich bei zwei Untertests sehr herausragende Ergebnisse: Wissen um soziale Regeln und Normen sowie abstrakte kognitive Fähigkeiten. Die Messung seiner schulischen Kenntnisse zeigte, dass er in allen Fächern überdurchschnittlich zurechtkam, was darauf schließen lässt, dass es sich um ein unterfordertes Kind handelte.

Ich könnte mir denken, dass seine Leistungen im Hinblick auf schulisches Wissen ein genaueres Maß für seine tatsächlichen Fähigkeiten waren als der IQ. Das geschieht mitunter, wenn wirklich begabte Kinder in ihren frühen Jahren in chaotischen oder von Mangel gekennzeichneten Verhältnissen aufwachsen, wie es bei dem jungen Mann hier der Fall war. Es ist hochgradig wahrscheinlich, dass die beiden Untertests aus dem IQ-Test, in denen er überdurchschnittlich gut abschnitt, repräsentativer für sein tatsächliches Potenzial und seine tatsächlichen Fähigkeiten waren.

Jedenfalls wurde auch diesem Kind das Etikett »ADHS« angeheftet, obwohl seine tatsächlichen Leistungen in Wirklichkeit weit über dem Durchschnitt lagen. Auch hier wieder war das eigentliche Problem, dass niemand in seiner Schule den Umstand erkannte. Genauso wie bei dem Mädchen im ersten Beispiel war bei ihm unverkennbar, dass er mit anderen auf einer sehr intelligenten, erwachsenen Ebene umging, und dasselbe sprach aus seinem Gesicht und seinen Augen. Auch er schien eine »weise alte Seele«.

Doch was tun mit seiner überschüssigen körperlichen Energie? Für eine klare Struktur zu Hause sorgten seine Eltern bereits, indem sie eindeutige Regeln und Erwartungen an ihn formulierten (die zusammen mit dem Kind aufgestellt worden waren). Sie schufen eine Reihe von Ventilen für seine körperliche Energie und unterstützten ihn dabei, bestimmte Lektionen »auszuagieren« (indem er Dinge körperlich ausdrückte, sie laut wiederholte, beim Auswendiglernen vor- und zurückschaukelte oder auf einem Bein stand, Rollen in Geschichten nachspielte etc.). Sie erklärten sich einverstanden, diese »Lektionen« auch den Lehrern des Jungen vorzulegen – im Grunde verbrachten wir die meiste Zeit damit, zu überlegen, wie wir am besten an seine Lehrer herantreten könnten, damit sie nicht in Verteidigungshaltung gingen oder das Gefühl hatten, man wolle ihnen zeigen, wie Unterricht funktioniert.

Als drittes und letztes Kind kam ein achtjähriger Afroamerikaner zur Psychologin. Für sein Alter sah er viel zu jung aus. Er lebte mit seiner leiblichen Mutter, seinem Stiefvater und seinem achtzehn Monate alten Halbbruder zusammen. Der junge Mann wurde von seiner Mutter zu Amanda gebracht, da ihn kurz zuvor gleich zweimal die Polizei aufgegriffen hatte: Er war aus der Schule davongelaufen und hatte versucht, zu seiner Mama nach Hause zu gehen. Außerdem hatte er seiner Mutter gesagt, er wolle sterben und werde sich bald umbringen. Auf die Frage, was er vorhabe, habe er nur den Kopf geschüttelt und auf den Fußboden gestarrt.

Dieser Junge, und mit ihm auch sein jüngerer Bruder, rüttelte mich wirklich auf. Es war in vielerlei Hinsicht so, als hätten mich meine beiden vorherigen Erlebnisse mit hochbegabten

Indigo-Kindern nur auf die Kinder vorbereiten sollen, die jetzt in meiner Praxis sitzen. Der Achtjährige blickte mir ruhig in die Augen und vertraute mir an, das Leben sei nicht lebenswert für ihn, wenn ihm seine Mutter nicht zeigen könne, dass sie ihn lieb habe. Er sagte, es tue ihm leid, auf der Welt zu sein!

Sein kleiner Bruder hatte das gleiche alte Gesicht und die gleichen alten Augen, und auch wenn er noch in einem relativ vorsprachlichen Alter war, so legte er doch seinen Kopf schräg und blickte mich unverwandt an. Ich würde jeden Eid schwören, dass mir dieses Kind durch sein Verhalten zu verstehen gab, ich solle seine Geheimnisse nicht verraten – puh! Jedenfalls kümmerte sich der ältere Sohn laut Berichten seiner Mutter regelmäßig unaufgefordert um seinen kleinen Bruder und schien zu wissen, was er zu tun hatte, ohne dass man es ihm sagte. In jeder anderen Hinsicht jedoch, so sagte sie auch, sei der Junge »schrecklich«. Schon seit seiner Vorschulzeit sei er körperlich »hyperaktiv« gewesen, habe ständig Widerworte gegeben, musste immer »seinen Kopf durchsetzen« und manipuliere andere sehr, als wisse er, wie sie wahrgenommen werden wollten, und »spiele« dann damit. Zwei Jahre zuvor hatte sie ihn zu einem anderen Therapeuten gebracht, jedoch die Besuche dort eingestellt, als sich sein Betragen besserte. Doch nun, da ihn offenbar nichts dazu brachte, sich angemessen zu betragen, war sie fest entschlossen, ihm Ritalin verschreiben zu lassen.

Seine Mama sagte auch, ihr Ältester denke, dass ihn keiner liebe, obwohl sie ihn sehr liebte. Sie erzählte, dass es ihre gesamte Zeit in Anspruch nehme, sich um den Kleinen zu kümmern, und dass sich ihr Mann absolut nicht an der Betreuung der Kinder beteilige. Dazu komme noch, dass sie während der letzten vier Jahre wegen Versetzungen ihres Mannes mindestens einmal pro Jahr umgezogen seien und

dass das Kind dann immer auf eine andere Schule musste. Außerdem wolle sie zwar eigentlich lieber zu Hause bei den Kindern bleiben, müsse aber aus wirtschaftlicher Notwendigkeit wieder arbeiten gehen. Sie wünsche sich, ihr Ehemann würde im Leben ihrer beiden Söhne eine aktive Rolle spielen, da sie wisse, dass ihr Ältester seinen »richtigen« Vater vermisste, der in den letzten Jahren immer wieder im Gefängnis gewesen war und so gut wie keinen Kontakt zu ihm hatte.
Weder Amanda noch ich waren auf die Ergebnisse der Tests vorbereitet. Dieser Achtjährige lag bei allen Fähigkeiten im Bereich der Hochbegabten (IQ von mindestens 130) und befand sich punktemäßig lediglich bei den Tests zum Schulwissen, sofern es ums Schreiben ging, im mittleren Bereich (bei allen anderen Tests zu schulischen Kenntnissen schnitt er entsprechend seines sehr hohen IQ ab). Obwohl sein schulisches Lernen über die letzten paar Jahre diskontinuierlich gewesen war, fiel seinen Lehrern und seiner Mutter durchgängig auf, dass er zu Hause und in der Schule »nicht aufpasste« und dass er nicht dem Modell des »idealen« Schülers und Sohns entsprach. Dennoch fanden sich die bei ihm festgestellten kognitiven und schulischen Leistungen nur ein einziges Mal unter 10000 Kindern seiner Altersgruppe!
Ich bekam eine Kostprobe davon, womit es seine Eltern und Lehrer zu tun hatten, als er mir zum ersten Mal begegnete. Er nahm alles, was er in meinem Büro vorfand, in die Hand und untersuchte es, wobei er sogar Schubladen aufzog. Meine zahlreichen Bitten, Platz zu nehmen, stießen auf taube Ohren. Also zog ich etwas andere Saiten auf und sprach ihn auf eine ruhige, leise, erwachsene Weise an. Ich sagte ihm, dass es mich kränke, wenn jemand zu mir komme und meine Sachen anfasse, ohne mich um Erlaubnis zu fragen. Ich gab ihm zu verstehen, dass ich dabei das Gefühl hatte, er würde mich nicht mögen oder achten. Ich fragte ihn, ob er es schon

einmal selbst erlebt habe, wie andere an seine Sachen gingen, ohne ihn zu fragen, und er erzählte dazu zwei Vorfälle: einen von zu Hause und einen in der Schule. Dann entschuldigte er sich. Ich nahm seine Entschuldigung an, und wir schüttelten uns wie Kumpels die Hand.

Während der Zeit, in der ich mit ihm zu tun hatte – die Tests erstreckten sich über vier Wochen –, zeigte er nie wieder ein Verhalten, mit dem er mir zu nahe trat oder das als »unangemessen« gelten könnte. Er war aufmerksam, höflich und arbeitete während der Tests hart. Amanda hatte einen ähnlichen Zwischenfall erlebt, war genauso damit umgegangen und hatte dieselben Ergebnisse erzielt. Das Schlüsselwort für diesen jungen Mann lautete Respekt! Auch hier galt wieder, dass niemand ihn als den und das erkannte, was er war.

Derzeit überlegen Amanda und ich noch immer, wie wir unsere Erkenntnisse am besten seinen Eltern präsentieren, da wir ihnen ja nicht die Schuld für seine »Probleme« in die Schuhe schieben wollen und wissen, dass auf dieser Mutter ein großer Druck lastet. Dennoch können nur die Eltern sein Umfeld so verändern, dass es ihm hilft, mit alltäglichen Einschränkungen und Erwartungen umzugehen.

Um es zusammenzufassen: Es gibt zwei hauptsächliche Möglichkeiten, Indigo-Kinder als solche zu erkennen:

1. Wenn das Indigo-Kind als »Problemkind« ausgewiesen wurde, sind Tests von grundlegender Bedeutung.
- Zwar zeigen Indigo-Kinder nicht durch die Bank die Leistungen Hochbegabter, doch wird sich bei den meisten, wenn nicht sogar bei allen, mindestens ein Bereich (oder Untertest beim IQ-Test) finden, in dem sie hochgradig überdurchschnittlich abschneiden.
- Die schulischen Leistungen rangieren in der Regel zumindest im durchschnittlichen Bereich.

2. Wird bei einem Kind davon ausgegangen, dass es unter ADHS leidet, so ist es sehr gut möglich, dass es ein Indigo-Kind ist.
- Halten Sie Ausschau nach einer Palette von »störenden« Verhaltensweisen, die andere irrtümlich für ADHS halten.
- Indigo-Kindern wird das Etikett »hyperaktiver Störenfried«, der »nicht hören« will, angeheftet, da der althergebrachte Umgang mit Kindern – wie etwa direkte Aufforderungen – bei ihnen nicht funktioniert.

Die Arbeit mit den Indigo-Kindern gleicht einer Arbeit an uns selbst. Die Lektionen, die sie uns zu erteilen haben, sind nur allzu offensichtlich. Ich bin eine »offizielle« Psychologin gewesen, die mit diesen Kindern zu tun hatte, und es ist mir eine Freude gewesen, von meiner »Überzeugungskraft als Expertin« Gebrauch zu machen, um für entsprechende Veränderungen einzutreten. Wir brauchen jedoch noch mehr Menschen wie Amanda, die erkennen, dass bei diesen Kindern manchmal der Schein trügt.
Ich erlebe es als Privileg, Amanda im Hinblick auf diese drei Kinder geholfen zu haben. Ich empfinde großen Respekt vor diesen neuen Kindern und ihrer Kraft.

Lehrkräfte und Autoren kommen zu Wort
Die meisten Menschen, die uns begegnen und die mit Kindern zu tun haben, arbeiten sozusagen an vorderster Front – es sind Lehrer sowie Betreuer in Kindertagesstätten oder deren Assistenten. Diese Männer und Frauen berichten von ihrer alltäglichen Arbeit mit Kindergruppen von heute. Oft haben sie bereits mehrere Jahrzehnte Erfahrung mit Kindern und erzählen uns, wie sehr der Wandel, den sie beobachten, sie in Staunen versetzt.

Liebe Eltern, lassen Sie sich eines gesagt sein: Es gibt Hoffnung! Viele Leute, die sich beruflich mit Kindern befassen, sind sich der derzeitigen Veränderungen außerordentlich bewusst. Die »Mauer«, auf die Sie innerhalb des Bildungswesens vielleicht stoßen, ist das System – es sind nicht unbedingt die Menschen, die darin tätig sind. Oft können sie das Ihnen gegenüber nicht zugeben – doch sobald Sie ihr Büro oder ihre Praxis verlassen, macht sich wahrscheinlich ihre Frustration Luft. Sie haben schon davon gehört, was Sie ihnen da mitgeteilt haben, haben jedoch kein Arbeitsmodell dafür und sind außerstande, etwas zu tun.

In Kapitel 2 geben wir Ihnen noch mehr Informationen, was Sie im Hinblick auf die schulische Ausbildung der Kinder zu Hause tun können. Doch nun möchten wir Sie mit Debra Hegerle bekannt machen, Hilfslehrerin in Kalifornien. Sie ist eine der oben erwähnten Kämpferinnen in der vordersten Reihe. Lesen Sie die klugen Worte dieser Lehrerin. Sie befasst sich nicht mit Indigos – vielmehr lebt sie alltäglich mit ihnen zusammen. Und wie viele von Ihnen hat sie auch ein Indigo-Kind zu Hause.

Indigo-Kinder
DEBRA HEGERLE

Ich habe einen siebenjährigen Indigo-Sohn. Während seiner Kindergarten- und seiner gesamten Vorschulzeit habe ich als Hilfslehrerin bei ihm im Gruppen- oder Klassenzimmer mitgearbeitet und tue es auch jetzt noch, wo er in die erste Klasse geht. Und ich habe beobachtet, wie er mit Indigos und Nicht-Indigos aller Altersstufen umgeht. Interessant! Das alles schriftlich wiederzugeben, ist eine ziemliche Herausforderung für mich gewesen, weil die Kinder so viele subtile Dinge tun.

Indigos verarbeiten ihre Emotionen anders als Nicht-Indigos, da sie über ein starkes Selbstwertgefühl und große Integrität verfügen. Sie können in anderen lesen wie in einem offenen Buch, und sie erkennen und neutralisieren in Windeseile eventuelle heimliche Hintergedanken oder Versuche, sie zu manipulieren – so subtil sie auch sein mögen. Tatsache ist, dass sie wahrnehmen, was Sie im Schilde führen, selbst wenn Sie es selbst nicht erkennen. Sie sind von ihrem Wesen her fest entschlossen, sich selbst durchzubeißen, und wollen Führung von außen nur dann, wenn sie ihnen mit Respekt und so präsentiert wird, dass ihnen wirklich Entscheidungsfreiheit bleibt. Ihre eigenen Lebenserfahrungen helfen ihnen am besten, zu lernen, also erschaffen sie die Erfahrungen, die sie brauchen, um mit ihrem aktuellen Problem oder in einem Bereich zurechtzukommen, an dem sie wachsen müssen. Sie sprechen am besten darauf an, wenn man mit ihnen so umgeht wie mit respektvoll behandelten Erwachsenen.

Nicht allein verstehen sie sich meisterlich darauf, geheim gehaltene Vorhaben oder Motive intuitiv aufzugreifen, sondern sie sind auch gleichermaßen Meister darin, Hintergedanken anderer wiederum auf die Menschen zurückzurichten, die sie hegen, insbesondere ihre Eltern. Da sie es immer wieder schaffen, andere psychologisch auf hundertachtzig zu bringen, wird ihnen oft das Etikett »nonkonformistisch« angeheftet. Sobald sie erkennen, dass sich ein verborgenes Motiv hinter Ihrem Bemühen verbirgt, die Kinder dazu zu bringen, etwas Bestimmtes zu tun, werden sie heftigen Widerstand leisten und vielleicht das Gefühl haben, ihr Verhalten sei voll und ganz gerechtfertigt. Von ihrer Warte betrachtet, steht es ihnen zu, Sie zu provozieren, wenn Sie in dieser Beziehung nicht Ihre »Hausaufgaben« machen.

Wenn ich sage, dass diese Kinder gut darin sind, andere auf hundertachtzig zu bringen, meine ich eigentlich, dass sie mit uns Erwachsenen arbeiten und uns helfen, zu erkennen, wo wir an alten, subtilen Mustern festhalten, durch die sie manipuliert werden sollen, und wo wir von solchen Gebrauch machen – Muster, die früher einmal funktionierten, künftig aber nicht mehr funktionieren werden. Wenn Sie also ständig Widerstand von einem Indigo bekommen, prüfen Sie zuerst einmal sich selbst. Vielleicht hält Ihnen das Indigo-Kind einen Spiegel vor oder bittet Sie auf eine nonkonformistische Weise um Hilfe dabei, neue Grenzen zu finden, an der eigenen Geschicklichkeit oder seinen Talenten zu feilen oder sich auf die nächste Wachstumsebene zu begeben.

Indigos haben naturgegebene heilende Fähigkeiten, die gewöhnlich bereits wirksam sind, und dennoch kann es sein, dass das Kind gar nicht weiß, dass es sie einsetzt. Das Spektakulärste, das ich je beobachten konnte: Indigos bildeten Gruppen und platzierten sich in einem solchen Abstand voneinander – insbesondere um ein anderes Kind, das vielleicht krank oder wegen irgendetwas innerlich aus dem Gleichgewicht war –, dass sie bei diesem Kind saßen und ihr Energiefeld mit dem seinen vermischten. Am häufigsten kam es vor, dass sie sich paarweise zusammentaten; manchmal jedoch bildeten sie auch Gruppen und saßen in dreieckiger oder diamantförmiger Anordnung beisammen. Es geschah nicht so offensichtlich, sondern sehr subtil. Waren sie fertig, verschwanden sie wieder, um sich mit anderem zu beschäftigen.

Es war erstaunlich. Sie taten es einfach, aber sie wollten es nicht besprechen; in manchen Fällen war ihnen nicht einmal bewusst, was sie da taten oder warum es so war. Es war für sie etwas völlig Natürliches, sich eine Weile neben ein Kind zu setzen, das etwas von den Indigos brauchte (wobei sie nicht

unbedingt miteinander redeten), und dann gingen sie wieder auseinander.
Interessant war auch, dass die Indigos während des Jahres immer wieder Phasen durchlebten, in denen sie einander anzogen, und solche, in denen sie sich abstießen: Es gab Zeiträume, in denen sie wirklich die Gesellschaft der anderen brauchten, und dann wieder welche, in denen sie diese nicht brauchten. Mir ist dieser Punkt noch nicht völlig klar, aber es scheint mit der individuellen persönlichen Entwicklung zusammenzufallen. Ihre Nähe zueinander und ihre Fürsorge gingen in diesen Phasen des Getrenntseins nie verloren, aber sie kamen auch nicht wieder zusammen, bevor es für sie wieder stimmte.

Nun eine von vielen kleinen Geschichten von meinem Indigo-Sohn. Ich will Ihnen zunächst etwas zum Hintergrund vermitteln: Mein Mann und seine Familie sind Amerikaner chinesischer Abstammung, und mein Erbe ist deutsch-finnisch. Die Familie meines Mannes legt großen Wert auf die Ausbildung der Kinder, und die Geschwister wuchsen unter starkem Erfolgsdruck auf. Mitunter überträgt sich das noch heute auf die Kindeskinder, und zwar im Hinblick darauf, wessen Kinder besser, klüger und schneller sind. Mein Mann und ich sind uns einig, dass wir uns aus diesem ganzen Wetteifern heraushalten wollen, aber das verhindert nicht, dass es um uns herum dennoch stattfindet. Zu allem Überfluss müssen Sie außerdem berücksichtigen, dass mein Sohn unter den fünf Enkeln der einzige Junge ist – also der einzige Stammhalter –, und schon können Sie sich, denke ich, ein recht gutes Bild davon machen, was sich da im Untergrund abspielt.
Wir befanden uns am Weihnachtstag im Haus meiner Schwiegereltern, und mein Sohn, damals nicht ganz vier Jahre alt,

führte stolz seinen Millennium-Falken vor (ein Spielzeug aus *Krieg der Sterne,* das eigentlich für Sechsjährige gedacht war), den er von uns am Weihnachtsmorgen bekommen hatte. Es war dieses riesige Modell, das man öffnen kann und in dessen Innern sich dann alle möglichen kleinen Abteilungen befinden – ähnlich, aber doch nicht gleich geformt. Dieser Teil des Spielzeugs interessierte meinen Sohn damals nicht. Ihm kam es lediglich darauf an, so zu tun, als würde es fliegen und die Raketen abschießen; er wollte eben seine Fantasien ausleben. Ein Onkel von ihm fragte ihn, ob er auch einmal damit spielen dürfe, und nahm dann von sämtlichen Abteilungen die kleinen Türen heraus. Dann überreichte er sie meinem Sohn, eine ganze Hand voll, und fragte: »Bekommst du das wieder zusammen?«

Es war schon eine Sache für sich. Alle Türen hatten die gleiche Farbe, und die Unterschiede in Form und Größe waren kaum merklich. Und dann die zuckersüße Stimme des Onkels – als könnte er kein Wässerchen trüben. Er hat drei Töchter und eine Menge persönlicher Motive für seine Probe, also kam es nicht ganz überraschend, aber ... was dann geschah, finde ich absolut fantastisch.

Ich war im Begriff, einzuschreiten, als sich mein Sohn mir zuwandte und mich mit einem Gesichtsausdruck fixierte, den ich nie vergessen werde, geradewegs in die Augen. Er sah mich an, um festzustellen, was ich tun würde, und in dem winzigen Augenblick, den er brauchte, um zu erkennen, was ich vorhatte (nämlich Löwenmutter zu spielen: Ich werde nicht zulassen, dass man so etwas mit meinem Sohn macht!), reagierte er genauso schnell. Er warf mir einen Blick zu, der besagte: »Mach Platz, Ma, das hier übernehme ich selbst!« Und dann spürte ich, wie sich die Energie im ganzen Raum verlagerte, als er das Regiment übernahm. Alle hörten auf zu sprechen und drehten sich zu ihm um, als er ganz gelassen zu seinem Onkel sagte: »Weiß ich nicht. Das hab ich noch nie gemacht; ich muss mal sehen.« Und dann baute er das ganze Ding flink und korrekt wieder zusammen.

Als er fertig war, verlagerte sich die Energie wieder, und er blickte zu mir herüber, als wollte er fragen: »War das gut so?« Ich lächelte nur und sagte: »Prima gemacht.« Alle Anwesenden verstanden die Doppeldeutigkeit dieser Bemerkung, auch sein Onkel, der seitdem weder meinem Sohn noch einem anderen Kind in unserer Gegenwart etwas Derartiges angetan hat.

An diesem Abend äußerte sich niemand direkt über das Geschehene. Wir alle wussten einfach nur, dass wir die Situation individuell und ganz für uns verarbeiten und dabei jeweils unsere eigene Lektion daraus ziehen würden – und das alles, weil dieser kleine Mann beschloss, dass er selbst lernen wollte.

Indigos sind die geborenen Meister – jeder und jede Einzelne von ihnen! Sie erwarten voll und ganz, dass wir als Einzelne alle das tun, was für sie vollkommen natürlich ist – und wenn nicht, drücken sie so oft auf unsere wunden Punkte, bis wir es richtig hinbekommen, das heißt, bis wir unser eigenes Leben meistern. Das müssen wir begreifen. Als mein Sohn sich so verhielt, erteilte er allen Anwesenden eine stumme Lektion – auch sich selbst.

Für mich hieß diese Lektion: Lass ihn gewähren; er hat das Zeug dazu, trotz seines Alters; bleibe wachsam und beobachte den Prozess. Der Prozess war in diesem Fall hochinteressant. Der Kleine peilte schnell und treffend die Lage und entschied über seine Reaktion auf der Basis dessen, was er dabei erleben wollte. Nachdem er sich vergewissert hatte, Rückendeckung zu haben, beschloss er, sich seinem Gegenüber direkt zu stellen, und bündelte an diesem Punkt sofort alle Energien, die er zur Bewältigung der Aufgabe brauchte.

Danach ließ er alles genauso schnell wieder los und widmete sich seinen eigenen Spielen.
Ich habe viele ähnliche Situationen beobachtet, mit denen er oder andere Indigos genauso umgingen. Sie schätzen eine Situation ab und entscheiden sich dann für bestimmte Schritte, die davon abhängen, welche Erfahrung sie zu diesem Zeitpunkt machen wollen. Die einzigen Kurskorrekturen, die ich erlebt habe, hingen mit der Art von Rückhalt zusammen, der sich ihnen bot. In einem sicheren Umfeld wählten sie durchgängig dieses Verhaltensmuster.
Sicherheit ist sehr wichtig, denn alle Kinder müssen sich sicher fühlen, um voll und ganz ihr Universum zu ergründen. Für Indigos bedeutet Sicherheit, zu wissen, dass es in Ordnung ist, Aufgaben anders anzugehen. Allen diesen Freiraum zu geben – das ist das Beste, was wir für Kinder und für uns selbst tun können.

Dr. Robert Gerard ist Dozent, Visionär und Heiler. In seiner Zeit als Verleger war er viele Jahre lang Eigentümer und Betreiber von Oughten House Publications. Von ihm stammen die Bücher *Lady from Atlantis, The Corporate Mule, Handling Verbal Confrontation: Take the Fear out of Facing Others* und *DNA Healing Techniques: The How-To Book on DNA Expansion and Rejuvenation*. Weltweit hält er Vorträge und Workshops.
Sind Sie es leid, immer wieder zu hören, dass die neue Kindergeneration so schwierig sei? Robert wusste intuitiv, was für ein Kind er hatte, und er besaß die Weisheit, sich dieser Herausforderung zu stellen. Von daher war sein Indigo-Kind kein Problem, sondern eine Freude! Jan und ich stellen immer wieder fest, dass das eine Konstante ist: Entweder die Indigos prallen überall gegen Wände, da sie einfach nicht so funktionieren, wie sie sollen, oder sie sind freudiger Mittelpunkt der

ganzen Familie. Es wäre nicht fair, wenn unsere Arbeit dies in diesem Buch nicht spiegeln würde.

Sendboten des Himmels
Robert Gerard, Ph. D.

Vater meiner siebeneinhalbjährigen Tochter zu sein, ist für mich ein Segen gewesen, da sie eine Vielzahl von subtilen, doch sehr tief gehenden Erfahrungen für mich Gestalt annehmen ließ. Ich betrachte jedes Ereignis als ein Geschenk des Lebens, ein Wachwerden für etwas Neues. Viele Male hat man mir gesagt, sie sei eines der vielen Indigo-Kinder, die auf diesen Planeten gesandt wurden. Als Fachmann sowie als Vater kann ich wahrlich sagen, dass Indigo-Kinder real und etwas ganz Besonderes sind. Man muss sie verstehen.
Liebende Eltern mit gütigem Blick und einem offenen Herzen sehen sehr leicht, dass diese Kinder große Geschenke in sich tragen, wenn es darum geht, aufzuwachen und uns zu erinnern. Diese kleinen Menschen sorgen dafür, dass wir uns auf den Augenblick konzentrieren, und erinnern uns daran, zu spielen, zu lachen und frei zu sein. Sie blicken uns in die Augen, damit wir uns wieder so sehen, als befänden wir uns in unserer eigenen Kindheit. Sie scheinen zu wissen, was sich in unserem Leben tut, und rufen uns knallhart in Erinnerung, wo wir spirituell stehen. Solange man ihnen durch elterliche Macht und gesellschaftliche Ablenkungen keinen Knüppel zwischen die Beine wirft, treten sie vor und sagen, was sie zu sagen haben.
Mein Tochter Samara Rose hat das Talent, meine Frau und mich immer dann mit unserem Zustand zu konfrontieren, wenn wir uns nicht an einem Ort des Friedens und der Harmonie befinden. Wie viele in den späten Achtzigerjah-

ren geborenen Kinder ist Samara (was »von Gott« bedeutet) mit einer ganz bestimmten Zielsetzung auf diesen Planeten gekommen und bringt Tag für Tag komplexe Botschaften ans Licht. Indigos kommen, um dem Planeten, ihren Eltern sowie ihren Freundinnen und Freunden als Sendboten des Himmels zu dienen – als Trägerinnen und Träger großer Weisheit, wenn man ihnen zuhört.

Was der Begriff »Indigo-Kind« für mich bedeutet? Die einfachste Antwort ist vielleicht: Es ist ganz leicht, mit meiner Tochter zusammenzuleben. Nachdem ich drei andere Kinder großgezogen habe, die mittlerweile alle erwachsen sind, kann ich ehrlich sagen, dass Samara andere Töne und ein anderes Wissen ins Spiel bringt. Indigo-Kinder können unproblematisch und liebevoll sein; viele von ihnen haben etwas Weises und ausdrucksstarke Augen. Sie leben zutiefst im Jetzt. Sie scheinen glücklich zu bleiben, sind sehr lebhaft und haben ihre eigenen Pläne. Für mich bezieht sich der Begriff »Indigo-Kinder« auf besondere Gesandte, die der Vater-Mutter-Schöpfer aus dem Himmel geschickt hat und die Weitreichendes vorhaben.

Indigo-Kinder bringen subtile Botschaften, die all unser Wissen übersteigen. Schauen Sie sich diese Kinder genau an, hören Sie auf das, was sie sagen, und wenden Sie sich nach innen. So helfen uns diese Kinder, unsere Wahrheit, unseren Daseinszweck und unseren Frieden zu finden. Schauen Sie ihnen in die Augen. Gesegnet sind unsere Indigo-Kinder. Sie wissen genau, was sie erreichen wollten, als sie auf diesen Planeten kamen. Ich unterstütze die Existenz dieses Phänomens voll und ganz – nicht nur als Vater, sondern auch als psychologischer Berater –, und ich weiß es wirklich zu schätzen, dass mir diese Erkenntnis gekommen ist.

In meinen Tagen als Verleger hatte mein Zuhause oft etwas von einer Fremdenpension, und sämtliche Autoren, Künstler und Geschäftspartner, egal ob Mann oder Frau, die zu uns kamen, wurden unweigerlich von Samara unterhalten. Sie gingen hinauf in ihr Zimmer, um zu spielen und sich über Gott und die Welt zu unterhalten. Wenn die Leute wieder herunterkamen, wirkten sie friedvoller und fröhlicher. Bis es so weit war, dass ich mit ihnen über Geschäftliches reden wollte, waren sie gewöhnlich müde. Samara bleibt allen in Erinnerung – sie fragen später immer nach ihr. Das Muster wird jedes Mal klarer: Wenn sie mit Erwachsenen umgeht, bringt sie das Kind in ihnen und die Einfachheit in ihrem Wesen zum Vorschein. Andererseits ist sie etwas hart zu Gleichaltrigen – sie wird von ihnen entweder abgewiesen oder vergöttert. Ich muss ihr oft Hilfestellung geben, wie sie sich ihnen gegenüber auf eine liebevolle Weise ausdrücken kann.

Die meisten Indigos sehen Engel und sonstige ätherische Wesen. Von Zeit zu Zeit beschreiben sie ausführlich, was sie sehen. Das ist keine Fantasie – es ist ein Erklären. Wenn sie unter sich sind, sprechen Indigo-Kinder offen über das, was sie sehen, bis sie von anderen davon abgebracht werden. Zum Glück werden immer mehr Menschen offen dafür und hören diesen Sendboten zu. An die Stelle unserer Fantasien über Kinder treten Neugier und Vertrauen.

Indigos sind fasziniert von Genauigkeit und von zwischenmenschlichen Beziehungen. Sie lassen sich leicht verstören, wenn etwas, insbesondere eine Unterhaltung, asynchron wird. Sie haben ihre Freude an Spontaneität und sind ohne offensichtlichen Grund ganz aufgeregt. Viele Menschen tun sich schwer damit, etwas mit diesen Sendboten anzufangen, weil sie sich ihnen mit fest verwurzelten Überzeugungen und Regeln nähern, die diese Kinder nicht teilen.

Wie oft haben Sie als Kind die berüchtigte Frage gehört: »Was willst du werden, wenn du groß bist?« Dabei haben Sie sich unverzüglich in einen Beruf oder eine Beschäftigung irgendwann in der Zukunft projiziert. Brachte Sie das nicht aus dem Jetzt heraus? Zu fragen: »Was willst du einmal werden?«, ist eine Verletzung des Seins und Verweilens im gegebenen Augenblick, ein Zertrümmern, ein Sich-Einmischen. Kinder sind bereits alles, was sie sein müssen; sie sind sie selbst. Lassen wir sie in Ruhe, damit sie genau das sein können, was sie sind.

Probleme, die Indigos möglicherweise erleben
Ich bin bisher auf einige positive Kennzeichen des Indigo-Kindes eingegangen; hier sind jedoch drei Komplikationen, die mir – im Rahmen meiner Arbeit wie auch privat – bei Indigo-Kindern aufgefallen sind:

1. Sie verlangen mehr Aufmerksamkeit und haben das Gefühl, dass das Leben zu kostbar ist, um es einfach so verstreichen zu lassen. Sie wollen, dass bestimmte Dinge geschehen, und erzwingen oft eine Situation, damit sie so wird, wie von ihnen erwartet. Eltern tappen hierbei leicht in die Falle, für das Kind etwas zu »machen«, statt als Vorbild zu dienen oder sich die Aufgabe mit ihm zu teilen. Kommt es erst einmal so weit, können Sie darauf wetten, dass Ihnen das Kind an den Fersen klebt, als käme es gar nicht wieder los.

2. Der Gefühlshaushalt dieser kleinen Sendboten kann durch Gleichaltrige, die das Indigo-Phänomen nicht verstehen, ziemlich in Aufruhr gebracht werden. Sie können sich nicht vorstellen, warum andere aus anderen Motiven als aus Liebe handeln. Sie sind jedoch äußerst widerstandsfähig und in der Lage, bedürftigen Kindern zu helfen, wenn ihre Hilfe auch oft abgelehnt wird. Solange sie noch klein sind, können die Indigos Schwierigkeiten haben, sich an diese anderen Kinder anzupassen.

3. Indigo-Kindern wird oft das Etikett »ADS« oder eine andere Form von Hyperaktivität angehängt. Natürlich sind viele legitim als ADS diagnostizierte Fälle bekannt geworden, die chemische und genetische Ursachen haben. Doch was ist mit jenen, die falsch diagnostiziert werden, da die Wissenschaft die Beschäftigung des Kindes mit Dingen, die dem Bereich des Spirituellen und Ätherischen angehören, nicht als therapeutisch bedeutsam akzeptieren kann?

Ich habe mich mit scheinbar »hyperaktiven« Kindern unterhalten sowie mit Erwachsenen oder Menschen, die von sich sagen, sie hätten ADS. Ich habe jedoch an ihnen Gedankenmuster wahrgenommen, die auf ätherische und spirituelle Sphären ausgerichtet sind. Diese als unter ADS leidend klassifizierten Indigos können keine dauerhafte Verbindung zum linearen Denken oder linearen Zielen aufrechterhalten. Das ist nicht etwa ein Defizit, sondern ein wertvolles Charakteristikum. Es könnte der Schlüssel sein, wenn es um den Umgang mit ADS geht, für einen schöpferischen Dialog mit diesen Kindern zu sorgen und es ihnen dabei zu ermöglichen, sich sicher zu fühlen, während sie ihre Aktivitäten und ihre Ausrichtung auf Spirituelles und Kreatives zum Ausdruck bringen.

Sich selbst als hyperaktiv zu bezeichnen oder von sich zu sagen, man hätte ADS – das kann dem Einzelnen abträglicher sein als das Symptom selbst. Es kann diese Person nämlich leicht dazu bringen, ihre innere Meisterschaft zu leugnen und ihr Licht unter den Scheffel zu stellen. Es verlangt schon große Sorgsamkeit, ehe man jemanden als etwas kategorisiert oder behandelt, das noch nicht gründlich erforscht ist.

Wird eine nachfolgende Generation von Indigo-Kindern auf diesem Planeten eintreffen? Wissen wir als Eltern und Lehrende die Sendboten zu schätzen, die uns der Vater-

Mutter-Schöpfer geschickt hat? Sind wir bereit, ihnen zuzuhören?
Es kann kein Zweifel bestehen: Sie sind mit einem Bewusstsein hier angekommen, das besser ausgestattet ist, mit der Wirklichkeit umzugehen, die wir alle miteinander teilen. Möge sich jeder und jede Einzelne von uns ein reines Herz und geistige Offenheit bewahren und diese persönlich zugestellten Geschenke der Sendboten des Himmels annehmen.

Herzerwärmende und krause Geschichten über die Indigos

Wir möchten dieses Kapitel gern mit einigen weiteren Geschichten über Indigo-Kinder beschließen. Es scheint nur passend, denn alle Indigos sind so einzigartig, so besonders. Am besten lernen Sie, was es mit Indigos auf sich hat, wenn Sie ihnen begegnen!

Ich möchte etwas Wunderbares erzählen, das Emma tat, bevor sie auch nur gehen oder sprechen konnte. Es ist unser kleines Familienwunder ...
Im März 1996 befand sich mein Vater, bei dem eine dekompensierte Herzinsuffizienz diagnostiziert worden war, zu Hause im Kreis seiner Lieben, verfiel jedoch rapide. Zu schwach, um zu essen, verbrachte er die meiste Zeit schlafend in seinem Sessel.
Klein Emma war erst fünfzehn Monate alt. Sie konnte noch keine Worte sagen, ebenso wenig konnte sie gehen oder stehen – und dennoch hatte sie großes Verständnis und viel Mitgefühl. Irgendetwas muss sich wohl abgespielt haben in ihrem Köpfchen; irgendwie wusste sie, dass es ihrem Großvater nicht gut ging und dass er etwas Aufmunterung brauchte. Also krabbelte sie zu ihm hinüber, zog sich an seinen Knien hoch und gab ihm ihren Lieblingshasen. Es war unglaublich, wie dieser Mann buchstäblich wieder zum Leben erwachte, lächelte und mit ihr sprach. Das

geschah nur zwei Tage vor seinem Tod ... Unser eigenes kleines Wunder! Die Fotos, die wir bei diesem Anlass aufnahmen, sind uns ein großer Trost.
Jean Flores, Brooklyn, New York

Meine Tochter ist 1988 geboren. Sie konnte mit zwei Jahren sprechen und sich perfekt mitteilen. Mit drei Jahren ging sie eines Tages auf dem Spielplatz zu ein paar älteren Mädchen hinüber, die ihr jedoch ziemlich ins Gesicht lachten, da sie glaubten, dass sie noch viel zu klein sei, um mit ihnen zu spielen. Ungerührt kehrte meine Tochter zu mir zurück und berichtete ganz nüchtern: »Mami, die wissen einfach nicht, wer ich bin!«
Linda Etheridge, Lehrerin

2

Was Sie tun können

Wir möchten Sie daran erinnern, dass die Schreiber der einzelnen Beiträge einander nicht kennen – und dennoch werden Sie eine Übereinstimmung zwischen ihren Meinungen feststellen. Wir wissen: Werden unabhängig voneinander ähnliche Antworten gesammelt, so spiegelt sich darin gewöhnlich eine weit verbreitete menschliche Erfahrung – was gültige Lösungen ergibt.

Wir werden darauf eingehen, wie man sich gegenüber Indigo-Kindern verhalten kann und was vonseiten der Eltern zu tun ist. Wenn auch die Erfahrungen und Ratschläge ein wenig variieren, so werden Sie dennoch enorme Ähnlichkeiten entdecken. Doch zuvor möchten wir Sie gerne an etwas teilhaben lassen, das Sie fairerweise wissen sollten.

Dieses gesamte Kapitel ist randvoll mit guten Tipps und praktischen Erfahrungen von Experten, Lehrern und Eltern, die oft Lösungen für das angebliche Rätsel der Kindererziehung von heute anbieten. Dennoch: Ungeachtet dieser Tatsache gibt es Leute, die uns sagen, wir sollten dieses ganze Kapitel einfach weglassen – vielleicht sogar auf das ganze Buch verzichten. Sie sagen, es gebe letztendlich nichts, was wir als Eltern tun können, um unsere Kinder zu verändern.

So zum Beispiel erschien am 24. August 1998 im *Time*-Magazin ein Artikel mit dem Titel »The Power of Their Peers«[10]. In ihm schreibt der Kolumnist Robert Wright etwas über *The Nurture Assumption*[11] von Judith Rich Harris, die argumentiert, dass Eltern nur wenig Einfluss auf ihre Kinder hätten. Hier einige Zitate aus Wrights Artikel:

»Psychologen können ihre jahrhundertelange Suche nach dem Schlüssel zum Großziehen eines guten Kindes abbrechen – nicht weil sie ihn gefunden haben, sondern weil er nicht existiert ... Judith Rich Harris gelangt unumwunden zu der Feststellung, dass Eltern ›keine wichtigen langfristigen Auswirkungen auf die Persönlichkeitsentwicklung ihres Kindes‹ haben.«

Offenbar glaubt Frau Harris, dass zentrale Umwelteinflüsse von außerhalb des häuslichen Umfeldes das Leben eines Kindes prägen, zusammen mit den Genen. Die Kinder nehmen Werte von außerhalb an und kombinieren sie dann mit der entsprechenden Veranlagung ihrer ererbten Persönlichkeit. Das prägt schließlich ihr Leben, berichtet sie, während die Eltern sozusagen »mit auf den Zug aufspringen« und es hilflos mit ansehen.

Natürlich stimmen wir dieser Theorie nicht zu; wir wollen sie hier dennoch publik machen, damit Sie selbst urteilen können. Spüren Sie nach, ob sich diese Information mit Ihrem elterlichen Instinkt oder unserem Material deckt. Zusammenfassend äußert sich Herr Wright:

»Harris' zentrale, überzeugende Botschaft – dass Menscheneltern ihren Einfluss eklatant überschätzen – mag den nützlichen Effekt haben, einige blank liegende Nerven in diesem Zeitalter angstbesetzter Elternschaft zu beruhigen. Aber sie kann auch das Gegenteil bewirken. Heutzutage richtet sich ohnehin bereits eine Menge elterlicher Besorgnis auf die Herausbildung von Peergroups und ihren jeweiligen Rahmen. Welche Privatschule? Am Samstag Fußball spielen oder lieber Französischstunden? Geburtstagsparty bei MarVaTots oder in der Discovery

Zone?[12] Atmen Sie erst einmal tief durch. Auch die Wissenschaft hat diese Fragen noch nicht beantwortet.«

Selbstverständlich glauben wir, dass Sie etwas ausrichten können – Sie können sogar eine Menge ausrichten. Wir laden Sie ein, dieses Kapitel mit dem Wissen zu lesen, dass die nachfolgenden Beiträge von erfahrenen Fachleuten stammen: Sie haben herausgefunden, dass die aufgelisteten Anregungen Lösungen bieten.

Hier ist zuerst unsere eigene Liste von zehn grundlegenden Tipps, die wir bei unseren Reisen gelernt, erfahren und gesammelt haben:

1. Behandeln Sie Indigos mit Respekt. Würdigen und ehren Sie ihre Existenz in der Familie.
2. Helfen Sie ihnen dabei, sich Disziplinierungsmaßnahmen für sich selbst auszudenken.
3. Lassen Sie ihnen die Wahl – bei allem!
4. Setzen Sie sie nie herab – niemals!
5. Erklären Sie ihnen immer, warum Sie ihnen bestimmte Anweisungen geben. Hören Sie selbst einmal hin, wie diese Erklärung lautet. Klingt sie albern – nach dem Motto »Weil ich es sage!«? Falls ja, gehen Sie die Anweisungen noch einmal durch und ändern Sie sie. Die Kinder werden Sie dafür achten und sie werden warten. Erteilen Sie ihnen aber autoritäre, diktatorische Befehle ohne gute, vernünftige Gründe, so werden diese Kinder Sie auseinandernehmen. Sie werden nicht gehorchen und, was noch schlimmer ist, sie werden Ihnen eine lange Latte von Erklärungen liefern, warum die Anweisungen Unfug sind. Manchmal können Ihre Gründe so einfach sein wie: »Weil es mir heute eine große Hilfe wäre – ich bin total müde.« Ehrlichkeit siegt hier wie nie zuvor. Die Kinder werden kurz überlegen und es dann tun.

6. Machen Sie sich die Kinder zu Partnern in der Erziehung. Machen Sie sich oft Gedanken über diesen Aspekt!
7. Erklären Sie ihnen schon im Säuglingsalter alles, was Sie tun. Sie werden Sie noch nicht verstehen, aber ihre Haltung und die Tatsache, dass Sie sie mit Ehrerbietung behandeln, werden sie durchaus spüren. Es ist eine wunderbare Vorbereitung für den Zeitpunkt, wo sie zu sprechen beginnen.
8. Sollten sich ernste Probleme entwickeln, lassen Sie die Kinder zuerst testen, bevor Sie ihnen Medikamente verabreichen.
9. Bieten Sie den Kindern Sicherheit, was Ihre Unterstützung angeht. Vermeiden Sie negative Kritik. Geben Sie ihnen immer zu verstehen, dass Sie sie unterstützen in dem, was sie anstreben. Sie werden sich oft in ungeahnte Höhen aufschwingen, um dem von Ihnen Formulierten zu entsprechen – und Ihnen währenddessen so manchen Schock versetzen. Feiern Sie dann gemeinsam! Bringen Sie die Kinder nicht dazu, etwas zu erreichen, sondern lassen Sie es sie tun, indem Sie sie ermutigen.
10. Sagen Sie ihnen nicht, wer sie jetzt sind oder wer sie später sein werden. Die Kinder wissen es besser. Lassen Sie die Kinder entscheiden, wofür sie sich interessieren. Zwingen Sie sie nicht, ein Handwerk auszuüben oder einen Betrieb zu übernehmen, nur weil das in der Familie schon seit Generationen der Fall gewesen ist. Ein solches Kind wird partout nicht die Nachfolge von irgendjemandem übernehmen.

Wir haben eine Lieblingsgeschichte: Auf einer meiner Vortragsreisen besuchte ich eine Familie mit einem dreijährigen Indigo-Kind. Sie konnten dem Kleinen in die Augen blicken und sehen, was für eine alte Seele er war. Seine Eltern wussten, wer er war, und schafften es erfolgreich, sinnvolle Schnittstellen zwischen ihm und der Familie zu schaffen. Beim Abendessen sagte man ihm zum Beispiel nicht, er solle sich hinsetzen, sondern fragte ihn, wo er sitzen wollte – die Eltern hatten aufmerksamerweise mehrere Alternativen vorbereitet. So wurde aus einer potenziell lieblosen Aufforderung eine liebevolle Bitte, zu wählen. In beiden Fällen sah die übergeordnete Situation so aus, dass es Abendessen geben sollte und dass insofern erwartungsgemäß ein Handlungsbedarf entstand. Der kleine Junge betrachtete die Situation, und man konnte regelrecht sehen, wie er die Verantwortung dafür übernahm, zu entscheiden, auf welchem Stuhl er sitzen wollte. Ihm kam es an keinem Punkt in den Sinn, sich gegen das »Zum-Essen-Kommen« zu wehren.

Ich konnte im weiteren Verlauf des Abends noch ein-, zweimal erleben, wie der Junge Protest übte, als er müde und dementsprechend ungenießbar wurde, wie es bei allen Kindern vorkommt. Er wurde mit energischen Worten und einer entsprechenden Maßnahme bestimmt und angemessen diszipliniert. Man behandelte ihn korrekt und mit Achtung, aber er versuchte dennoch, sich darüber hinwegzusetzen, wie es alle Kinder tun, um zu testen, wie weit sie gehen können. Dann kam die erwartete Disziplinierung, mit einer logischen, ruhigen Erklärung. Der Unterschied bestand hier nicht darin, wie das Kind zur Räson gebracht wurde, sondern wie es bis zum Auftreten des Problems und währenddessen behandelt wurde. Während des gesamten Ablaufs begreift das Kind: »Wir behandeln dich mit Achtung, und du handhabst es mit uns bitte genauso.«

Hören wir noch einmal etwas von der Schöpferin des Begriffs »Indigo-Kinder«: Nancy Ann Tappe.

Kinder führen
Nancy Ann Tappe im Gespräch mit Jan Tober (Teil II)

Nancy, was raten Sie den Eltern von Indigo-Kindern?
Plaudern Sie einfach mit ihnen. Gehen Sie mit ihnen die Ereignisse ihres Tages durch, statt zu sagen: »Ich habe Nein gesagt!« Diese Kinder werden das nicht als Antwort akzeptieren. Wenn Sie sagen: »Nein, keine Fragen hierzu«, so wird sich das Kind die Antwort außerhalb suchen. Es wird daraus schließen, dass Sie keine Antworten haben.

Wie verhält es sich an diesem Punkt damit, die Kinder vor Entscheidungen zu stellen?
Sie müssen ihnen Möglichkeiten geben, selbst zu entscheiden. Dabei müssen Sie die Sache jedoch zuerst mit ihnen durchgehen. Sie sagen: »Als ich in deinem Alter war, habe ich einmal das-und-das gemacht, und daraufhin geschah das-und-das. Was würdest du machen, wenn dir so etwas passiert?« Und was die Kinder dann oft tun: Sie lassen sich problemlos darauf ein, was in Ihnen vorgeht. Meine Tochter hat das schon Dutzende von Malen mit ihrem Sohn Colin praktiziert. Man kann sich mit diesen Kindern zusammensetzen und sagen: »Weißt du, ich habe heute einen anstrengenden Tag, und ich brauche wirklich deine Hilfe, weil ich ein bisschen k.o. sein werde. Wenn du mich dann reizt, fange ich bestimmt an, herumzuschreien. Du magst es nicht, wenn ich herumschreie, und ich mag es auch nicht. Ich schlage dir also einen Handel vor: Du machst mit – du hilfst mit –, und wenn wir dann fertig sind mit allem, gehen wir Eis essen.« Und dann tun Sie gut daran, nicht zu vergessen, was Sie versprochen haben!

Wissen Sie, was Sie da sagen, ist sehr interessant, denn für mich klingt das wirklich wie ein richtig guter Rat – selbst für Ehepartner und Freunde.
Ja, ganz genau. Aber sehen Sie, wir haben unsere kommunikativen Fähigkeiten verfeinert. Wir mussten das erst lernen, doch diese Kinder kommen damit auf die Welt.

Sie helfen uns also, an unseren eigenen Fähigkeiten zu feilen?
Worauf Sie sich verlassen können! Und sie bringen uns dazu, ehrlich zu sein, was das angeht. Sie haben wirklich eine massive persönliche Kraft – so sind Indigos einfach. Mitunter ist es besser, ihnen die Kontrolle zu übergeben.
Wenn Sie sie allein in ein Zimmer verbannen, malen sie Ihnen die Tapeten an. Sie reißen Ihnen den Teppichboden heraus. Sie werden destruktiv, wenn Sie sie von all den anderen isolieren. Wenn bei Ihnen eine Party steigt und Sie das Kind früh ins Bett schicken, müssen Sie nicht meinen, dass Sie in Ruhe feiern können – Ihr Indigo-Kind wird dafür sorgen, dass alle wissen, dass es auch noch da ist. Sie werden es nicht schaffen, Indigos auszuschließen und sie dazu zu bringen, das Spiel mitzumachen.
Diese Kinder verlangen uns ab, dass wir familiäres Zusammenleben wirklich praktizieren, nicht nur idealisieren. Sie sagen: »Ich gehöre auch zur Familie, und ich will mitreden können.«

Sie bringen uns dazu, das, was wir predigen, auch in der Praxis zu tun.
Befehle zu erteilen, ist nicht effektiv. Und hier versagt das Schulsystem, da es absolute Regeln hat, die keine Abweichung dulden: »Stell keine Fragen, ich will nichts hören.« Diese Kinder stellen aber Fragen und sie sagen, was sie zu sagen haben. Sie fragen: »Aber warum? Warum muss ich das

machen?«, oder: »Wenn ich das tun muss, dann mache ich es so, wie ich will.« Diese Kinder verfügen über die Regeln der Welt, die unseren *Idealen* zufolge existiert, nicht über die unserer *realen* Welt, und sie erwarten wirklich, dass wir Eltern sind. Sie erwarten von uns, dass wir uns zu ihnen setzen und tatsächlich wertvolle Zeit mit ihnen verbringen. Wir denken, alle Zeit, die wir aufbringen, um mit ihnen zusammen zu sein, sei wertvoll. Sie sind da anderer Meinung. Sie wollen, dass wir präsent sind, und sie haben auch die Erwartung, nicht einfach irgendetwas zu machen, weil sie sich sagen: »Na gut, was soll's?!« Sie wollen einen greifbaren Gewinn.

Genau wie die Erwachsenen. Eltern sollten sich außerdem Folgendes hinter die Ohren schreiben: Wenn du mit ihnen zusammen bist – dann sei auch wirklich bei ihnen. Seien Sie präsent, nicht nur körperlich, denn ihre Kinder kennen den Unterschied.
Oder sagen Sie ihnen: »Ich muss mich einen Moment hinlegen.« Die Kinder werden sagen: »Ist gut, ich esse dann ein Eis, während du weg bist.« Den Kindern macht das nichts aus, Hauptsache, die Eltern sind ehrlich. Mehr verlangen sie ja gar nicht. Meistens sind die Indigos auf dieser Ebene sehr kooperativ, es sei denn, man puscht sie – dann behaupten sie sich. Sie glauben an sich.

Welchen Rat haben Sie für Lehrer, die in der Klasse gleichzeitig mit Indigo- und Nicht-Indigo-Kindern arbeiten müssen?
Das ist bislang eine zentrale Frage gewesen. Es ist immer weniger ein Thema, da es immer mehr Indigos gibt.

Kennen Sie Schulsysteme, die wirklich mit Indigo-Kindern arbeiten?
Die Schulen, die dem noch am nächsten kommen, zumindest hier bei uns in den Vereinigten Staaten, sind die Wal-

dorfschulen beziehungsweise Rudolf-Steiner-Schulen. [Siehe unsere Informationen zu alternativen Schulsystemen weiter hinten in diesem Kapitel.]

Welche Therapieform würden Sie für ein gestörtes Indigo-Kind anraten?
Eine gute Kinderpsychologin oder einen guten Kinderpsychologen. Leider sind viele Psychologen nicht geschult im Umgang mit Indigos, da sie in ihrer Ausbildung nur Grundlagen der Kinderpsychologie gelernt haben, wie sie von Benjamin Spock, Siegmund Freud und Carl Gustav Jung aufgestellt wurden. Nichts von alldem greift bei diesen Kindern – nun ja, manches davon schon, aber nicht so gut, da diese Kinder anders sind. Völlig anders.
Ich glaube, für einen ideenorientierten Indigo-Typ [siehe Kapitel 1] ist ein Sportpsychologe am besten, insbesondere bei den Jungen; geht es um einen humanistischen oder künstlerischen Typ, gehen Sie zu einem gewöhnlichen Psychologen. Interdimensionale Indigos brauchen festere Regeln, da sie einen Hang zum sehr Abstrakten haben; sie brauchen eher den Rat eines Priesters oder Pastors. Ist das nicht interessant? Alle, die bei uns beratend wirken, müssen einen ziemlichen Wandel durchlaufen, um diesen Kindern zu helfen, und das geschieht nun. In der Vergangenheit waren esoterisch orientierte Psychologen besser, da sie ihr sensorisches System oder ihre Psyche oder sonstige alternative Ansätze einsetzten, an die der Durchschnittspsychologe nicht rühren durfte. Aber das ändert sich nun rasch, und heute verwenden viele geschulte Psychologen jedes metaphysische Hilfsmittel, das es gibt. Das ist wirklich eine feine Sache, und es treten nun auch eine Menge Ärzte in Erscheinung, die alternative Verfahren einsetzen.
Hören wir jetzt wieder von unserem Expertenteam, das so

einiges von Kinderpsychologie in der Praxis versteht, da es Eltern und Lehrer berät: zuerst Dr. Doreen Virtue.

Ratgeber für Eltern von Indigo-Kindern
DOREEN VIRTUE, PH.D.

Bei meinen Workshops und in meiner privaten Praxis bitten mich oft liebende Eltern um Hilfe, die von ihren Kindern frustriert sind. »Er macht einfach nicht seine Hausaufgaben!«, und: »Meine Tochter hört nicht auf mich!« Zwei typische Ausrufe der Verzweiflung. Ich bin die Erste, die – sowohl als Mutter wie auch als Psychologin – zugibt, dass es Einfacheres gibt, als ein Indigo-Kind großzuziehen – es sei denn, man verlagert sich auf ein völlig neues Denken, was die Situation anbelangt.
Man braucht kein Psychologe oder Hellseher zu sein, um folgende offensichtliche Tatsache herauszustellen: Vieles von unserem elterlichen Verhalten haben wir von unseren eigenen Eltern übernommen, von den Medien oder sogar von Elternkursen. Leider sind alle diese Informationsquellen Produkte der alten Energie. Sie funktionieren nicht, sobald Sie in Situationen kommen, wo die neue Energie im Spiel ist. Und denken Sie daran: Indigo-Kinder sind neue Energie pur. Hundertprozentig.
Unsere Aufgabe als Eltern liegt darin, unsere Indigo-Kinder gegenüber Überbleibseln der alten Energie abzuschirmen und ihnen zu helfen, sich immer an ihren göttlichen Ursprung und ihre Aufgabe zu erinnern. Wir können es uns nicht leisten, diese Indigo-Kinder massenhaft dem Erinnerungsverlust preiszugeben, was ihren Daseinszweck anbelangt – der Gang der Welt hängt von ihnen ab!
Von daher besteht der erste Schritt darin, im Hinblick auf

unsere Ansichten und Erwartungen gegenüber unseren Kindern flexibel zu sein. Warum ist es uns letztlich so wichtig, dass unsere Kinder gut in der Schule sind? Nun, ich will damit keineswegs andeuten, dass Bildung unwichtig sei, aber seien wir doch einmal ehrlich: Warum regen Sie sich auf, wenn die Lehrerin Ihres Kindes anruft und Ihnen etwas Negatives über seine schulischen Leistungen oder sein Betragen sagt? Erinnert Sie das an Ihre eigene Kindheit und daran, wie es war, als Sie selbst Probleme mit der Schule hatten? Falls ja, sind Sie eigentlich gar nicht *ärgerlich* auf Ihr Kind, sondern Sie *ängstigen* sich seinetwegen.

Andererseits glauben Sie vielleicht, dass Ihr Kind eine »gute Schulbildung« braucht, um es auf dieser Welt »zu etwas zu bringen«. Ich würde diese Prämisse mit einem Fragezeichen versehen, da die neue Welt, die uns erwartet, auf vollkommen anderen Idealen basiert. In der neuen Welt wird die Integrität einer Person (die sich telepathisch feststellen lässt, da wir alle innerhalb der allernächsten Jahre unsere natürlichen übersinnlichen Fähigkeiten zurückerlangen werden) das größte Kapital bei der Bewerbung um eine Stelle sein. Eine bestimmte Ausbildung ohne Integrität wird für den Arbeitgeber der Zukunft wertlos sein.

Indem wir unsere Ansichten und Erwartungen im Hinblick auf das Verhalten unseres Kindes umschichten, können wir in Frieden an die Aufgabe der Elternschaft herangehen. Zugegeben, das kann etwas verunsichernd oder bedrohlich wirken. Als Eltern haben wir Instinkte, die uns sagen, wir sollten unsere Kinder beschützen. Wir kämpfen also automatisch um das Recht unseres Kindes auf Erfolg, und oft kann das Kämpfe mit Ihrem Kind bedeuten, wenn Sie ihm Druck machen, seine Hausaufgaben zu erledigen.

Wir haben es hier mit einer der ersten Elterngenerationen von Indigo-Kindern zu tun, von daher liegt es nahe, dass

Fehler passieren. Und doch haben Ihre Seele und die Seele Ihres Kindes miteinander verabredet, sich gleichzeitig während dieser großartigen Zeit um die Jahrtausendwende zu inkarnieren. Auf der seelischen Ebene haben Sie also gewusst, worauf Sie sich einließen, als Sie einen spirituellen Vertrag unterzeichneten, in dem Sie sich einverstanden erklärten, die Elternschaft für ein Indigo-Kind zu übernehmen. Sehen Sie es sich selbst nach, dass Sie diese schwierige Aufgabe auf sich genommen haben, und wissen Sie, dass Gott uns nie Aufträge erteilt, wenn wir nicht das Zeug haben, sie erfolgreich durchzuführen.

Nun folgen Hinweise von unserer nächsten Expertin, die wir bereits weiter vorne vorgestellt haben: Dr. Kathy McCloskey. Sie gibt uns spezifische Tipps, wie man auf die scheinbaren Probleme reagieren kann, die damit einhergehen, Eltern von Indigo-Kindern zu sein.

Woran sich die Eltern von Indigo-Kindern erinnern sollten
KATHY MCCLOSKEY, PH. D.

1. **Seien Sie kreativ, wenn es darum geht, Grenzen zu setzen.**
- Bieten Sie Möglichkeiten zum Austoben von überschüssiger Energie. Integrieren Sie diese in die meisten Situationen (etwa in den Unterricht, die Durchsetzung von Grenzen und Erledigung von Pflichten).
- Lassen Sie zu, dass die Stärken des Kindes die Grenzen bestimmen, nicht umgekehrt. Sie sind vielleicht überrascht, wenn Sie herausfinden, was ein Indigo kann. Prüfen Sie auf sichere Weise die Grenzen!
- Vor allem: Bitten Sie das Kind, dabei zu helfen, die Gren-

zen festzulegen. Tatsache ist, dass viele Indigos gerne selbst die Grenzen setzen werden, wenn ein Erwachsener ihnen dabei hilft.

2. Behandeln Sie diese Kinder wie Erwachsene und gleichwertige Partner, ohne ihnen die Pflichten Erwachsener zu übertragen.

- Geben Sie diesen Kindern Erklärungen wie für Erwachsene, ein Mitspracherecht bei Entscheidungen aller Art und vor allem eine Menge Alternativen.
- Sprechen Sie nicht von oben herab mit ihnen.
- Hören Sie ihnen zu. Sie sind klug, und sie werden Dinge wissen, die Sie nicht wissen.
- Respektieren Sie sie in jeder Hinsicht, wie Sie Ihre eigenen Eltern oder einen engen, hoch geschätzten Freund oder eine Freundin respektieren würden.

3. Wenn Sie diesen Kindern zwar sagen, dass Sie sie lieben, aber sie ohne Respekt behandeln, werden Sie ihnen nicht vertrauen.

- Sie werden Ihnen nicht glauben, dass Sie sie lieben, wenn Sie sie nicht liebevoll behandeln. Alle Worte der Welt werden dann auf taube Ohren stoßen.
- Die Art und Weise, wie Sie Ihr eigenes Leben führen und Ihre eigene Familie »managen«, beweist für das Indigo-Kind unmittelbar, ob Sie liebevoll sind oder nicht.

4. Mit Indigo-Kindern umzugehen, bedeutet gleichzeitig Arbeit und ein Privileg.

- Die Kinder werden Sie bei jeglichem Täuschungsmanöver ertappen. Unterlassen Sie also jegliche Versuche in dieser Richtung.
- Fragen Sie im Zweifelsfall nicht nur die Kinder, sondern

auch andere Erwachsene, die Erfahrung mit Indigo-Kindern haben.
- Versäumen Sie es nicht, sich die Zeit zu nehmen, um zu beobachten, wie Indigo-Kinder miteinander umgehen – wir können jede Menge von ihnen lernen.

Vergessen Sie nicht: Sie wissen nicht nur, wer sie selbst sind, sie wissen auch, wer Sie sind. Der Blick von Indigo-Kindern und ihr Gesicht sind unverwechselbar – uralt, sehr tief und weise. Ihre Augen sind das Fenster zu ihren Gefühlen und ihrer Seele. Sie können sich anscheinend nicht »verstecken«, wie andere das können. Wenn Sie sie verletzen, werden sie von Ihnen enttäuscht sein und sich sogar fragen, ob es klug war, Sie als Eltern »ausgesucht« zu haben. Aber wenn Sie Ihre Kinder lieben und sie als das erkennen, was sie sind, werden sie sich Ihnen öffnen wie niemand sonst.

Als Nächstes folgen zwei Buchempfehlungen von Debra Hegerle.

Langeweile und Ehrlichkeit
DEBRA HEGERLE

Indigos sind offen und ehrlich – das ist kein wunder Punkt, sondern ihre größte Stärke. Wenn Sie nicht offen und ehrlich mit ihnen sind, werden sie dennoch Ihnen gegenüber offen und ehrlich sein, aber sie werden Sie nicht respektieren. Das ist eine ernste Angelegenheit, wenn es um Indigos geht: Mit der ihnen eigenen Integrität werden sie an Ihrer Seite stehen und Ihnen einen Knuff und Puff nach dem anderen geben, damit Sie es ihnen gleichtun – bis Sie entweder aufwachen und erkennen, was der eigentliche Punkt ist, oder sich im

Hintergrund halten oder aufgeben. Von diesen drei Reaktionen ist das Aufgeben die schlechteste. Diese Kinder haben keinen Respekt vor denen, die sich nicht durch den Prozess hindurcharbeiten. Aufgeben heißt, dass Sie Ihre Schularbeiten nicht machen. Sich zurückziehen ist in Ordnung, da es ihnen zeigt, dass Sie noch an dem Thema arbeiten, und das respektieren sie. Wenn Sie den wahren Wert dieses wunderbaren Geschenkes erkennen, entwickelt sich alles zum Besten, denn die Indigos erwarten keine Perfektion von Ihnen – sie erwarten Ehrlichkeit!

Langeweile kann bei Indigos Arroganz zutage befördern. Sorgen Sie also dafür, dass ihnen nicht langweilig wird. Wenn sie sich arrogant gebärden, heißt das, dass sie eine neue Herausforderung brauchen und neue Grenzen. Ihrem Gehirn Futter zu geben und dafür zu sorgen, dass sie beschäftigt sind, ist die beste Möglichkeit, sie aus Unfug herauszuhalten. Dennoch: Wenn Sie all das tun und die Kinder gelegentlich dennoch in dumme Sachen hineingeraten, so liegt es daran, dass sie für sich selbst eine Lebenserfahrung schaffen, die bei näherer Betrachtung viel über ihren Lebensplan offenbart. Sich einfach dem Fluss hinzugeben – das funktioniert in solchen Zeiten für alle am besten. Sie können diese Situation leicht von Langeweile unterscheiden, da Sie es dann entweder nicht schaffen, das Kind davon abzuhalten, oder da Sie erst herausfinden, was geschehen ist, wenn bereits Tatsachen geschaffen sind.

Alle Eltern – besonders die Eltern von Indigos – könnten von den folgenden Büchern sehr profitieren:

- *Back in Control – How to Get Your Children to Behave* von Gregory Bodenhamer[13] basiert auf der Prämisse, dass Sie Ihr Kind aus einer Position heraus disziplinieren, bei der Sie sich selbst und Ihr Kind mit Achtung behandeln, indem Sie dem Kind klare Entscheidungen und klare Konsequenzen darstellen und dann – das ist der wichtigste Teil – konsequent sind.

- *The Life You Were Born to Live – A Guide to Finding Your Life Purpose* von Dan Millman[14] ist eine ausgezeichnete Anleitung, wenn es darum geht, die Stärken und Schwächen anderer zu identifizieren und anzuerkennen und sie dazu zu bringen, diese optimal positiv zu nutzen. (Funktioniert auch bei uns gut!) Beziehen Sie das Kind in den Prozess mit ein, damit es versteht, warum es bestimmte problematische Punkte, Herausforderungen und Talente hat.

Indigos können in einem Umfeld glänzen, in dem klare Grenzen gesetzt werden für das, was inakzeptabel ist, während gleichzeitig ein offenes Ergründen innerhalb dieser Grenzen gefördert wird. Das bedeutet: Eltern, Lehrende und Betreuungspersonen müssen in der Lage sein, klare Grenzen festzulegen sowie für ihre Einhaltung zu sorgen, und dabei dennoch flexibel genug sein, um diese Grenzen auf der Grundlage des emotionalen und mentalen Wachstums gegebenenfalls zu ändern und richtigzustellen. Und Indigos wachsen schnell! Bestimmt zu sein, ist sowohl um ihretwillen als auch um unserer selbst willen notwendig.

Wie wäre es als Nächstes mit ein paar richtig pragmatischen »Ge- und Verboten« für Eltern? Die Punkte in der folgenden Liste kommen Ihnen vielleicht sehr vertraut vor – Sie haben sie wohl alle schon in Ihrem Leben gehört, oft von Ihren eigenen Eltern. Es ist ein neues Paradigma für die Behandlung von Kindern entstanden, das zwar voll von Regeln ist, die auch der gesunde Menschenverstand verlangt, die jedoch nicht immer praktiziert werden. Ertappen Sie sich dabei, wie Sie die Worte Ihrer Eltern nachplappern, wenn Sie mit Ihren Kindern sprechen? Wissen Sie, was die Energie Ihrer Handlungen und Worte diesen neuen Kindern vermittelt, deren »Indigo-Antenne« auf Sie gerichtet ist?

Frau Professor em. Judith Spitler McKee ist Entwicklungspsychologin, Beraterin und Pädagogin für Früherziehung. Von ihr gibt es ein Dutzend Lehrbücher über kindliches Lernen, kindliche Entwicklung sowie Spiel und Kreativität bei Kindern. Sie hat viele Workshops für Eltern, Lehrer, Buchhändler, Therapeuten und medizinische Fachkräfte geleitet.

Kindern kraftvolle, positive Botschaften schicken
Judith Spitler McKee, Ed.D.

Alle Kinder brauchen persönliche und intensive Fürsorge, Aufmerksamkeit, Zeit, Ermutigung und Anleitung durch Erwachsene. Der generelle Tenor des Miteinanders zwischen Erwachsenem und Kind muss emotional ausdrücken, dass dem Erwachsenen etwas an diesem Kind liegt; er muss liebevoll und beruhigend, klar verständlich und stimulierend sein. Aus den übermittelten verbalen und nonverbalen Botschaften muss durchgängig eine Unbeschwertheit sprechen; sie sollen die Kinder willkommen heißen, als wären sie eingeladene und hoch geschätzte Gäste in unserem Leben.
Oft empfinden, handeln und sprechen Erwachsene so, dass sich die Kinder alles andere als willkommen fühlen; vielmehr kommen sie sich schlecht, wie eine Belastung oder lästig vor. Diese Botschaften, die Kinder nicht willkommen heißen und aus denen Bedrückung spricht, bedrohen außerordentlich das Wachstum, Lernen, Streben und die Kreativität von

Kindern, die Erwachsene als Rollenvorbild und Unterstützung sehen. Kinder erleben diese Botschaften als: Ich bin ein schlechtes Kind, man will mich hier nicht haben. Diese schmerzenden Angstbotschaften vermindern die Fähigkeit eines Kindes, zu reagieren, und können seine gesamte Entwicklung ernsthaft hemmen.

Im Kontrast hierzu wird ein Strom von Unbeschwertheit, eine Fülle von das Kind willkommen heißenden Wachstumsbotschaften gedeutet als: Ich bin ein gutes Kind; meine Welt ist positiv und liebevoll. Diese Sichtweise entwickelt das Vertrauen des Kindes und erschließt seine innere Motivation, zu wachsen, zu lernen, zu streben und zu erschaffen.

Die Entwicklung von Vertrauen oder Misstrauen bei Kindern

Kinder entwickeln Vertrauen, wenn ihr Körper und Geist lernt, dass ihre grundlegenden körperlichen, seelischen, intellektuellen und kreativen Bedürfnisse von denen, die für sie Sorge tragen, sowie von wichtigen Erwachsenen in ihrem jungen Leben erfüllt werden. Die von den Erwachsenen übermittelten Botschaften und ihre Fürsorge müssen vielmehr angenehm statt mit Schmerz verbunden sein und mehr auf Liebe basieren denn auf Angst. Durch Vertrauen wird ein Gewebe geschaffen, das aus Gegenseitigkeit, Verbundenheit und Achtung zwischen Eltern und Kindern besteht.

In den nachfolgend dargestellten Situationen gebe ich Beispiele für Botschaften, die vom Ton her Bedrücktheit und Unwillkommensein ausstrahlen, sowie für solche, die unbeschwert sind und den Kindern das Gefühl vermitteln, willkommen zu sein. Die Einzelheiten lassen sich an das jeweilige Alter oder die Situation anpassen; das Wichtigste an der Begegnung ist jedoch das durchgängige Beibehalten der zugrundeliegenden Botschaft. Die folgenden Momente bewirken den Unterschied:

1. Ihre Tochter kommt durch den Hintereingang ins Haus gelaufen, über und über mit Matsch bespritzt und weinend. Sie will in den Arm genommen werden und bei Ihnen Zuflucht suchen vor etwas, das gerade ihre Welt durcheinandergebracht hat.
   Bedrückend/abweisend: »Fass mich nicht an mit deinen schmutzigen Händen! Wie siehst du denn schon wieder aus?! Bleib mir bloß vom Leib!«
   Unbeschwert/Kind willkommen heißend: »Weißt du, als du auf meinen Arm wolltest, dachte ich daran, dass meine Kleidung ganz schmutzig wird. Aber du bist mir natürlich wichtiger als meine Kleider. Komm, waschen wir dich erst einmal. Und dann nehmen wir dein Lieblingsbuch und kuscheln uns auf die Couch. Sollen wir das tun?

2. Ihr Kind kommt auf Sie zu, als es bei Ihnen gerade unglaublich hektisch zugeht.
   Bedrückend/abweisend: Sie verdrehen die Augen, als das Kind naht, und denken: »Was ist denn jetzt schon wieder los?!«, oder: »Der schon wieder! Oh nein, noch mehr Arbeit!« Sie gehen in Verteidigungshaltung, mit gestrafften Schultern und zusammengepressten Lippen, als würden Sie sich für einen Kampf wappnen.
   Unbeschwert/Kind willkommen heißend: Sie legen sachte die Hand auf ihr Herz und denken an die Liebe, die sowohl Ihr Kind als auch Sie selbst brauchen und miteinander teilen können. Lassen Sie Ihren Blick weich werden und entspannen Sie Ihren Körper; und nun können Sie die klare, liebevolle Botschaft vermitteln: Du bist in meinem Leben willkommen!

3. Ihre Kinder stellen immer wieder dieselben Fragen. Sie müssen Anweisungen oder Spielregeln ständig wiederholen.
   Bedrückend/abweisend: Eine schroffe, desinteressierte, ärgerliche oder scharfe Stimme vermittelt Botschaften wie: »Du gehst mir wirklich auf die Nerven! Geh doch woanders hin«, oder: »Du bist hier unerwünscht.« Wiederholt sich dies oft, könnte sich das Kind bald ungeliebt fühlen.
   Unbeschwert/Kind willkommen heißend: Denken Sie sich Ihre Stimme als ein Instrument, mit dessen Hilfe Sie etwas lehren, und üben Sie es, Ihren Tonfall und Ihre Tonhöhe zu modifizieren. Wenn Sie stark unter Stress stehen oder ärgerlich sind, atmen Sie zweimal tief durch, in den Bauch hinein, um Ihrem Körper belebenden Sauerstoff zuzuführen, damit Sie klarer denken können. Üben Sie es dann, sanfter und langsamer zu sprechen.

4. Ihre Kinder sind irgendwo draußen in dieser Welt, wo Sie sie nicht unter Kontrolle haben.
   Bedrückend/abweisend: »Geh bloß nicht auf diese Rutsche! Du kannst dir dabei das Genick brechen – wie dieses Mädchen im Fernsehen. Bleib davon weg, ehe du im Krankenhaus landest.« Oder: »Sprich nicht mit Fremden. An jeder Ecke lauern irgendwelche finsteren Gestalten. Ruf mich sofort an, wenn du angekommen bist.« Wenn Sie immer das »Schlimmste« erwarten, erfüllt es Ihre Kinder mit Angst, einem Unbehagen, das sich auf alles überträgt, oder einer regelrechten körperlichen Bereitschaft, Gefahren abzuwehren. Diese negativen Emotionen überschwemmen den Körper mit besonderen Hormonen, die Angst-, Kampf- oder Fluchtverhalten in Gang setzen und eine beträchtliche Schwächung des Immunsystems sowie

Erkrankungen wie Ohrenschmerzen oder Verdauungsbeschwerden hervorrufen können.

Unbeschwert/Kind willkommen heißend: »Ich weiß, wir haben schon über deine Sicherheit gesprochen und darüber, dass es gut ist, mit fremden Leuten vorsichtig zu sein. Möchtest du mich noch etwas fragen, bevor du mit deinen Freundinnen zum Kinderkonzert fährst? Ich weiß, dass alles prima laufen wird. Du bist ja vorsichtig und weißt schon, was du tun musst, um gut auf dich aufzupassen. Ich vertraue darauf, dass du deinen Kopf und dein Herz gebrauchst, beide zusammen. Denke daran: Du kannst immer zu Hause anrufen, wenn etwas ist oder wenn du einfach mit mir reden möchtest. Alles klar?« Wenn Sie in affirmativer Form die gewünschten Vorgehensweisen festhalten, wird das diese Angewohnheiten in Ihrem Kind verstärken.

5. Sie haben gegenüber Ihrem Kind ein Versprechen gebrochen.
Bedrückend/abweisend: »Hör auf, herumzunölen, weil wir nicht mit deinen Cousins zur Kirmes gegangen sind. Du kommst schon darüber hinweg. Als ich so alt war wie du, hat mich niemand irgendwohin mitgenommen.« Hier haben Sie es versäumt, die Gründe zu erklären – welcher Art sie auch gewesen sein mögen –, warum Sie Ihr Versprechen nicht gehalten haben. So würde dem Kind die Botschaft vermittelt, dass es den Erwachsenen eigentlich gleichgültig ist oder dass man ihnen nicht vertrauen kann.
Unbeschwert/Kind willkommen heißend: »Weißt du, ich war so mit meiner Arbeit beschäftigt, dass ich vollkommen vergessen habe, dass ich dich ja zu deinen Cousins bringen wollte, damit du mit zur Kirmes kannst. Das

tut mir leid! Lass uns darüber reden, was wir jetzt tun können, um ins Reine zu kommen.«

Kinder beschämen oder Schuldgefühle in ihnen erzeugen
Manchmal setzen Erwachsene Techniken ein, bei denen sie Kinder beschämen oder Schuldgefühle in ihnen wecken, weil sich die Erwachsenen an Ähnliches aus ihrer eigenen Kindheit erinnern. Abgesehen davon scheinen diese hochgradig verletzenden Techniken auch noch zu funktionieren, da Kinder in der Tat ihr Verhalten ändern, wenn sie sich schämen, vor allem wenn sie in der Öffentlichkeit bloßgestellt werden. Ja, diese Techniken funktionieren tatsächlich, aber der Preis, den das Kind in seiner Entwicklung dafür bezahlt, ist hoch! Scham und unnötige Schuldgefühle wirken sich auf das Streben des Kindes aus, sich als Individuum auszudrücken. Scham und Schuldgefühle sind so übermächtige und schmerzhafte Emotionen, dass sie oft Neugier, Spiel und Kreativität blockieren. Kinder lernen schnell, gegenüber anderen nicht offen oder ehrlich zu sein. Überlegen Sie, wie das wünschenswerte Verhalten aussehen sollte, und seien Sie Vorbild, statt auf Scham und Schuldgefühle zu bauen. Ermutigen Sie das Kind, es noch einmal zu versuchen; erklären Sie ihm die Folgen seines Tuns und bieten Sie ihm vernünftige Entscheidungsalternativen an.
Die folgenden Situationen zeigen Ihnen, wie Sie den Einsatz von Bloßstellungstaktiken überwinden:

1. Ihrem noch kleinen oder behinderten Kind ist ein »Malheur« passiert.
   Bedrückend/abweisend: »Ja, schämst du dich denn nicht? Du böses, böses Mädchen! Du weißt ganz genau, dass man nicht in die Hose macht (oder auf Omas neue Couch). Das hast du absichtlich getan. Und jetzt geh und

mach dich sauber. Du kannst diese Stinkerei ohne mich wegmachen. Tu das bloß nicht noch einmal! Wehe, du blamierst mich noch einmal so wie jetzt!«
Unbeschwert/Kind willkommen heißend: »Oh-oh, da ist wohl ein kleiner Unfall passiert. Und jetzt ist deine Hose nass. Halb so schlimm. Komm, ich helfe dir, trockene Sachen anzuziehen, dann fühlst du dich gleich besser.« Anschließend können Sie noch zusammen das Buch *Vom kleinen Maulwurf, der wissen wollte, wer ihm auf den Kopf gemacht hat*[15] ansehen und darüber lachen.

2. Ihr Kind trödelt, isst langsam oder weigert sich, bestimmte Gerichte zu essen.
   Bedrückend/abweisend: »Beeil dich! Du willst nur wieder deinen Kopf durchsetzen und lässt mich warten. Iss sofort deine Erbsen auf! Und wenn du die Hackfleischklopse nicht aufisst, kannst du allein hier sitzen bleiben. Ich gehe jetzt, und wenn ich zurück bin, sollten diese Klopse besser verschwunden sein, das rate ich dir! Sei nicht so mäkelig! Wenn du nicht alles isst, wirst du krank.«
   Unbeschwert/Kind willkommen heißend: »Und jetzt schau mal, was ich mache, und dann machst du es ganz genauso. Ich probiere jetzt einen Löffel von Tante Johannas Spezialauflauf mit Reis und Bohnen.« [Erwachsene Person gibt eine Kostprobe auf den Teller, ohne viel Aufhebens darum zu machen.] »Ein bisschen anders als das, was wir sonst meistens essen, aber schmeckt interessant. Okay, und jetzt *du* einen Löffel voll! Was meinst du, möchte der Teddy wohl auch mal probieren?« Danach könnten Sie zusammen etwas Passendes zum Thema »Essen« oder »unterschiedliche Essgewohnheiten« lesen.[16]

3. Ihr Kind verweigert bestimmte Arten von Essen, sei es aufgrund persönlicher Vorlieben für anderes oder aufgrund von Allergien, Krankheit, Angst vor dem Dickwerden und nachfolgendem Liebesverlust oder weil es extrem wählerische oder Diät praktizierende Erwachsene nachahmt. *Bedrückend/abweisend:* »Ich warte jetzt keine Sekunde länger mehr, bis du ein Essen ohne Fett und ohne Kalorien gefunden hast, von dem du nicht zunimmst. Die Leute starren uns schon an. Du führst dich auf wie ein Kind.« *Unbeschwert/Kind willkommen heißend:* »Planen wir gemeinsam ein paar Menüs, damit wir etwas finden, das wir mögen. Ich wäre für diese zwei ... Und hier habe ich einen interessanten Artikel, in dem steht, welche Nährstoffe unser Körper braucht und in welchen Nahrungsmitteln sie enthalten sind. Können wir später darüber reden?«

4. Ihr Kind hat eine zwanghafte, irrationale oder übertriebene Angst vor einer Situation, einer Person oder einem Tier.
Bedrückend/abweisend: »Meine Güte, das Gedicht, das du bei der Aufführung aufsagen wirst, hat doch nur sieben Zeilen! Andere Kinder haben viel größere Rollen. Du benimmst dich wie ein richtiges Baby. Geh einfach auf dein Zimmer, klemm dich dahinter und sorge dafür, dass ich stolz auf dich sein kann.«
Unbeschwert/Kind willkommen heißend: »Zeigst du mir einmal, welches Gedicht du nächste Woche beim Schulfest aufsagst? Ich denke mir, der Lehrer hat dich wohl dafür ausgesucht, weil er wusste, dass du das gut kannst. Möchtest du es alleine üben oder soll ich dir helfen?«

5. Ihr Kind scheint Regeln und Erwachsenenautorität zu missachten oder zielt exakt auf ihre »wunden Punkte«.

Ihr Kind hat in der Schule Lügen erzählt oder bei Aufgaben, die ihm übertragen wurden, oder bei sonstigen Aktivitäten »geschummelt«.

Bedrückend/abweisend: »Du elender Lügner! Du hast mich absichtlich blamiert, indem du deinem Lehrer diese grässliche Geschichte erzählt hast (oder indem du bei deiner Aufgabe gemogelt hast oder nicht zur Tanzstunde gegangen bist oder das Fußballtraining geschwänzt hast). Gut, gut, wenn du irgendwann einmal wirklich Hilfe brauchst, erwarte sie nicht von mir oder von deinem Lehrer! Du hast vier Wochen Hausarrest! Nein, keine Widerrede! Du hast es gar nicht verdient, dass ich mir anhöre, was du noch zu sagen hast, nachdem du dermaßen gelogen hast. Geh mir aus den Augen!«

Unbeschwert/Kind willkommen heißend: »Mich bringt es ziemlich aus der Fassung, dass ich den Eindruck habe, du hast eine Lüge erzählt. Einiges an der Situation ist mir schon durch das Gespräch mit deinem Lehrer klar geworden, aber jetzt will ich auch von dir noch mehr darüber wissen. Wir müssen darüber reden, was geschehen ist und was du dabei erlebt hast. Und dann überlegen wir, wie wir das wieder hinbiegen können. Ich muss ja noch darauf vertrauen können, dass du in anderen Situationen das Richtige tust und ehrlich bist. Und da brauche ich jetzt deine Mithilfe.«

In Schubladen packen oder Beinamen geben

Eine Weise, Kinder voneinander abzugrenzen, besteht darin, ihnen bestimmte Etiketten oder Namen anzuhängen. Allzu oft jedoch sind solche Etiketten und Kosenamen kulturelle oder geschlechtsspezifische Stereotypen und wirken sich nachteilig auf das Selbstbild der Kinder und ihre Unabhängigkeit aus. Außerdem beziehen sie sich gewöhnlich nur auf eine Dimension – was die Tatsache Lügen straft, dass wir alle viele Talente haben, die es zu fördern gilt.[17]

Da Kinder gewöhnlich nicht zwischen sich selbst und ihrem Verhalten oder den Etiketten unterscheiden, die diesem Verhalten angeheftet werden, können diese Beinamen zur sich selbst erfüllenden Prophezeiung werden. Selbst freundliche Spitznamen oder scheinbar positive Etiketten können das Wachstum und Lernen eines Kindes in hohem Maße einschränken. Frühe und unzutreffende Etiketten können sich so auswirken wie der Frost auf eine knospende Pflanze. Bestimmte Fähigkeiten und Interessen werden dann vielleicht während des Heranwachsens gar nicht erst erkundet, und natürliche Talente können welken und verkümmern, wenn sie nicht genährt werden und keinen Raum bekommen. Versuchen Sie die Haltung eines inspirierten Naturalisten einzunehmen, der einfach beobachtet und abwartet, um sich anzusehen, wie das Temperament, mit dem Kinder auf diese Welt kommen, zum Ausdruck gebracht wird.

Verfolgen Sie, welchen Aktionen und Interessen die Kinder mit Begeisterung nachgehen, und bieten Sie ihnen eine große Bandbreite an Möglichkeiten, Orten, Menschen und Ideen. Solche Bemühungen werden Erwachsenen und Kindern helfen, im Licht der wechselseitigen Annahme und Gleichheit zusammenzuleben. Bei dieser Herangehensweise nimmt das Licht der Wertschätzung und Freude aneinander für alle Beteiligten zu. Hier sind einige Vorschläge zur Vermeidung von Etiketten:

1. Gelegentlich kann es vorkommen, dass Ihr Kind Sie unbewusst an eigene Charakterzüge erinnert, die Sie am allerwenigsten mögen.
   Bedrückend/abweisend: »Sie ist so chaotisch. In ihrem Zimmer sieht es aus wie im Schweinestall. Ich glaube, so

bin ich selbst auch, wenn bei mir eine Menge läuft, aber bei ihr schwinge ich schon die Peitsche, damit sie Ordnung schafft. Sie hasst es, tut es aber dennoch, wenn ich ihr entsprechend zusetze.«
Oder: »Hör auf, die Primadonna zu spielen. Die Leute können es nicht ausstehen, wenn du so tust, als wärst du die Einzige im Raum. Ich will, dass du Respekt vor mir hast, wenn wir zusammen irgendwohin gehen.«
Unbeschwert/Kind willkommen heißend: »Wir haben eine Menge gemeinsam, obwohl es auch Unterschiede zwischen uns gibt. Sie hat eine sehr kreative Ader und arbeitet immer an so vielen Projekten gleichzeitig. Wir müssen es uns schon erarbeiten, unsere wechselseitige Unordnung zu tolerieren, da keine von uns gern aufräumt oder Sachen wegwirft, von denen wir meinen, wir könnten sie vielleicht noch gebrauchen.«

2. Aufgrund ungelöster kritischer Punkte mit anderen Angehörigen kann das reguläre Verhalten Ihres Kindes hochgradig unerwünschte Züge tragen.
   Bedrückend/abweisend: »Er ist unser Problemkind, kommt auf meinen Bruder hinaus, der auch so ein verzogenes Gör war. Störrisch wie ein Esel, alle beide. Tun nur, was ihnen in den Kram passt. Ich kann ihm etwas ein Dutzend Mal sagen, aber er hört nie zu – vor allem, wenn er liest oder vor dem Computer sitzt. Pah, was machen die beiden mich wütend und erschöpft!«
   Unbeschwert/Kind willkommen heißend: »Sven hat einiges von meinem jüngeren Bruder. Beide reagieren emotional sehr heftig, was ihre Vorlieben und Abneigungen anbelangt. Sie können sich alle beide für lange, lange Zeit völlig in etwas versenken, was sie interessiert, und dann wollen sie um keinen Preis gestört werden.« Oder: »Sven,

ich weiß, es ist hart, gestört zu werden, wenn du so in etwas versunken bist, aber wir müssen in zehn Minuten los. Ich weiß, dass du mich gehört hast, und ich habe jetzt die Eieruhr auf fünf Minuten gestellt, damit sie dich in fünf Minuten noch einmal erinnert und wir pünktlich von hier wegkommen.«

3. Wenn Sie Kinder in eine Schablone pressen, wird es entweder gefördert, dass sie die betreffenden Charakteristika passiv annehmen, oder sie lehnen sich mit schmerzhafter Heftigkeit dagegen auf. Selbst positive Etiketten und Angeberei mit ihnen können ein starkes Minderwertigkeitsgefühl erzeugen sowie das Gefühl, keine Fehler machen und nichts Unbekanntes erkunden zu dürfen.
Bedrückend/abweisend: »Michael ist unser kleiner Professor. Wir wussten schon, dass er ein heller Kopf ist, als er so viel früher als andere Kinder zahnte. Seine Großeltern haben zu seinem zweiten Geburtstag ein Sparbuch für seine Ausbildung angelegt, damit er einmal auf eine gute Universität kann. Er betreibt bestimmt einmal lieber seine Studien, als dass er mit Menschen zusammen ist. Wir werden eines Tages noch stolz auf ihn sein.«
Unbeschwert/Kind willkommen heißend: »Michael, wir sind stolz auf dich, und das aus ganz vielen Gründen. Du hast so gewissenhaft gelernt. Wie wäre es eigentlich für dich, wenn du nebenher noch etwas ganz Neues machst, etwas, das nicht mit der Schule oder mit Noten zu tun hat? Zum Beispiel musizieren – wie deine Lieblingscousine Carolyn. Oder du könntest zum Beispiel auch Onkel Brian ehrenamtlich bei seiner Arbeit im Obdachlosenasyl helfen. So gut wie du dich mit den beiden verstehst, könnte das doch eine super Sache für dich sein. Was hältst du davon?«

4. Versuchen Sie möglichst, dem Kind nicht das Gefühl zu geben, es sei eindimensional, indem Sie erwarten, dass es nur auf einem Gebiet etwas erreicht, oder indem Sie ein begrenztes Potenzial beziehungsweise eine begrenzte Bandbreite an Persönlichkeitszügen an ihm sehen. Vermeiden Sie es auch, das Kind mit anderen Familienmitgliedern zu vergleichen und zu erwarten, dass es einen ähnlichen, vorab vorgegebenen Weg einschlägt.
Bedrückend/abweisend: »Ich habe mir immer ein Kind gewünscht, das gut mit anderen zurechtkommt – und voilà, jetzt habe ich eins. Sie ist jedermanns Darling. Sie wird alles tun, um in jeder Situation die Beliebteste zu sein.« Oder: »Meine Kinder sind allesamt richtige Sportskanonen! So viel Zeit, wie sie alle ins Training investieren – da werden sie wohl besser ein Sportabitur machen. Mein Stiefsohn ist unser Herr Mathematiker; er ist immer so ernst und auf Logik aus. Er wird es weit bringen, weil er sich immer so gut einfügt. Er ist kein Unruhestifter.«
Unbeschwert/Kind willkommen heißend: »Die Kinder sind alle so verschieden, jedes hat seine individuellen Stärken. Es wäre so einfach, jedes von ihnen in eine bestimmte Schublade zu packen, aber ich lasse es nicht zu, dass irgendjemand sie derart abstempelt. Ich weiß, dass jedes von ihnen später einmal so viele Dinge finden wird, die es interessieren und an denen es seine Kräfte messen kann. Es ist wirklich ein Abenteuer, jedem Kind dabei zu helfen, seinen ureigenen Weg zu finden.«

Im nachfolgenden Fallbeispiel erzählt eine Erwachsene einem Kind etwas aus ihrer eigenen Biografie, wobei sie lobend Menschen erwähnt, die sie permanent in ihrem Wachstum und auf ihrem Weg unterstützt haben. Diese unbeschwerte und willkommen heißende Technik kann sehr wirksam und befreiend sein, wenn es darum geht, Kindern dabei zu helfen, verborgene Talente zu erproben und multidimensionale Möglichkeiten in einer sich unentwegt verändernden Welt zu erkunden. Auf einer tiefen Ebene zu wissen, dass es da eine Person gibt, die an das Kind glaubt und es weiterhin lieben wird, ist eine wirksame Botschaft: Sie wird den Kindern vermitteln, dass das Leben eine Entdeckungsreise ist sowie ein Prozess, den es persönlich auszuloten und mit anderen zu teilen gilt.

»Ich weiß, es ist für dich ein Kampf, in dieser Familie (oder in der Schule) herauszufinden, wer du bist. Ich hatte eine ähnliche Phase, als ich in deinem Alter war, und ich sehe an dir, dass du dich fragst, was an dir anders ist als an anderen. Nun, ich will, dass du weißt: Ich glaube an dich und ich werde dich unterstützen, wenn du eifrig daran arbeitest, Ziele zu verfolgen, für die du eine Passion hast. Ich bin so dankbar dafür, dass meine Mutter mir vertraute und mir die Liebe und Freiheit schenkte, ich selbst zu sein und andere Bereiche auszuprobieren. Sie heftete niemandem in unserer Familie ein Etikett an. Ich wusste, sie würde immer an mich glauben, was ich auch im Leben zu tun beschloss. Ich habe ihre Liebe und ihr Licht immer in meinem Leben gespürt, und das geht mir auch heute noch so.«

Gemeinsames Spiel zum Aufbau, zum Wiederaufbau und zur Heilung von Beziehungen

Sich selbst und anderen zu vertrauen – das ist grundlegend für alle gesunden Beziehungen. Kinder, die von einer sicheren und soliden Vertrauensbasis aus agieren, können eine wechselseitige Verbundenheit mit anderen aufbauen; sie wollen mit Erwachsenen und Gleichaltrigen kommunizieren, zusammenarbeiten und Dinge erschaffen. Dies findet seinen Niederschlag in einer hoffnungsvollen Einstellung im Hinblick auf die nahe Zukunft und generell in dem Glauben daran, dass schon alles seine Ordnung hat und irgendwie gut gehen wird.[18]

Ist das Vertrauen gebrochen, müssen wir die Beziehung ehrlich und systematisch wieder aufbauen. Kinder, die man bloßgestellt und dazu gebracht hat, sich unnötigerweise schuldig zu fühlen, sie selbst zu sein, brauchen Heilung, um wieder voll und ganz Ja zum Leben sagen zu können. Darüber hinaus bedarf es zwischen Erwachsenen und Kindern einer tief gehenden Erfahrung wechselseitigen Verzeihens, wenn es zu verletzenden Spitznamen und restriktiven Etikettierungen gekommen ist.

Zum Glück gibt es natürliche Heilmethoden und Hilfen zum Aufbau von Beziehungen: Mutter Natur miteinander zu genießen, Musik, bildende Kunst, Schauspielerei, Bücher sowie gemeinsames Spielen und Lachen. Spiel ist aktive Förderung des Wachstums und liefert gleichzeitig einen unbedrohlichen Rahmen für die Interaktion aller Typen jeglicher Altersgruppen.[19] Der Spaß und das Lachen sorgen hierbei für Leichtigkeit und eröffnen einzigartige Möglichkeiten, Verbindung zueinander zu bekommen und vereint einen Sinn und Zweck zu erschaffen. Gemeinsames Spiel kann unerwartet und freudig darin münden, das Leben und die Existenz des Gegenübers zu feiern.

Sämtliche nachfolgend aufgeführten Spielsachen und Aktivitäten können in einer Atmosphäre ausprobiert werden, in der deutlich ist, dass alles nur Spiel ist, dass es keine Verlierer und keinen Wettbewerb gibt, und bei dem alle Teilnehmer in gleichem Maß die Kontrolle haben.

1. **Säuglinge und Kleinkinder** (von der Geburt bis zum Alter von drei Jahren)
- Stellen Sie einen Schaukelstuhl mit Kissen und Plüschtieren zum Kuscheln bereit.
- Spielen Sie freundliche »Kuckuck-Dada«-Versteckspiele und Fangen. Beziehen Sie Plüschtiere und Haustiere in den Spaß mit ein.
- Spielen Sie in einer Plastikwanne oder einem aufblasbaren Swimmingpool mit Wasserspielzeug (Sieb, Trichter, Becher oder Boote). Fügen Sie dem Wasser zur Abwechslung auch einmal »Badewasserfarbe« bei, die in Spielwarengeschäften oder im Versandhandel angeboten wird.
- Lesen und betrachten Sie mit dem Kind vergnüglich-zärtliche Bilderbücher und Geschichten wie *Weißt du eigentlich, wie lieb ich dich hab?* und ähnliche.[20]

2. **Drei- bis Sechsjährige**
- Spielen Sie für die Kinder Szenen aus einer ihrer Lieblingsgeschichten.[21] Laden Sie die Kinder ein, mitzuspielen, ohne jedoch darauf zu bestehen.
- Singen Sie mit ihnen alberne Kinderlieder, die zum Mitmachen animieren (etwa »Old Mac Donald had a farm« oder »If you're happy and you know it, clap your hands«).
- Singen und tanzen Sie mit ihnen »Ein Hut, ein Stock, ein Regenschirm«.
- Erfinden Sie mit ihnen zu Musik einen Tiertanz wie etwa den »Froschhopser«, die »Entenpolka«, den »Katzenwalzer«.
- Bauen Sie mit ihnen eine Sandburg oder basteln Sie etwas mit Knetmasse.
- Ergötzen Sie sich mit den Kindern an Büchern wie *Die Geschichte von Peter Hase*[22] und anderen.

- Hören Sie sich mit den Kindern Hörbücher oder CDs wie etwa *Pu der Bär*[23] an.

3. Sechs- bis Elfjährige
- Bauen Sie gemeinsam etwas mit einem Baukastensystem.
- Kreieren Sie gemeinsam kleine Kunstwerke mit Zeichenschablonen, einer »Zaubertafel« und Ähnlichem[24].
- Sehen Sie sich mit den Kindern auf Video oder DVD einen Naturfilm oder ein Special von *National Geographic* an.
- Lesen Sie mit den Kindern etwas aus Büchern mit Rätseln, Kinderwitzen und lustigen Reimen.[25]
- Lesen Sie aus *Wilbur und Charlotte* von E.B. White vor.[26]
- Lesen Sie mit den Kindern etwas von James Herriots Erzählungen über das Dasein eines englischen Tierarztes.[27]
- Lesen Sie mit den Kindern *Der Zauberer von Oz*[28] oder sehen Sie sich eine Verfilmung an oder lesen Sie mit ihnen aus *Kinder aus aller Welt*.[29]
- Schauen Sie mit den Kindern Videos von *ET, Schweinchen Babe* oder *Homeward Bound* an.
- Hören Sie mit ihnen die Geschichte von *Dr. Dolittle* auf CD.[30]

4. Zwölfjährige und Teenager
- Führen Sie mit den Kindern Ihr Haustier spazieren oder füttern Sie mit ihnen Tiere in der Natur.
- Spielen Sie mit ihnen Koosh™-Ball[31] und versuchen Sie dabei einmal, nur die Füße oder kleinen Finger zu benutzen.
- Stellen Sie pantomimisch ein peinliches Geheimnis dar, zum Beispiel: insgeheim entdecken, dass man zwei verschiedene Schuhe trägt oder seinen eigenen Namen vergessen hat.

- Agieren Sie Gefühlsregungen wie Ausgelassenheit, Enttäuschung, Ärger, Traurigkeit, Stolz auf etwas Gelungenes, Sich-unverstanden-Fühlen aus.
- Spielen Sie zusammen am Computer »Solitär«.
- Lesen Sie laut den Comicteil in der Zeitung.
- Vergnügen Sie sich mit den Kindern an albernen und anregenden wortspielreichen Reimen zum Beispiel von Michael Rosen.[32]
- Lesen Sie sich abwechselnd etwas aus der Biografie einer viel bewunderten Persönlichkeit vor.[33]
- Schauen Sie sich zusammen Videos oder DVDs von *Apollo 13, Die Shiloh-Ranch, Little Panda* oder *To Kill a Mockingbird* an.
- Lesen Sie mit den Kindern *Die Zeitfalte* von Madeleine l'Engle.[34]

Begnadete Indigo-Kinder
Der Dalai Lama hielt einmal einen Vortrag vor einer Gruppe. Man sagte ihm, da sei ein krebskrankes Kind, das zu ihm wolle, und so bat er das Kind auf der Stelle zu sich auf die Bühne. Mit dem strahlenden Lächeln, das von Natur aus sein Markenzeichen ist, bat der Dalai Lama das Kind respektvoll, dem Publikum zu sagen, was ihm gerade durch den Kopf ging. Ohne zu zögern, drehte sich das Kind der versammelten Menschenmenge zu und sagte: »Ich bin ein Kind, das Krebs hat, aber in erster Linie bin ich ein Kind. Ich brauche Spiel. Ich brauche Lachen. Ich brauche es, dass ihr die Freude seht, die in meinem Herzen ist. Und dann erst könnt ihr sehen, dass mein Körper Krebs hat.«
Diese einfache Geschichte hat eine tiefgründige Bedeutung, auch im Hinblick auf die Indigo-Kinder. Ja, sie sind anders. Ja, sie sind alte Seelen. Ja, sie haben einen besonderen Daseinszweck. Ja, sie sind inspiriert. Ja, sie haben besondere

Talente und Fähigkeiten. Ja, ja, ja – aber in erster Linie und vor allem anderen sind sie Kinder. Lassen Sie uns das nicht vergessen, dann können wir sie in ihren Eigenheiten besser fördern.

Diese Eigenheiten von Indigo-Kindern erfordern besondere Disziplinierungstechniken. Nachfolgend weitere Gedanken und Anleitungen von Robert Gerard:

Die Disziplinierung von Indigo-Kindern
Robert Gerard, Ph.D.

Disziplin ist für das Indigo-Kind außerordentlich lebensnotwendig. Da diese Kinder sehr kreativ und wach sind, probieren sie eine Menge aus und testen, wo ihre Grenzen sind. Sie wollen Bestärkung, sie wollen die Grenzen kennen, innerhalb derer sie sich sicher bewegen können, und sie wollen wissen, welche Erfahrungen im Leben nicht ihrem höchsten Wohl dienen. Ich erlebe oft Eltern, die ihren Kindern »sagen«, was sie tun und was sie lassen sollen. Das erstickt ihre Kreativität und bewirkt, dass der Ausdruck ihrer eigenen Gedanken unterdrückt wird. Die Retourkutsche wird auf dem Fuß folgen, indem sie defensiv und unausstehlich werden.
Ich habe den Begriff »liebevolle Disziplin« geprägt, um dabei anzudeuten, wie ich Disziplinierungsmaßnahmen mit der Absicht angehe, dabei den spirituellen Interessen des Kindes zu dienen. Liebevolle Disziplin orientiert sich an Folgendem:

1. Halten Sie das Kind auf dem Laufenden und beziehen Sie es mit ein.
2. Verhindern Sie durch schlichte Erklärungen potenzielle Missverständnisse.

3. Reagieren Sie sich nicht an Ihrem Kind ab.
4. Vermeiden Sie es, etwas zu befehlen.
5. Halten Sie Wort.
6. Gehen Sie mit jeder Situation sofort im jeweiligen Moment um.
7. Nicht schlagen und beschimpfen.
8. Zeigen Sie als Emotion Liebe.
9. Erfolgt eine Maßregelung, bringen Sie das Kind dazu, sich für eine bestimmte Zeit allein zurückzuziehen.
10. Sprechen Sie die Situation nach der Maßregelung mit dem Kind durch.
11. Setzen Sie sich danach immer mit Ihrem Kind zusammen und vergewissern Sie sich, dass alles bereinigt ist.

Die große Überraschung ist: Ihr Kind wird Sie achten für Ihre Klugheit und Ihren Weitblick, durch die seine Indigo-Energie aufblühen und sich entfalten darf! Ich billige meiner Tochter Samara jede Menge Freiheit und Kreativität zu, doch sie entrinnt nur selten meinem wachsamen Auge, das ihre Einstellung und ihr Verhalten beobachtet. Oberflächlich betrachtet scheine ich zu streng mit ihr, aber Samara kennt meine Grenzen und weiß, wann sie eine Schwelle überschreitet, und wenn ich sie disziplinire, kommt es unweigerlich dazu, dass sie sich bei mir dafür bedankt, dass ich mich mit der Situation befasse, in die sie sich gebracht hat.

»Überfürsorglichkeit« ist ein absolutes Tabu. Tief in ihrem Innern fürchten viele Eltern, von ihren Kindern verlassen zu werden und ihre Liebe zu verlieren. Diese Eltern verlassen ihren Weg, um sich bei dem Kind einzuschmeicheln, indem sie allzu nachsichtig und beschwichtigend mit ihm umgehen. Wenn das Kind dann merkt, dass es das Verhalten der erwachsenen Bezugsperson kontrollieren kann, wird es das tun. Lässt man es zu, kann das Indigo-Kind die Elternrolle einnehmen. Das verkompliziert die Beziehung und zwingt das Kind, sich die Defizite des Elternteils anzueignen, statt in seiner eigenen Gegenwart zu leben.

Eltern müssen ihre Beziehung zu Indigo-Kindern bewusst beobachten. Vielleicht sollte ich an dieser Stelle den Rat weitergeben, den ich einmal von einer hellsichtigen Person erhielt: »Robert, Ihre Tochter braucht Führung, Liebe und Disziplin, keine Eltern. Seien Sie ihr Führer.« Dieser Rat war mir eine enorme Hilfe.

Das Bildungswesen und die Indigo-Kinder

»Man musste sich dieses ganze Zeug eintrichtern, ob es einem gefiel oder nicht. Dieser Zwang hatte eine so abschreckende Wirkung auf mich, dass es mir nach Bestehen der Abschlussprüfung ein ganzes Jahr lang völlig zuwider war, mich mit wissenschaftlichen Problemstellungen zu befassen ... Tatsache ist, dass es an ein Wunder grenzt, dass die modernen Lehrmethoden den heiligen Forschungsgeist nicht gänzlich stranguliert haben; denn diese zarte kleine Pflanze braucht, von Stimulation abgesehen, hauptsächlich ihre Freiheit, da sie ansonsten unweigerlich den Bach hinuntergeht. Es ist ein sehr gravierender Fehler, zu denken, der Genuss am Sehen und Forschen ließe sich durch Zwang und Pflichtgefühl fördern.«

ALBERT EINSTEIN

Was können wir Ihnen zum Bildungswesen sagen? Auf einen knappen Nenner gebracht: Es muss sich ändern, um den Indigo-Kindern gerecht zu werden. Vieles hiervon wird sich aufgrund unglaublicher Frustration vonseiten der Lehrenden einstellen. Von ihnen ertönt ein Aufschrei, dass das System Derartiges beobachten und sich dementsprechend verlagern sollte. Einiges an Veränderungen kommt vielleicht aufgrund der irgendwann eintretenden Erkenntnis, dass die Testergebnisse in Wirklichkeit deshalb niedrig ausfallen, weil die Kinder auf die Tests reagieren, und nicht, weil sie in ihrem Denken und ihrem Bewusstsein niedrig anzusiedeln sind. Dies wird sich auf die Planer des Bildungswesens, die Führungskräfte und Psychologen so auswirken, dass sie fragen, ob das Bewusstsein, das aus Lerninhalten und Trainings spricht, zu den Tests passt (eine der wichtigsten Fragen, die man betrachten sollte).

Die nachfolgenden Beiträge stammen von Pädagogen, die sich intensiv mit dem Problem befassen. Danach präsentieren wir Informationen zu alternativen Schulformen, die für Indigos funktionieren. Und dann bieten wir einige Alternativmethoden an, mit denen solchen Kindern geholfen werden kann – neue Methoden, die sich bei schwierigen Kindern als wirksam erwiesen haben.

All das entspricht unserem Bemühen, Ihnen Hoffnung zu vermitteln: Sie brauchen Ihre Kinder nicht einfach in die Hände des aktuellen Schulsystems zu geben und dann wieder nach Hause zu gehen. Es gibt Dinge, die Sie tun, und Orte, an die Sie sich wenden können. Ist das die Mühe wert? Und ob!

Lernen Sie Robert P. Ocker kennen. Er ist Mittelschulberater für den Schulbezirk Mondovi, Wisconsin, USA. Ein Handlungsreisender in Sachen Hoffnung und ein Reformer, dessen Leidenschaft während eines Großteils seines Lebens die Begleitung junger Menschen gewesen ist. Er hat vor Gruppen jeden Alters zahllose Vorträge gehalten. Er hilft Schülerinnen und Schülern, sich auf Problemlösung, Konfliktbeseitigung, Eigenverantwortung und Charakterbildung zu konzentrieren. Der Verband der Schulberatungskräfte von Wisconsin hat ihn als einen der herausragenden führenden Pädagogen der Zukunft ausgezeichnet. Unserer Meinung nach trifft Robert P. Ocker »genau den Nerv«.

Mitten aus dem Herzen: Pädagogische Visionen für die Pioniere neuer Paradigmen
ROBERT P. OCKER

In Pädagogik und Kindererziehung erreichen wir derzeit einen entscheidenden Wendepunkt, einen Augenblick, in dem sich die bisherigen Paradigmen verlagern. Es herrscht generell die Auffassung, dass die Frage, wie unsere Kinder aufwachsen und wie wir sie erziehen wollen, die am tiefsten reichende Frage darstellt, vor der wir heute stehen. Die Erziehung erfordert eine neue Vision für die Kinder des 21. Jahrhunderts, eine, die den Kindern dieser Welt Hoffnung und Inspiration zu bieten vermag. Diese Vision findet sich in den Träumen von Kindern. Wir brauchen ein umfassendes Verständnis des menschlichen Lebens, um eine wahrhaftige und umfassende Pädagogik praktizieren zu können, die der Menschheit im neuen Jahrtausend dienlich ist – jener Menschheit, die natürlich in den Kindern von heute besteht. Die Kinder haben es verdient, und außerdem hängt unsere Zukunft davon ab.
Wer im pädagogischen Bereich tätig ist, muss zugeben: Ebenso wie wir eine Transformation der derzeitigen Sozialstruktur fordern, müssen wir auch auf eine Transformation der Erziehungskunst pochen, auf dass diese einer anderen Quelle entspringt. Und selbstverständlich können wir sie transformieren, denn die Pädagogik hängt von den Pädagogen ab.
Wir müssen zu einem neuen Verständnis der menschlichen Natur gelangen und hierauf unsere Ratschläge gründen. Wir

müssen unseren Kindern und Schülern das Geschenk geben, sie zu innerer Disziplin und innerem Frieden hinzuführen.

Wir müssen wirklich beobachten, wie die Kinder von Natur aus beschaffen sind, während sie sich entwickeln, und wir müssen es ihnen erlauben, sich als menschliche Wesen weiterzuentwickeln. Sie selbst müssen entscheiden, wie ihr Wesen und ihre innerste Essenz heranreifen, während sie dem Erwachsenenalter entgegengehen.

Die Pädagoginnen und Pädagogen des 21. Jahrhunderts werden dazu hingelangen, das sich entwickelnde Menschenwesen zu kennen und anzuleiten und ihm dabei das Geschenk innerer Disziplin zukommen zu lassen. Mit Verstand und Weisheit werden wir diese charaktervollen Kinder dazu hinführen, verantwortungsbewusste, erfinderische und fürsorgliche Individuen zu werden.

Von daher müssen wir als Erziehende Pionierarbeit in Sachen Paradigmen leisten – wir müssen unsere Annahmen über Sinn, Zweck und Funktion von Erziehung neu überprüfen und ein neues Bewusstsein erlangen. Wir müssen Kindern beibringen, zu denken, statt ihnen zu sagen, was sie zu denken haben. Unsere Rolle besteht nicht darin, *Wissen* weiterzugeben, sondern *Weisheit*. Weisheit ist angewandtes Wissen. Wenn wir Kindern lediglich Wissen vermitteln, sagen wir ihnen, was sie denken sollen, was sie wissen sollen und was sie für wahr halten sollen.

Geben wir Kindern jedoch Weisheit, so sagen wir ihnen nicht, was sie wissen sollen oder was wahr ist, sondern wir sagen ihnen, wie sie zu dem gelangen, was für sie selbst wahr ist. Natürlich können wir das Wissen nicht außer Acht lassen, wenn wir Weisheit vermitteln, denn ohne Wissen gibt es keine Weisheit. Eine bestimmte Menge an Wissen muss durchaus von einer Generation an die nächste weitergegeben werden, aber wir müssen die Kinder ihre eigenen Entdeckungen machen lassen. Wissen geht oft verloren, Weisheit jedoch fällt nie dem Vergessen anheim.

Ich stelle mir ein Erziehungswesen vor, das darauf basiert, die Talente und Fertigkeiten von Kindern zu entwickeln, statt ihr Gedächtnis. Die Kinder sind unsere Führer – wir sollten ihnen zu der Fähigkeit verhelfen, ihre eigenen Wahrheiten herauszufinden. Kritisches Denken, Problemlösung, Fantasie, Aufrichtigkeit und Verantwortungsbewusstsein – sie müssen Kern der Erziehung der Kinder des 21. Jahrhunderts werden.

Meine Vision von der Erziehung der Zukunft basiert auf bedingungsloser Liebe. Dies ist die Essenz des neuen Menschenwesens. Wir als Pädagogen müssen dafür sorgen, uns mit Kolleginnen und Kollegen zu umgeben, die das rechte Herz und die rechte Seele haben, die Kinder von heute aufzuziehen, damit sie zu den Leuten von morgen werden. Wahre Erziehung wird Körper, Geist und Seele einbeziehen, die ihrem Wesen nach frei und unabhängig sind. Der wahren Erziehung muss es darum gehen, Menschen ins Leben zu stellen. Als Pädagogen erweisen wir der Menschheit einen großen Dienst, wenn wir in dieser Hinsicht zu Pionieren werden. Wir müssen das Bildungswesen erneuern, damit sich die Gattung Mensch verbessern kann. Wenn Sie sich an dieser Entdeckungsreise beteiligen, die vom Herzen ausgeht, werden die Kinder gesegnet sein – und mit ihnen die gesamte Zukunft des Menschen.

An späterer Stelle werden Sie Weiteres von Robert Ocker lesen, nun aber möchten wir Ihnen Cathy Patterson vorstellen, Sonderschullehrerin in Kanada. Wie Debra Hegerle und Robert Ocker verfügt sie über ihre alltäglichen Erfahrungen mit Kindern in einer Bildungseinrichtung. Allerdings ist Cathy an der Betreuung spezifischer Programme für Problemkinder beteiligt. Nachfolgend lässt sie uns von ihren Kommentaren und Anmerkungen profitieren.

Brauchbare Strategien für die pädagogische Führung von Indigo-Kindern
Cathy Patterson

Ich bin Sonderschullehrerin und innerhalb des Bildungssystems im Rahmen eines Programms tätig, das auf Schülerinnen und Schüler mit ernsthaften Verhaltensauffälligkeiten ausgerichtet ist. Wie Sie sich vorstellen können, habe ich im Lauf der Jahre schon mit so einigen Schulkindern gearbeitet, die echte Konzentrationsschwächen aufwiesen sowie diverse emotionale Störungen, und ich habe ihre Lehrer sowie ihre Eltern unterstützt.

Ich habe jedoch auch eine bestimmte Zahl von Kindern erlebt, denen man das Etikett »ADS« oder »ADHS« anheftete. Sie brauchten jedoch keine Medikamente mehr, sobald im häuslichen Umfeld und in der Schule für ihre Bedürfnisse Sorge getragen wurde. Darüber hinaus sind mir Schüler untergekommen, bei denen Lehrpersonal oder Ärzte annahmen, sie fielen in die Kategorie »ADHS« – bis sie auf diverse Verhaltensstrategien zu Hause und in der Schule positiv reagierten. Ich glaube, wenn die Kinder und Jugendlichen auf solche Interventionen ansprechen, ist die Diagnose »ADHS« unzutreffend.

Natürlich gibt es Kinder, die wirklich ADHS aufweisen, möglicherweise aufgrund eines neurologischen Ungleichgewichts oder sogar infolge einer Schädigung des Gehirns, und diese Kinder können ohne entsprechende Medikamente überhaupt nicht funktionieren. Diese echten ADHS-Kinder sind vielleicht nicht allesamt Indigo-Kinder; sie sprechen besser auf Arzneimittel an als auf ein verhaltensmäßiges Einlenken, da sie, wenn überhaupt, in sehr geringem Maße in der Lage sind, ihre Impulsivität zu steuern.

Im nachfolgenden Abschnitt möchte ich gerne auf einige neue Veränderungen der Energien eingehen, die ich innerhalb des Bildungswesens beobachtet habe, sowie auf einige Probleme und energetische Muster rund um das Thema »Disziplin«, die sich auf viele emotional gestörte Kinder auswirken. Viele dieser Kinder sind wahrscheinlich Indigos. Zum Abschluss werde ich schließlich praktische Strategien für Eltern und Lehrer anbieten, durch die sie Kinder unterstützen, zu ihren eigenen Stärken zu finden, und ihnen dabei dennoch die notwendige Richtschnur und die unumgänglichen Grenzen aufzeigen.

Die alten Energiemuster in den Schulen basieren auf dem Glauben, Kinder seien leere Gefäße, die eine Fachkraft, der Lehrer oder die Lehrerin, mit Wissen füllt. Im herkömmlichen System lernen Schülerinnen und Schüler, vollwertige Mitglieder unserer Gesellschaft zu werden, indem sie alles üben, was sie für eine Anstellung brauchen: Sie demonstrieren Fähigkeiten im Zuhören und erwerben ein Selbstwertgefühl, das darauf gründet, wie viele Seiten an schriftlichem Output sie produzieren können – Papierseiten, die zudem noch Hand und Fuß haben sollen. Die Lehrenden setzen Beschämungstaktiken ein und vergleichen die Schüler untereinander, was dazu gedacht ist, die Kinder und Jugendlichen zu einem noch höheren Ausstoß an schriftlichem Material zu motivieren. In einer Atmosphäre wie dieser gilt ein Kind, das damit nicht fraglos konform geht, als ein Kind, das Probleme hat.

Zum Glück hat die zeitgenössische Pädagogik zahlreiche Techniken und Vorgehensweisen entwickelt, die stärker schülerzentriert sind, wie etwa Selbstbeurteilung, selbstgesteuerte individuelle Lehrpläne, Einschätzung des Unterrichtsangebots und Lehrer-Schüler-Konferenzen, deren Leitung bei den Schülerinnen und Schülern liegt. So zum Beispiel verwenden die Grundschullehrer in British Columbia mittlerweile nicht mehr das Kürzel »F« für *failure* (ungenügend), sondern schreiben »IP«, was für *in progress* (in Entwicklung) steht, um auszudrücken, dass das betreffende Schulkind etwas länger braucht, um das Unterrichtsziel zu erreichen. Der Lehrer muss daraufhin einen Plan entwickeln, damit das Kind ans Unterrichtsziel gelangt.

Manche Pädagogen haben Programme eingeführt, die Kinder zu ihrer eigenen Stärke finden lassen und ihre Führungsqualitäten bestätigen, darunter etwa Meditations-, Beratungs- und Gewaltbekämpfungs-Programme für Kinder und Jugendliche. Außerdem spielen die Eltern in den Schulen eine aktivere Rolle, indem sie Elternräte aufstellen, um Spenden für die Schule zu beschaffen. Zunehmend finden sich Eltern als ehrenamtliche Helfer in Grundschulklassenzimmern.

Eines der letzten Rudimente der alten Energie an Schulen hängt mit den verwendeten Disziplinierungsmethoden zusammen. Leider werden viele Kinder noch immer auf den Flur hinausgeschickt, wenn sie sich nicht fügen, und wenn das nicht hilft, zitiert man sie zum Direktor, der ihnen dann eine Standpauke wegen ihres Betragens hält. Die nächste Stufe ist die, dass sie nach Hause geschickt werden. Die Schwierigkeit bei diesem System liegt darin, dass Kinder auf diese Weise lernen, ihr Bedürfnis nach Aufmerksamkeit und Anerkennung auf negative Weise zu befriedigen: Bald kosten sie die Aufmerksamkeit aus, die sie genießen, während sie draußen auf dem Flur stehen. Das Gekicher und die Fingerzeige ihrer Altersgenossen geben ihnen die Anerkennung, nach der sie dürsten: Alle kennen ihren Namen, besonders wenn Derartiges häufig geschieht.

Indigo-Kinder haben von Geburt an ein Bedürfnis nach Anerkennung und nach einem gewissen Status. Geht man nicht angemessen mit ihnen um, so können diese Kinder lernen, Bedürfnisse dieser Art auf Kosten ihrer schulischen Ausbildung zu befriedigen. Sie merken es schnell, wenn sie die Macht haben, Erwachsene auch bloß mit einem kleinen Grinsen zum Toben und Schreien zu bringen. Dann können sie sich erst so richtig wie Könige fühlen. Bei all dieser Aufmerksamkeit! Außerdem ist es für sie die beste Belohnung, nach Hause geschickt zu werden, denn dann brauchen sie nicht mehr mit den Schularbeiten weiterzumachen und können stattdessen vielleicht sogar fernsehen oder sich mit Computerspielen beschäftigen.

Eltern wären wahrscheinlich entsetzt, wenn sie wüssten, wie viel Zeit Kinder auf Schulfluren zubringen. Man schickt sie zwar vielleicht mit Schularbeiten nach draußen, doch sind die unbeaufsichtigten Störer vollauf damit beschäftigt, ihre Schulkameraden auf sich aufmerksam zu machen, indem sie Grimassen schneiden und Ähnliches.

Viele junge Menschen wechseln mit beträchtlichen Lücken in ihrem Schulwissen auf die weiterführenden Schulen, weil sie so viel Zeit auf den Fluren unserer Schulgebäude verbracht haben. Außerdem kommen viele Kinder aus unterprivilegierten oder eingewanderten, bislang schlecht integrierten Familien und haben noch größere Wissenslücken. Manche von ihnen sind nach Abschluss der siebten Klasse nicht einmal imstande, zu lesen.

Diese alten Disziplinierungspraktiken beginnen sich nun zu wandeln. Ich bin stark der Überzeugung, dass Eltern ein zentraler Bestandteil dieser Veränderung sind. Die Eltern müssen anfangen, Schulen über ihre Disziplinierungsmaßnahmen zu befragen, und sie müssen die Frage stellen, ob ihr Kind dort das bekommt, was es braucht. Ich bin derzeit

Mitglied eines Gremiums, das alternative Ansätze, Interventionsmöglichkeiten und Unterstützungsangebote für Schüler prüft. Wir gehören nicht mehr zu dem herkömmlichen System, in dem Kinder merkwürdig, sprunghaft oder gestört sind, wenn sie nicht ruhig im Klassenraum sitzen, und wo die einzige Alternative für sie darin besteht, nach Hause oder an die Sonderschule geschickt zu werden.

Bekommen Ihre Kinder an der Schule, was sie brauchen?
Kinder brauchen Sicherheit, Aufmerksamkeit, Achtung, Würde und einen sicheren Ort, an den sie gehören. Die folgenden Fragen können Eltern helfen, zu entscheiden, ob diese Bedürfnisse in der Schule erfüllt werden. Zusätzlich wurden von mir einige hilfreiche Strategien eingebaut.

1. Gibt es an der Schule Ihres Kindes einen für die ganze Schule geltenden Plan in Sachen Disziplinierungsmaßnahmen? Löst man Probleme mit dem Betragen dort so, dass Kinder auf den Flur geschickt werden und als nächste Stufe von der Schule beurlaubt und nach Hause abkommandiert werden? Wenn ja, schlagen Sie Alternativen vor.

2. Wie ist die Atmosphäre im Klassenraum Ihres Kindes? Hängen Arbeiten der Schüler an den Wänden? Begrüßt die Lehrerin oder der Lehrer die Kinder achtungsvoll? Loben die Lehrenden die Kinder und konzentrieren sie sich auf Positives?

3. Haben die einzelnen Lehrenden eine positive Art, den Schulkindern Macht und Verantwortung zu geben, wie etwa durch Einsatz von Hilfen aus Schülerkreisen, Sonderaufgaben, eine »Ruhmeshalle« und Kreise, in denen sie sich austauschen können?

4. Sind die Kinder am Entscheidungsfindungsprozess beteiligt? Gibt es von den Schülern geleitete Konferenzen, einen Schülerrat oder Klassentreffen? Können die Kinder selbst Regeln für die Klasse aufstellen?

5. Hat der Klassenraum eine Struktur? Kennen die Kinder ihre Verantwortungsbereiche und die Erwartungen der Lehrenden?

6. Untergliedern die Lehrer Aufgabenstellungen in Einzelschritte, statt die Schüler mit Anweisungen zu überhäufen? Kinder und Jugendliche mit Konzentrationsstörungen brauchen jeweils einen Schritt nach dem anderen, und sie brauchen eventuell ein visuelles Zeichen, etwa eine Grafik mit Sternen, die ihnen anzeigt, wie viel Zeit ihnen für eine bestimmte Aufgabe noch bleibt. Sobald sie so und so viele Sterne haben, können sie Freizeit bekommen oder Zeit, um an einem anderen Projekt, einem Projekt ihrer Wahl, zu arbeiten.

7. Kennen die Kinder den Sinn ihrer Aufgabe? Erhalten sie eine freundliche Erklärung vom Lehrer, wenn sie fragen, warum sie etwas tun, oder wird nur mit Konsequenzen gedroht?

8. Haben die Schüler im Lauf des Tages Pausen, damit sie nicht ständig vor ihren Schularbeiten sitzen?

9. Ist das Lernmaterial interessant und zweckentsprechend? Können die Schüler separat Unterrichtsstoff wiedergeben oder Informationen anders aufschreiben, aber dennoch den gleichen Stoff behandeln?

10. Wenn Schüler Schwierigkeiten haben, den Stoff zu verstehen, wird er von den Lehrenden dann so an sie angepasst oder modifiziert, dass sie zusammen mit der restlichen Klasse die Aufgabenstellung bewältigen können?

11. Sind die Erwartungen der Lehrenden klar und werden sie konsequent durchgehalten? Gibt es standardmäßig festgelegte Konsequenzen für den Fall, dass jemand die Regeln im Klassenzimmer nicht befolgt, oder ändern sich diese Regeln je nach Laune der Lehrperson?

12. Ändert sich die Struktur des Unterrichtsalltags ständig oder wissen die Kinder vorab, welche Arten von Arbeit während des Tages zu erwarten sind?

13. Werden Kinder, die im Unterricht nicht aufpassen, an einen anderen Platz gesetzt und so von jenem getrennt, was sie ablenkt – seien es andere Kinder, Türen oder Fenster? Sind sie noch Teil des Unterrichtsgeschehens oder fühlen sie sich bloßgestellt und von der Klasse isoliert?

14. Gibt es für den Fall, dass sich ein Kind schlecht beträgt, einen Plan für eine strukturierte »Auszeit« in einem anderen betreuten Umfeld, oder wird das Kind auf den Flur geschickt?

15. Versuchen Lehrer und sonstiges Schulpersonal die Emotionen aus Disziplinierungsmaßnahmen herauszulassen? Vergewissern Sie sich, dass sie die Kinder nicht unentwegt anschreien oder ihnen exzessive Moralpredigten über gutes Betragen halten, denn dies wird das Bedürfnis der Kinder nach Aufmerksamkeit und Anerkennung nur negativ beeinflussen.

16. Wird das Kind einfach als »schlecht« oder »schlimm« bezeichnet, oder sprechen die Lehrkräfte stattdessen jeweils von einer »ungünstigen Entscheidung«, die das Kind für sich getroffen hat? Kommen den Kindern vonseiten des Lehrkörpers respektvolle Kommentare entgegen wie: »War das eine gute Entscheidung? Was hättest du anders machen können? Was wäre in deinen Augen eine bessere Entscheidung gewesen?«

17. Erstattet der Lehrer nur über die Probleme Bericht und geht nicht auf positives Verhalten ein?

18. Gibt es im Umfeld des Klassenraums visuelle Hinweise, die andeuten, wie erfolgreich die Schüler vorankommen, wie etwa Charts mit Sternchen, Leistungskurven oder Zertifikate?

19. Zeigt der Lehrer dem Kind alternative Möglichkeiten der Konfliktbewältigung sowie Strategien bei der inneren Zwiesprache mit sich selbst?

20. Hat Ihr Kind eine Möglichkeit, sich im Klassenzimmer Privilegien zu erarbeiten, indem es Anweisungen Folge leistet und sich konzentriert mit den Aufgaben befasst? Haben die einzelnen Lehrenden ein System mit symbolischer Belohnung eingeführt? Falls nicht, erkundigen Sie sich danach, wie für die ganze Klasse eines eingeführt werden könnte.

21. Haben Sie ein Mitteilungsbuch, in das der Lehrer jeden Tag Eintragungen vornimmt, damit Sie immer auf dem Laufenden sind, wie Ihr Kind in der Schule zurechtkommt, und damit Sie auch positive Veränderungen

wahrnehmen können? Überprüfen Sie dieses Buch täglich und führen Sie mit Ihrem Kind positive Gespräche über sein Verhalten in der Schule.

22. Welche Ansicht vertreten Sie im Hinblick auf Bildung? Ist sie wichtig? Unterstützen Sie das Lehrpersonal? Hegen Sie eine Antipathie gegen einen Lehrer Ihres Kindes? Haben Sie diesen Lehrer einmal vor Ihrem Kind kritisiert?

Bekommen Ihre Kinder zu Hause, was sie brauchen?
Die folgenden Fragen können Ihnen helfen, sich zu vergewissern, dass die häusliche Atmosphäre Ihre Kinder unterstützt und alle ihre Gaben nährt.

1. Haben Sie das Gefühl, dass die Meinung Ihrer Kinder wertvoll ist und dass Sie von ihnen lernen können? Oder sind in dieser Beziehung immer Sie diejenigen, die lehren und Ihrem Gegenüber etwas beibringen?

2. Hören Sie auf Ihre Kinder und haben Sie viel Spaß miteinander? Räumen Sie Zeit dafür ein, dass die »inneren Kinder« von Ihnen allen gemeinsam spielen können?

3. Respektieren Sie ihre Intimsphäre und ihren persönlichen Raum?

4. Geben Sie Gründe dafür an, warum Sie bestimmte Entscheidungen fällen?

5. Loben Sie Ihr Kind häufig und bedenken Sie es mit drei Komplimenten pro Kritik?

6. Können Sie gelegentlich einen Fehler eingestehen und sagen, dass es Ihnen leid tut?

7. Vermitteln Sie Ihrem Kind, anderen Menschen mit Achtung und Mitgefühl zu begegnen?

8. Nehmen Sie sich die Zeit, Ihre Kinder über diverse Seiten der Welt aufzuklären, etwa wozu wir den Regen brauchen? Hören Sie zu, wenn sie Ihnen erzählen, wie sie die Welt sehen? Hören Sie ihre Erklärungen an, selbst wenn diese Informationen für Sie nichts Neues sind!

9. Ermutigen Sie Ihre Kinder häufig oder sagen Sie ihnen stattdessen, dass sie nie in der Lage sein werden, eine bestimmte Aufgabe zum Abschluss zu bringen?

10. Nehmen Sie Ihren Kindern Dinge ab, die sie allein können?

11. Weisen Sie Ihren Kindern Verantwortlichkeiten rund ums Haus zu und lassen Sie ihnen dabei eine gewisse Wahl?

12. Korrigieren Sie Ihre Kinder übermäßig? Falls ja, korrigieren Sie sie nur im Hinblick auf die wirklich wichtigen Punkte! Ist es wirklich wichtig, dass Ihr Kind in jeder Minute des Tages die richtige Körperhaltung hat? Werden Sie nicht zum Erbsenzähler!

13. Achten Sie darauf, wenn sich Ihre Kinder gut betragen, und loben Sie sie dafür?

14. Haben Sie regelmäßige Familienkonferenzen, um zu besprechen, wer gerade wofür zuständig ist und was die

Familie in Kürze an Vergnüglichem unternehmen wird? Spielen Ihre Kinder bei diesen Zusammenkünften eine wichtige Rolle und sind sie Teil des Entscheidungsfindungsprozesses? Können Sie sich bei Familienkonferenzen sogar untereinander einigen, welche Konsequenzen ein bestimmtes Fehlverhalten haben soll und/oder welche Privilegien es dafür gibt, »brav« zu sein?

15. Bringen Sie Ihren Kindern etwas über unterschiedliche Emotionen bei und über Möglichkeiten, diese Emotionen anderen zu vermitteln, oder werden einige dieser Gefühlsregungen nie zum Ausdruck gebracht?

16. Hören Sie Ihren Kindern zu, wenn sie darüber klagen, einsam, niedergeschlagen oder isoliert zu sein? Oder tun Sie ihre Gefühle als vorübergehende Phase ab?

17. Haben Sie klare und durchgängige Erwartungen und Konsequenzen für den Fall bereit, dass sich Ihre Kinder nicht gut benehmen?

18. Verfüttern Sie im Übermaß Zucker und Konservierungsstoffe an Ihre Kinder? Haben sie Allergien oder zeigen sie Anzeichen von Hyperaktivität, die nach dem Genuss bestimmter Lebensmittel auftreten?

Grenzen und Anhaltspunkte setzen
Eltern helfen ihren Kindern nicht, indem sie ihnen erklären, dass sie Indigo-Kinder sind, und es ihnen daraufhin erlauben, sich ohne jegliche Grenzen und Anhaltspunkte »daneben« zu benehmen. Das gilt auch, wenn es um Kinder geht, die letztlich das Bewusstsein des Planeten auf eine höhere Ebene heben werden. Durch Grenzen wird Selbstbeherr-

schung lernbar, die für eine friedvolle Gemeinschaft unabdingbar ist. Das Indigo-Kind muss korrigiert werden und Grenzen gesteckt bekommen, indem eine Methode verwendet wird, die für die neue Energie steht. Die folgenden Anregungen sind effektive Strategien, die für Disziplin sorgen, während gleichzeitig die Würde des Kindes gewahrt bleibt:

1. Wenn Sie Anweisungen geben, können Sie sie etwa so formulieren: »Ich brauche jetzt einmal deine Hilfe: Könntest du bitte deine Schuhe von der Tür wegräumen?« Der Schlüssel liegt darin, zu sagen: »Ich brauche deine Hilfe ...«

2. Kündigen Sie den Kindern rechtzeitig an, dass sie sich in ein paar Minuten für eine Aktivität wie etwa das Mittagessen bereithalten müssen.

3. Lassen Sie den Kindern so oft wie möglich die Wahl. Wenn sie gewöhnlich nicht zu Tisch kommen wollen, sagen Sie ihnen, sie hätten die Wahl, in einer Minute zu kommen oder aber in zwei Minuten. Weichen Sie nicht ab von dieser Wahlmöglichkeit, wenn die Kinder nur versuchen, es Ihnen schwer zu machen. Falls die Kinder eine andere sinnvolle Alternative anbieten – falls sie etwa fragen, ob sie auch an den Tisch kommen können, nachdem sie zuerst ihr Spiel weggeräumt haben –, stimmen Sie zu.

4. Erklären Sie kurz, warum Sie wollen, dass die Kinder bestimmte Dinge tun.

5. Geben Sie jeweils nur eine einzige Anweisung, damit die Kinder nicht von zu vielen Anweisungen überrollt werden.

6. Setzen Sie sich mit den Kindern zusammen, um zu beschließen, welche Konsequenzen negative Verhaltensweisen haben sollen. Sagen Sie zum Beispiel: »Du hast die Angewohnheit, deine Spielsachen überall im Haus herumliegen zu lassen, und ich falle dann über sie. Was können wir da machen? Kannst du mir helfen, zu entscheiden, was passieren sollte, wenn du deine Spielsachen nicht wieder wegräumst?« Halten Sie die so festgelegten Konsequenzen ein.

7. Sorgen Sie für einen bestimmten Stuhl oder eine stille Ecke bei sich zu Hause, um die Kinder dorthin zu schicken, wenn sie in Form einer »Auszeit« die Konsequenzen ihres Handelns zu spüren bekommen müssen. Die Kinder sollten nicht einfach auf ihr Zimmer geschickt werden, wenn dieses Zimmer voll von anregenden Spielsachen ist, mit denen sie spielen werden, während sie sich dort aufhalten.

8. Müssen Sie die Kinder wegen eines Fehlverhaltens verwarnen, können Sie Phelans magisches System verwenden: Bitten Sie die Kinder, ein bestimmtes Verhalten einzustellen, und zählen Sie dann auf drei. So lange haben sie Zeit, damit aufzuhören. Sollten Sie bis drei gezählt haben und sie haben dann noch nicht aufgehört, wird ihnen eine »Auszeit« verordnet.

9. Lassen Sie Emotionales aus der Disziplin heraus: Halten Sie Ihrem Kind keine Predigten und streiten Sie nicht mit ihm! Stellen Sie die notwendigen Konsequenzen klar: »Tommy, ich werde mich nicht mit dir streiten. Es ist nicht in Ordnung, wenn du andere schlägst, und ich

will, dass du erst einmal Pause machst. Du musst jetzt zum Aus-Stuhl.« Konzentrieren Sie sich auf die Konsequenzen, die das Kind erfahren muss, und geben Sie sich beinahe gleichgültig. Achten Sie darauf, das Kind während dieser Zeit nicht in den Arm zu nehmen. Hier ist eine Grenze, und Kinder müssen lernen, dass jede Handlung ihre Konsequenzen hat.
Wenn das Kind schreit und stört, sollten Sie die Zeit verlängern. Sie können diese mithilfe Ihrer Armbanduhr berechnen oder in regelmäßigem Rhythmus Kästchen auf ein Blatt Papier zeichnen. Debatten sollten unterbleiben; sagen Sie stattdessen etwas wie: »Ich werde deine Auszeit laufen lassen, sobald du so weit bist, und ich bin dabei die Zeit.« Wenn die Auszeit vorbei ist, denken Sie daran, Ihre Kinder um eine Erklärung zu bitten, warum sie diese Auszeit bekommen haben.

10. Vielleicht möchten Sie sogar Sternchen-Charts oder -Grafiken zu Hause am Kühlschrank anbringen. Wenn sich die Kinder also für einen festgelegten Zeitraum gut benehmen, bekommen sie einen Stern oder ein Karo. Sobald die Kinder genug Sterne oder Kästchen haben, können sie besondere Privilegien erhalten, etwa einen Ausflug zu unternehmen. Dies ist eine positive Weise, die Aufmerksamkeit auf das Verhalten der Kinder zu richten.

11. Denken Sie daran, es zu beachten, wenn sich Ihre Kinder gut benehmen, und loben Sie sie dafür, dass sie Ihre Erwartungen erfüllen: »Ich bin sehr zufrieden, dass du ...«, oder: »Es ist schön, dass du ...«

12. Bitten Sie Ihr Kind, ein Verhalten so zu wiederholen, wie es sein sollte: »Tommy, es ist nicht okay, wenn du mit

deinen Matschschuhen ins Haus rennst. Kannst du mir bitte zeigen, wie du das richtig machst?« Tommy zieht sich die Schuhe aus. »Danke, ich habe gewusst, dass du das kannst. So ist es besser.«

13. Kinder fühlen sich sicherer, wenn regelmäßige Abläufe beibehalten werden, und sie reagieren günstiger auf regelmäßige Essens-, Schlafens- und Spielzeiten. Vergessen Sie nicht, dies durchgängig beizubehalten, auch wenn Sie das Gefühl haben, Ihnen fehlt die Energie, um sich nach Ihrem Plan in Sachen Disziplin zu richten. Ansonsten lernen Kinder, dass sie Regeln nicht zu befolgen brauchen, da sich diese Regeln ständig ändern.

Mögen Ihnen diese Informationen helfen. Ich möchte allen Eltern Mut machen, dafür zu sorgen, dass sich die Verantwortlichen in den Schulen dafür zuständig fühlen, emotional störende Kinder zu unterstützen, statt veraltete Disziplinierungspraktiken anzuwenden. Außerdem glaube ich, dass Eltern ihre eigene Einstellung gegenüber ihren Kinder überprüfen sollten, um sich zu vergewissern, dass sie respektvoll mit ihnen umgehen und für die Kinder Chancen schaffen, zu ihrer eigenen Kraft zu finden. Und schließlich müssen Eltern Grenzen und eine Richtschnur festlegen, da dies für das Wachstum und die Entwicklung ihrer Kinder notwendig ist. Die oben aufgeführten Strategien sind für Indigo-Kinder besonders nützlich: Sie können dabei das ihnen eigene Gefühl bewahren, dass es auch auf sie ankommt und dass sie so behandelt werden, dass ihre Würde nicht verletzt wird.

Und hier nun noch einmal Robert Ocker, ein Pädagoge, der förmlich verliebt ist in Kinder jeden Alters – dieses Mal mit einem stärker persönlich geprägten Beitrag:

Die Kleinen als Geschenke ehren
ROBERT P. OCKER

Im Rahmen einer Stunde mit Kindergartenkindern in Eau Claire, Wisconsin, in der es um Konfliktbewältigung ging, wandte ich mich an die Gruppe und fragte: »Was ist Gewalt [engl. *violence*], Kinder?« Ein bildhübsches Mädchen, in dessen Augen die Sterne funkelten, gab zurück: »Das ist leicht – das sind wunderschöne violette Blumen [das Kind meinte *violets,* also Veilchen!]. Ich rieche jeden Tag an ihnen, und sie machen mich glücklich.«

Meine Seele strahlte gleichsam vor Liebe und Frieden. Die Energie dieses Mädchens übertrug Weisheit und Kraft. Als sich unsere Blicke in ihrem Sternenmeer begegneten, sagte ich: »Rieche ruhig weiter an deinen Blumen, Kleines. Du weißt, was Frieden ist. Und ich habe mich gerade gefragt, ob du der Gruppe wohl etwas über Angst beibringen könntest. Wir können es zusammen tun, als Freunde.« Sie lächelte nur und nahm mich bei der Hand. Dieses Kind war ein Geschenk.

Die neuen Kinder, die Indigo-Kinder – ich nenne sie »die Kleinen« –, sind hierhergekommen, um uns ein ganz neues Verständnis des Menschseins zu geben. Sie sind ein Geschenk für ihre Eltern, den Planeten und das Universum. Wenn wir die Kleinen als Geschenke in Ehren halten, sehen wir die göttliche Weisheit, die sie einbringen, um dabei zu helfen, die Schwingung des Planeten Erde auf ein höheres Niveau zu heben.

Der wichtigste Schritt zum Verstehen der neuen Kinder und der Kommunikation mit ihnen ist einzig der, unser Denken über sie zu ändern. Indem Sie Ihr Paradigma dahingehend verlagern, die Kleinen als Geschenke zu ehren, statt sie als ein Problem zu disqualifizieren, werden Sie die Tür dazu öffnen, ihre Weisheit zu begreifen und daneben auch Ihre eigene. Die Kleinen werden Ihre Absicht zu schätzen wissen, und so wird das Tor zum Verständnis freigelegt. Jedes Kind, das in Ihr Leben tritt, ist gekommen, um ein Geschenk zu empfangen. Und dadurch erhalten Sie wiederum von diesem kleinen Wesen etwas als Geschenk: das Geschenk, zu erfahren und zu erfüllen, »wer Sie sind«.

Ein vom Instinkt bestimmtes Leben
Bei meiner Arbeit mit Kindern aller Altersgruppen – vom Kindergarten angefangen – fiel mir auf, dass die Erstklässler offenbar mehr begreifen als Erwachsene. Sie verlassen sich auf ihren Instinkt und ihre Intuition. Ich sprach einmal vor Erstklässlern über Kommunikation, als das Geschenk eines Indigo-Jungen mich wach werden ließ. Wir unterhielten uns gerade darüber, wie wichtig das Zuhören ist.
Dieser wunderbare Junge kam zu mir nach vorn und sagte: »Herr Ocker, *listen* [zuhören] und *silent* [still] ist dasselbe Wort, nur sind die Buchstaben anders.« Ich lächelte und spürte, was für einen brillanten Geist ich da vor mir hatte. Schweigend sahen wir einander an, aber wir verstanden dabei alles. Durch seine instinktiv hervorgebrachten Worte lehrte er mich die weiseste Form der Kommunikation.
Indigo-Kinder leben instinktgesteuert. Das ist ein schwieriger Prozess für die Kleinen, die darin gefangen sind, instinktgesteuert zu leben, und gleichzeitig die Mittler sind, welche die Menschheit dazu hinführen, den Übergang zu einem solchen Leben zu vollziehen. Die Kleinen stehen täglich vor Herausforderungen, denn in vielen Kulturen wird vom Instinkt Beigesteuertes ignoriert. Die dominanten Kulturen misstrauen dem Instinkt sogar so abgrundtief, dass man den Kindern dort von frühester Jugend an beibringt, sich vor ihren Instinkten zu fürchten.

Jugendliche spüren intuitiv, dass ihr Ego ein positiver Aspekt ihrer Persönlichkeit sein kann und de facto notwendig ist, um effektiv ihre Angelegenheiten zu regeln. Unsere Kultur verstärkt dieses Gefühl. Und dennoch – und an dieser Stelle geraten die neuen Kinder in Verwirrung und reagieren frustriert – bringen wir ihnen bei, dass es falsch sei, auf ihr Ego zu hören, und dass sie als Schutzschicht eine soziale Persönlichkeit entwickeln müssten. Daraufhin ziehen sie sich ins sichere Versteck hinter diesen Bildern zurück und gehen ihren Beziehungen auf der physischen Ebene von hinter dieser Maske nach. Bildungssysteme, Medien und kulturell angepasste Personen lehren sie, dass die Entwicklung eines »Selbstbildes« eine dringende und überaus gewichtige Angelegenheit sei. Das ist Gift für die neuen Kinder.

Solche kulturell angepassten Kinder schauen immer auf andere – Eltern, Lehrer und Autoritätspersonen –, um sich von ihnen führen, den Weg zeigen und die Wirklichkeit erklären zu lassen. Oft verbleiben diese Kinder für den Rest ihres Lebens in dieser Orientierung nach außen und messen der inneren Stimme des Geistes daher so wenig Wert bei, dass sie ihre Instinkte bald ziemlich vergessen. Wie andere Leute in unserer Gesellschaft von Schlafwandlern beginnen sie, ihre Werte im Leben unter Einsatz von schwerfälligen und oft von Angst durchsetzten logischen Überlegungen zu berechnen. Das ist der einzige Maßstab für Erfolg – so lehrt man sie –, dem es einen Wert beizumessen lohnt.

Die aktuellen Kinder haben ein neues Bewusstsein in Sachen Selbstbild anzubieten. Sie bringen dem Planeten ein neues Verständnis des Menschseins und eine Vision instinktgesteuerten Lebens. Sie wollen spontan leben, sich ihren Instinkten überlassen – einfach *sein!* Sie wollen die richtigen Worte sagen, ohne sie sich vorab auszudenken, und sie wollen die Reinheit eines Geistes erfahren, der nicht mit lästiger und unangebrachter Verantwortung zugemüllt ist. Sie wollen die richtige Geste, das richtige Verhalten, die kreative Reaktion auf jede einzelne Situation kennen. Das ist die Vision von Menschsein, die sie uns vermitteln. Sie schreien uns zu, wir sollten unserem Selbst vertrauen, unserem Instinkt und unserer Intuition, denn das steht jedem Menschenwesen von Geburt an zu.

Bei entsprechender Anleitung werden die Indigo-Kinder heranreifen und sich diese Fähigkeit dabei nicht nur bewahren, sondern sie sogar noch weiterentwickeln, sie zu einer Kunst verfeinern. Sie und ihre jeweilige Gesellschaft werden instinktiv leben, von einem Augenblick zum nächsten, genau so, wie sie uns hier und jetzt zu leben einladen.

Disziplin ohne Strafe

Bestrafung funktioniert bei diesen Kindern nicht. Sie begründet Angst, erfordert ein Verurteilen, erzeugt Intentionen, hinter denen Ärger steht, und lädt weitere Konflikte ein. Diese Kinder werden sich zurückziehen, rebellieren und sich hasserfüllt in sich selbst versenken. Das ist gefährlich für ihre Seele und das Leben anderer. Vermeiden Sie Bestrafung!

Disziplin ist dazu angetan, Kinder zu führen, indem für logische und realistische Konsequenzen gesorgt wird. Sie zeigt ihnen auf, was sie falsch gemacht haben, weist ihnen die Urheberschaft am Problem zu, bietet ihnen Wege an, das geschaffene Problem zu lösen, und lässt dabei ihre Würde unangetastet. Die Erfahrung logischer und realistischer Konsequenzen vermittelt dem Indigo-Kind, dass es im positiven Sinn die Kontrolle über sein Leben hat, dass es Entscheidungen fällen und seine eigenen Probleme lösen kann. Die Kinder wollen diese Art von Führung. Sie verhilft ihrer königlichen und weisen Natur an die Macht und verleiht ihnen das Vermögen, verantwortungsbewusste, ideenreiche und fürsorgliche Individuen zu sein. Sie erlaubt ihnen, zu sein, »wer sie sind«!

Diese Kinder verlangen Würde und hohen Selbstwert. Sie lesen mehr Ihre Absichten als Ihre Worte. Sie sind weise in ihrer Seele und jung in ihrem Herzen. Behandeln Sie sie mit der gleichen Achtung und Verantwortung, die Sie sich selbst entgegenbringen würden. Sie werden Sie für diese Führung ehren. Dank dem Ethos Ihrer Fürsorge und dank Ihrer mitfühlenden Absicht werden sie verstehen: Wenn Sie Ihre Liebe mit ihnen teilen, lieben Sie sich selbst und feiern den Ort, an dem wir alle eins sind. Sagen Sie deshalb, was Sie meinen; meinen Sie, was Sie sagen; und tun Sie, was Sie angekündigt haben. Lassen Sie sich von Integrität leiten! Werden Sie im Hinblick auf diese Botschaften zum Rollenvorbild für die Kleinen, und so wird eine Saat der Freude heranwachsen.

Entscheidungsfreiheit ist ein sehr wichtiger Bestandteil von Disziplin und Ermächtigung (Zulassen der eigenen Kraft). Wenn Sie wollen, dass diese Kinder kluge Entscheidungen treffen, geben Sie ihnen oftmals die Gelegenheit, zu wählen – auch wenn sie sich gelegentlich unklug entscheiden. Falls die unklugen Entscheidungen nicht gerade lebensgefährlich, moralisch bedrohlich oder ungesund sein sollten: Erlauben Sie den Kindern, in der realen Welt Konsequenzen ihrer eigenen Fehler und schlechten Entscheidungen zu erfahren, so schmerzlich sie auch sein mögen.

Zu den besten Untersuchungen im Hinblick auf die Arbeit mit Kindern und effektive Konzeptionen für die Arbeit mit Kindern (und Menschen überhaupt) gehören jene von Dr. Foster Cline und Jim Fay, die in *Parenting with Love and Logic*[35] dargestellt werden. Diese Prinzipien funktionieren bei Kindern! Die Autoren leisten Pionierarbeit in Sachen Paradigmen, sie befassen sich damit, was heute mit Kindern geschieht und wie man Probleme beheben kann. Ich kann ihre Arbeit bestens empfehlen.

Nur für Lehrkräfte
Viele, viele Lehrer, denen wir begegnen, stellen immer wieder die gleiche Frage: »Was kann ich innerhalb des Schulsystems tun, um den Indigo-Kindern zu helfen? Ich kann nichts verändern und ich habe das Gefühl, mir sind die Hände gebunden. Ich bin frustriert!«
Wie Lehrkräfte auf der ganzen Welt muss auch Jennifer Palmer innerhalb des Systems arbeiten, und doch ist sie sich der neuen Aspekte, welche die Indigo-Kinder mit sich bringen, sehr bewusst.14 Sie ist diplomierte Lehrerin in Australien und hat außerdem einen Universitätsabschluss in Pädagogik. Auf der Grundlage von 23 Jahren Berufserfahrung schildert sie, wie sie im Klassenzimmer mit Indigos umgeht.

Kindern etwas beibringen
JENNIFER PALMER

Bei uns im Klassenzimmer nehmen wir uns Zeit, um zu besprechen, was die Schüler erwarten, unter anderem auch, was sie von ihren Lehrern erwarten. Gewöhnlich sind sie bald völlig »baff« dabei. Über kurz oder lang entdecken sie, dass ihre Erwartungen nicht als Einbahnstraße funktionieren; von daher wird ihnen klar, warum Lehrkräfte auch von ihnen bestimmte Dinge erwarten. Sie beginnen, die Gleichgestelltheit und die Rechte jeder Partei zu sehen.
Wir müssen ein Jahr lang als Familie zusammenleben. Da ist es besser, wir einigen uns auf die Grundregeln, damit alle wissen, was von ihnen erwartet wird. In meinen Klassenregeln finden sich mehr Erwartungen und Rechte als in den

herkömmlichen Regeln. Konsequenzen bauen auf der Natur der Regelverletzung auf; sie sind weder ein reiner Selbstzweck noch ohne weitere Relevanz. Alle Aussagen dieser Regeln sind positiv formuliert: Signale wie »Nein« und »Tu dies und dies nicht« kommen in ihnen nicht vor. Insgesamt kann es eine Woche beanspruchen, dieses Regelwerk zu konzipieren, Gedanken darüber anzustellen und es einzuführen – etwas ganz anderes als bei der schnell aufgestellten, jahrzehntelang unveränderten »Du darfst«- und »Du darfst nicht«-Liste von früher. Doch durch dieses Bemühen erwarten wir alle, viel Spaß miteinander zu erleben und persönlich zu wachsen, sodass wir optimal unsere jeweiligen persönlichen Fähigkeiten entfalten können.

Ich erzähle von Ereignissen in meinem Leben, die sich auf meine Beziehung zu den Schülerinnen und Schülern auswirken können – etwa wenn ich mich unwohl fühle, etwas verloren habe, mich verletzt habe, unter Kopfschmerzen leide –, oder ich tausche mich mit ihnen über eine Sportart aus, für die wir uns gemeinsam interessieren. Ebenso müssen die Kinder, wenn sie durcheinander sind oder sie etwas aufregt, es zum Ausdruck bringen, damit alle anderen es verstehen können. Wir tauschen uns aus und unterstützen uns.

Ich stehe als Zuhörerin zur Verfügung, nicht als »Klatschtante« – es sei denn, ich habe die Erlaubnis, etwas an entsprechende andere weiterzugeben. Ich kann den Kindern Freundin und Vertraute sein.

Der Lehrplan
Soweit möglich, wird den Bedürfnissen der Einzelnen sowie ihren individuellen Talenten und Fähigkeiten Rechnung getragen, und es gibt besondere Programme für sie. Wir stellen Themen, Oberthemen und Arbeitseinheiten für unsere Aktivitäten auf, zum Beispiel Gruppenarbeit, Eigenbeurtei-

lung, Literaturrecherche und Hilfsmittel für Recherchen. Mitunter werden die Schüler in die Auswahl der Themen einbezogen und haben natürlich die Wahl, innerhalb festgelegter Parameter bestimmte Interessengebiete weiterzuverfolgen. Dies bietet eine große Bandbreite an Komplexität und ein hohes Niveau an eigener Denkarbeit, und daneben berücksichtigt es diverse Lernformen. Oft geschieht es, dass Schüler, die herkömmlicherweise besondere Unterstützung bekommen mussten, sich ebenfalls die Denkaufgaben aussuchen, die dem höheren Niveau angehören.
Obwohl immens viel Arbeit in die Vorbereitung gesteckt wird, überwiegt eindeutig der Gewinn. Die Aktivitäten werden so angelegt, dass sie einfache wie auch komplexe Denkansätze vermitteln; sie umfassen Folgendes:

- Beobachten
- Gruppieren und Klassifizieren
- Formulieren neuer Aussagen, Memorieren, Erinnern, Überdenken
- Vergleichen und Gegenüberstellen
- Begreifen, Verstehen
- Argumentieren und Beurteilen
- Anwenden
- Entwerfen
- Erschaffen

Die Einschätzung der eigenen Leistung kann durch die Schüler selbst geschehen, durch Gleichaltrige oder die Lehrkraft; sie kann dabei unterschiedliche Formen annehmen, wie etwa Logbücher, in denen die Lernfortschritte verzeichnet werden, Referate, schriftliche Kurzpräsentationen auf einem Plakat, Demonstrationen, Rollenspiele, Produktanalysen, ausgewählte/spezifische Kriterien, schriftlich aufge-

zeichnete anekdotenartige Notizen, Konferenzen oder filmische Tagebücher. Oft handelt die Schulklasse diese selbst aus, und wenn die Lehrkraft entschieden hat, was als Grundlage für die Beurteilung verwendet wird, werden die Schüler bei Beginn der Aufgabe selbstverständlich in Kenntnis gesetzt. Kollaboratives Lernen ist eine nutzbringende, effektive und populäre Methode, von der Lehrer heute Gebrauch machen.
So weit eine knappe Beschreibung meiner Arbeitsweise an Schulen als Miterschafferin und Unterstützerin des Lernens und der persönlichen Entwicklung von Kindern.

Alternative Schulformen für Indigo-Kinder
Nachfolgend lesen Sie Schilderungen von zwei für Indigo-Kinder geeigneten alternativen Schulformen weltweit. Mit »alternativ« meinen wir ein System, das sich von den herkömmlichen unterscheidet, wo die sich wandelnden Bedürfnisse der neuen Kinder nicht gesehen werden. Oft stellen die von den Städten und Gemeinden betriebenen öffentlichen Schulen solche überkommenen Schulen dar. Dennoch sind nicht alle öffentlichen Schulen für Indigos ungeeignet, und Tatsache ist, dass wir in entlegenen (in der Regel eher kleinen) Ortschaften aufgrund eines fortschrittlich denkenden Beamten in der Schulaufsicht oft einen außerordentlichen Bewusstseinswandel oder ein Schulsystem beobachtet haben, das für die Lehrkräfte große Flexibilität bietet. Wir feiern diese Bemühungen, aber sie sind nicht die Norm. Als Eltern können Sie eine Menge über die Schule Ihres Kindes in Erfahrung bringen, wenn Sie die Punkte prüfen, die Cathy Patterson ein paar Seiten zuvor dargelegt hat.
Als Endziel hätten wir gerne eine Aufstellung von Schulen in der ganzen Welt, aufgelistet nach Ländern und Städten. Wenn Sie Nachfolgendes betrachten, sagen Sie vielleicht

aufgebracht: »Wie kommen die dazu, die-und-die Schule nicht mit aufzunehmen?« Wir gestehen ein, dass wir uns noch ganz am Anfang befinden und erst ein paar Schulen dieser Art kennen. Deshalb stellt dieses Buch eine Einführung in das Thema dar. Zugang zu weiteren Informationen bekommen Sie auf unserer Website www.indigochild.com.[36] Hier können Sie zu Veränderungen beitragen: Wenn Sie den Eindruck haben, es gibt bereits einige Systeme, die mit aufgenommen werden sollten, oder wenn Sie Informationen über wunderbare Indigo-geeignete Schulen in Ihrer Stadt haben, zögern Sie nicht und schreiben Sie uns. Auf unserer Website werden wir neue Informationen bezüglich alternativer Indigo-geeigneter Schulen auf der ganzen Welt aufführen. Sofern sich Ihre Anregung als haltbar erweist, werden wir sie mit auf die Website aufnehmen. Auf diese Weise wird sie Eltern sofort zur Verfügung stehen, ohne dass sie auf ein neues Buch warten müssen. Hier kann das Internet wirklich glänzen. Wir möchten, dass alle die aktuellsten Informationen sehen können, und wir verfolgen keinerlei kommerzielle Interessen, wenn wir bestimmte Schulen befürworten.

Welche Art von Schule könnte eine Alternative bieten?, fragen Sie jetzt vielleicht. Die Antwort ist: eine Schule, die sich an die hier dargelegten Muster und Anregungen hält. Ob solche Schulen existieren? Ja, es gibt sie, und viele schon seit geraumer Zeit – selbst schon vor Aufkommen des Indigo-Phänomens.

Die Hauptattribute solcher Schulen lassen sich leicht ausmachen und sind sehr fundamentaler Natur. Sie lauten wie folgt:

1. Die Schülerinnen und Schüler werden gewürdigt, nicht das System.

2. Den Schülern wird eine beachtliche Entscheidungsfreiheit gewährt, was die Darbietung des Unterrichtsstoffs und das Tempo angeht.
3. Der Lehrplan ist flexibel und richtet sich nach der Klasse; er ändert sich oft, je nachdem, wie eine bestimmte Lerngruppe beschaffen ist.
4. Die Kinder und Lehrkräfte – nicht das System – sind für die Festlegung des Lernniveaus zuständig.
5. Die Lehrkräfte haben innerhalb ihrer eigenen Schülergruppen große Autonomie.
6. Alte Erziehungsparadigmen werden nicht zum Götzen gemacht. Neue Ideen sind willkommen.
7. Die Tests werden immer wieder geändert und überarbeitet, damit sie den Fähigkeiten und dem Bewusstseinsstand der Schüler entsprechen und gleichzeitig den vermittelten und aufgenommenen Informationen. (Man male sich die Misere aus: Sehr helle Köpfe müssen womöglich alte Tests absolvieren, die weit unter ihrem Niveau sind. Oft werden sie diese missverstehen oder abtun und deshalb nicht bestehen.) Die Prüfungsaufgaben oder Klassenarbeiten müssen mit dem Stand der Schüler wachsen.
8. Ständige Veränderungen in der Herangehensweise an Dinge ist in der Geschichte der betreffenden Einrichtung die Norm.
9. Diese Schule ist wahrscheinlich umstritten.

Wir beschreiben nun die beiden ersten alternativen Schulsysteme, die uns bis zum Schreiben dieses Buches bekannt geworden sind:

Die Montessori-Schulen

»Unser Ziel ist nicht lediglich, dass das Kind etwas versteht, und noch weniger wollen wir es zwingen, etwas

auswendig zu lernen, sondern wir wollen seine Fantasie ansprechen, damit sein innerster Kern entflammt.«
Dr. Maria Montessori

Das Montessori-Schulsystem ist wahrscheinlich der bekannteste Schultyp dieser Art. Aus diesen wundervollen Schulen, deren Entstehung 1907 in Rom mit der Gründung von Dr. Montessoris Kindertagesstätte begann, blühte in den USA ein landesweites Netz von lizenzierten Schulen auf, deren Lehrkräfte die Kinder als »unabhängige Lernende« sehen. Die amerikanische Montessori-Gesellschaft (American Montessori Society, AMS) wurde schließlich 1960 gegründet.
Die Anwendung revolutionärer Lehrmethoden scheint dort wie geschaffen dafür, all das zu erfüllen, was wir als notwendig für die Ausbildung der Indigo-Kinder beschrieben haben. Hier die Grundlage der Montessori-Philosophie, wie im Montessori-eigenen Material dargelegt:

»Einzigartig an der Montessori-Ausbildung ist der Ansatz, das Kind als Ganzes einzubeziehen. Das primäre Ziel eines Montessori-Programms besteht darin, jedem Kind zu helfen, auf allen Gebieten seines Lebens sein volles Potenzial zu erreichen. Die Aktivitäten fördern die Ausbildung sozialer Fähigkeiten, des emotionalen Wachstums und der physischen Koordination sowie die kognitive Vorbereitung. Das ganzheitliche Curriculum ermöglicht es dem Kind, unter der Leitung einer speziell vorbereiteten Lehrkraft Freude am Lernen zu erfahren, Zeit zu haben für Spaß am Lernprozess und sein Selbstwertgefühl zu entwickeln. Daneben sorgt es für die Erfahrungen, aus denen Kinder ihr Wissen ableiten.

Dr. Montessoris entwicklungspsychologisch angemessene Herangehensweise war so angelegt, dass sie jedem einzelnen Kind entsprach, statt jedes Kind so weit zu bekom-

men, dass es in das Programm hineinpasste. Die Achtung vor der Individualität eines jeden Kindes ist ein Kernstück der Montessori-Philosophie. Und diese Achtung führt zur Entwicklung vertrauensvoller Beziehungen.
Die Montessori-Organisation schult außerdem Lehrer. In Amerika gibt es mittlerweile über 3000 private, mit öffentlichen Mitteln geförderte und öffentliche Montessori-Schulen. Sie finden sich in den Vorstadtvierteln der Einflussreichen wie auch in stark von Gastarbeitern geprägten Umfeldern, in Innenstädten und im ländlichen Bereich. Man trifft dort auf Kinder, die einer immensen Bandbreite an sozialen, kulturellen, ethnischen und ökonomischen Hintergründen entstammen.«

Informationen zu Montessori-Schulen in Deutschland finden Sie unter www.montessori-deutschland.de.[37]

Die weltweiten Waldorfschulen

»Waldorfschulen sind der am meisten beeindruckende Ansatz, Qualität der Erziehung zu erreichen. Alle Schulen täten gut daran, sich mit der Philosophie vertraut zu machen, die der Waldorf-Erziehung zugrunde liegt.«
DR. BOYER, DIREKTOR DER CARNEGIE FOUNDATION FOR EDUCATION

Die Montessori-Schulen sind ein gut eingeführtes und bekanntes alternatives Schulsystem. Gleichermaßen erprobt und bewährt sind die Waldorfschulen, auch Rudolf-Steiner-Schulen genannt.
Die erste Waldorfschule der Welt öffnete 1919 in Stuttgart ihre Tore. Die erste Waldorfschule in Nordamerika, die Rudolf Steiner School of New York, öffnete 1928. Heute ist die Waldorfbewegung Berichten zufolge die größte und

am schnellsten wachsende nicht konfessionsgebundene Bildungsreformbewegung der Welt, mit 550 Schulen in über 30 Ländern. Besonders stark ist die Bewegung in Westeuropa, insbesondere in Deutschland, Österreich, der Schweiz, den Niederlanden, Großbritannien und den skandinavischen Ländern. In Nordamerika gibt es etwa 100 Schulen dieser Art.

Schon im Jahr 1919 war es der erklärte Zweck der Freien Waldorfschulen, freie, kreative, selbstständige, moralisch integere und glückliche Menschenwesen hervorzubringen. Steiner fasste seine Aufgabe wie folgt zusammen: »Nimm die Kinder mit Ehrerbietung an, erziehe sie mit Liebe und entlasse sie in die Freiheit.«[39] Meinen Sie, Steiner hatte eine Ahnung, was es mit den Indigos auf sich haben würde? Er war in der Tat ein Pädagoge mit Weitblick. Hier ein Zitat aus einem Artikel im *East West Journal* von 1989, von Ronald E. Kotzsch, Ph.D.:

> »Eine Waldorfschule zu betreten ist so, als käme man durch Alices Spiegel in ein pädagogisches Wunderland. Es ist eine überraschende, manchmal verwirrende Welt von Märchen, Mythen und Legenden, von Musik, Künsten, physikalischen Versuchsdemonstrationen, Schülertheater und jahreszeitlichen Festivitäten, von durch die Schüler selbst verfassten und illustrierten Arbeitsbüchern; eine Welt ohne Prüfungen, Noten, Computer oder Fernsehgeräte. Es ist, kurz gesagt, eine Welt, wo die meisten der standardmäßigen Vorstellungen und Praktiken im amerikanischen Bildungswesen auf den Kopf gestellt wurden.«

Weitere Informationen erhalten Sie über www.waldorfschule.info[40]

Sonstige Lehr- und Lernmethoden
Einige der nachfolgend geschilderten Methoden reichen wirklich tief. Sie fallen zwar nicht in die klassische Kategorie »Schule und Bildungswesen«, von der hier bislang die Rede war, beziehen sich jedoch auf grundlegende Themen im Zusammenhang mit dem menschlichen Lernen. Was mich an ihnen unter anderem verblüfft, ist, wie intuitiv und einfach sie sind. Und dennoch geraten sie oft in Vergessenheit und müssen uns dann von entsprechend einsichtigen Männern und Frauen wieder in Erinnerung gerufen werden. Auch diese Methoden werden hier wiederum nur stellvertretend für viele Vorgehensweisen dargeboten, die derzeit zweifellos mit wunderbaren Erfolgen in Anwendung sind. Manche mögen Ihnen merkwürdig vorkommen, aber wir stellen nur jene dar, von denen wir mit absoluter Sicherheit wissen, dass sie zu beachtenswerten Ergebnissen führen.

Liebesschule – die Energie des Herzens
Jan und ich reisen um die Welt, um Vorträge auf dem Gebiet der Selbsthilfe zu halten. Wir sprechen über die Basis der gesündesten Einstellung und des gesündesten Geistes, der Menschen auszeichnen kann: Liebe zu sich selbst und anderen. Durch diese Ehrfurcht gebietende natürliche energetische Kraft erreicht man Gesundheit und Frieden, findet man als Persönlichkeit sein inneres Gleichgewicht und kann sogar länger leben! Das ist unser Handwerkszeug, und es ist etwas, das wir überall lehren.
Erinnern Sie sich an die Worte von Robert Ocker im Unterkapitel »Die Kleinen als Geschenke ehren«? Dort schreibt er: »Dank dem Ethos Ihrer Fürsorge und dank Ihrer mitfühlenden Absicht werden sie verstehen: Wenn Sie Ihre Liebe mit ihnen teilen, lieben Sie sich selbst und feiern den Ort, an

dem wir alle eins sind.« Immer wieder werden Sie in diesem Buch von Liebe lesen.

Stellen wir Ihnen nun jemanden vor, der sich mit Schulsystemen befasst und genau zu diesem Thema etwas ganz Pragmatisches entwickelt hat. Im Magazin *Venture Inward*[41] haben wir nämlich einen kurzen Artikel über die Arbeit von David McArthur gelesen und fanden es wirklich herzerwärmend. Er schrieb zusammen mit seinem mittlerweile verstorbenen Vater Bruce McArthur ein Buch mit dem Titel *The Intelligent Heart*[42]. Herr McArthur, Rechtsanwalt und Pastor der »Unitarian Church«, leitet die Abteilung »Personal Empowerment and Religious Divisions« (Selbstfindung und religiöse Gruppierungen) des HeartMath®-Instituts in Boulder Creek, Kalifornien[43].

The Intelligent Heart legt sehr ausführlich und mit großer Klarheit dar, inwiefern Liebe der Schlüssel zu allem ist, wovon wir hier sprechen. Zusätzlich schreibt Herr McArthur, dass das Herz unser Zentrum ist, das hochgradig effizient die Energieverteilung durch sämtliche Zentren unseres Körpers regelt. In diesem Buch wird die elektromagnetische »Handschrift« des Herzens dargestellt, wie sie durch Messungen per Elektrokardiogramm entsteht, und es zeigt die dramatischen Auswirkungen von Frustration und Ärger im Vergleich zu denen der Wertschätzung und des Friedens. Die chaotischen Muster ärgerlicher Emotionen (»inkohärente Spektren« genannt) unterscheiden sich deutlich von den ordentlichen und einheitlichen Mustern (den »kohärenten Spektren«) friedvoller Emotionen.

Dieses Buch dreht sich wirklich um Liebe und darum, wie man gleichsam auf Kommando vom chaotischen Muster zum geordneten Muster überschwenken kann: ein Prozess, bei dem eigentlich das Herz beteiligt ist, obwohl man davon ausgeht, dass er im Gehirn entsteht – oder, genauer gesagt, die emotionalen Rezeptoren, die wir als unser »Herz« bezeichnen. Die Informationen in diesem Buch sind praxisorientiert und wunderbar vollständig. Sie beziehen sich auf Menschen überhaupt, nicht nur auf Kinder. Sie sind eine großartige Anleitung für jene, die praktische Informationen über oft schwer kontrollierbare emotionale Bereiche haben möchten.

Als Nächstes möchten wir Sie auf eine Technik hinweisen, die Freeze-Frame™ (wörtlich übersetzt in etwa: »Einfrieren des Bildes«) genannt wird. Um denen Genüge zu tun, die diese Technik praktizieren, werden wir sie hier nicht darlegen, da sie korrekt vermittelt werden will, innerhalb der richtigen Struktur und vor dem Hintergrund der notwendigen Schulung.[44]

Die Freeze-Frame-Übung wurde von Doc Childre kreiert und stellt eine Grundtechnik des HeartMath-Systems dar. Vonseiten des HeartMath-Instituts wurden mehrere Übungen zur Stressreduzierung entwickelt. Freeze-Frame wurde dazu entworfen, den Herzrhythmus regelmäßiger zu machen und den Funken überspringen zu lassen, durch den die gerade angesprochenen kohärenten Spektrumsmuster aktiviert werden.

Auf die Freeze-Frame-Methode brachte uns Pauline Rogers, die von sich aus mit uns in Verbindung trat. Sie ist anerkanntermaßen sehr aktiv auf dem Gebiet der Kindlichen Entwicklungspsychologie und wurde von der California Child Development Administrators Association (CCDAA) entsprechend ausgezeichnet (Child Development Advocacy Award). Darüber hinaus erhielt sie ein Sue-Brock-Fellowship-Forschungsstipendium, um sich mit den Rechten des sich entwickelnden Kindes zu befassen und dafür einzutreten. Ihre Qualifikationen sind recht beeindruckend und bezeugen, dass sie sich ihr ganzes Leben lang mit Kindern befasst hat, und sie rief uns an, um uns jede erdenkliche Hilfe anzubieten.

Wir fragten sie: »Welche Methoden, die heutzutage gelehrt werden, um unseren Kindern zu helfen, zählen Ihres Erachtens zu den allerbesten?« Daraufhin kam sie auf die Freeze-Frame-Methode zu sprechen, als Problemlösungsansatz für alle, auch für Kinder. Außerdem sprach sie von neuen, nicht vom Konkurrenzdenken bestimmten Spielen, die in den Klassen verwendet würden.

Sie selbst setzt eine leicht abgewandelte Form der Freeze-Frame-Methode für kleinere Kinder ein, da sie einfach zu verstehen ist. Sie sagt hierzu: »Die Übung lehrt Toleranz, Geduld und die Verantwortung, Antworten von der Ebene des Herzens wahrzunehmen. Sie ist ein konfrontationsvermeidender Weg zur Problemlösung und kann auch zur Entscheidungsfindung verwendet werden. Ich kann Freeze-Frame nur empfehlen – als Lehrmittel und als Hilfsmittel fürs Leben.«

Konkurrenzfreie Spiele
PAULINE ROGERS

Eine weiterer Weg, Toleranz zu lehren, besteht in Spielen, die nicht auf Konkurrenz ausgerichtet sind. Derartige Spiele finden sich etwa in den wundervollen Büchern *The Incredible Indoor Games Book* und *The Outrageous Outdoor Games Book*[45]. Vor Jahren entdeckten wir, dass Kinder durch das Spiel lernen. Bei den hier gesammelten Schätzen an hochkarätigen Lehrmethoden werden Tätigkeiten aus dem realen Leben und Spiele integriert, um Kindern gleichzeitig etwas über Leben und Lernen zu vermitteln. Diese Methoden werden derzeit an mehreren Schulen praktiziert.

Die Arbeit mit Indigo-Kindern muss unbedingt alle Ebenen der Entwicklung einbeziehen: die körperliche, geistige, seelische, soziale und spirituelle. Wählen Sie den »ganzheitlichen« Ansatz, oder Sie riskieren jene Schieflage in der Entwicklung der Kinder, die in unseren Schulen erreicht wurde. Derzeit wird dort sehr wenig soziale Verantwortung und Eigenverantwortlichkeit gelehrt oder an den Tag gelegt. Erwachsene müssen Rollenvorbilder sein.

Weitere empfehlenswerte Bücher von Doc Lew Childre sind: *A Parenting Manual; Teen Self Discovery* und *Teaching Children to Love*; außerdem *Meditation für Kinder* von Deborah Rozman; *The Ultimate Kid* von Jeffrey Goelitz und *Joy in the Classroom* von Stephanie Herzog.[46]

Ayurvedische Disziplinen für Kinder

Sie haben schon von Deepak Chopra gehört, oder? Wahrscheinlich zählt sein Name zu den bekanntesten auf dem Gebiet der Selbstfindung. Unter anderem lehrt Dr. Chopra die 5000 Jahre alte »Wissenschaft vom Leben«, Ayurveda, einen Prozess, der rasant über den Planeten hinwegfegt, während ein erneutes Wachwerden für seine kluge Anwendung auf das alltägliche Leben und die menschliche Gesundheit stattfindet.

Joyce Seyburn, eine ehemalige Mitarbeiterin von Dr. Chopra, hat diese Wissenschaft speziell auf Kinder übertragen. In ihrem Buch *Seven Secrets to Raising a Happy and Healthy Child*[47] führt sie ihre Leser durch Yoga, Atemtechniken, Ernährungsfragen, Massage und ayurvedische Ansätze, die den Eltern wohltun und sie damit auch besser darauf vorbereiten, dem Kind wohlzutun. Hier ist eine kurze Synopse dieses ausgezeichneten Buches.

Sieben Geheimnisse, wie Ihr Kind gesund und glücklich aufwächst
JOYCE GOLDEN SEYBURN

Ich glaube, wenn Sie Ihrem Kind wohltun, geben Sie ihm die nötige Grundlage, damit es all den Veränderungen, Stressfaktoren und Herausforderungen widersteht, die im Lauf seines Lebens auf es zukommen. Im Folgenden beschreibe ich sieben wichtige Wege, wie Sie Ihrem Kind Gutes tun können:

Das *erste* Geheimnis besteht darin, für Ihr Baby im Mutterleib zu sorgen, und zwar vom Augenblick der Empfängnis an. Praktizieren Sie Ausgewogenheit in Ihrem Leben, indem Sie Ihrem Körper regelmäßig Bewegung verschaffen, ohne dabei zu übertreiben, nahrhafte Kost zu sich nehmen, für genug Ruhe sorgen und für sich selbst Gutes tun.

Das *zweite* Geheimnis: Lernen Sie, welchem Typus oder Dosha der Geist/Körper Ihres Kindes zuzuordnen ist. Diese Informationen über Geist/Körper-Typen sind aus dem Ayurveda abgeleitet, der »Wissenschaft vom Leben«, einem 5000 Jahre alten allumfassenden vorbeugenden Gesundheitssystem aus dem alten Indien. Um in Erfahrung zu bringen, welchem Geist/Körper-Typus Ihr Kind angehört, beobachten Sie seine Ess- und Schlafgewohnheiten, seine Licht- und Geräuschempfindlichkeit sowie seine Interaktion mit anderen.

Das *dritte* Geheimnis: Üben Sie, genau das richtige Gleichgewicht zu finden, wenn es darum geht, einerseits Ihre eigene Mitte zu finden und andererseits Ihr Baby oder Kind zu beruhigen. Am besten geschieht dies durch eine Form von Meditation, ob mithilfe der Stimme oder still. Ein anderer Weg, dies zu erreichen, führt über die Sinne: den Einsatz von Musik, Spaziergänge in der Natur, Aromatherapie und dergleichen.

Das *vierte* Geheimnis: Praktizieren Sie täglich Körpermassage: Dadurch wird die Verdauung des Babys gefördert und seine Widerstandsfähigkeit gegen Krankheiten erhöht; außerdem verbessert es Schlafmuster und Muskeltonus. Bei älteren Kindern und Erwachsenen trägt Massage dazu bei, Muskelverspannungen zu lösen, und setzt außerdem unter der Haut Endorphine frei, was ein Wohlgefühl bewirkt.

Das *fünfte* Geheimnis: Machen Sie Ihr Baby wie auch Ihre größeren Kinder mit Yoga und Atemtechniken vertraut. Lebenslang praktiziert, wird sich so ihre Wachheit und Koordination verbessern, und Hunger, Durst, Schlaf und Verdauung werden reguliert.

Das *sechste* Geheimnis: Stimmen Sie die Ernährung optimal auf den individuellen Geist/Körper-Typ ab. Wenn Eltern mit gutem Beispiel vorangehen, indem sie die oben erwähnten Übungen befolgen, wird in ihren Kindern das entsprechende Tempo für ein ausgewogenes und gesundes Leben vorgegeben.

Das *siebte* Geheimnis: Setzen Sie Ruhe, Massage, Tonika und Ernährung zur Geburtserleichterung, zur Vermeidung von Wochenbettdepressionen und zur Förderung des Wohlergehens von Mutter und Kind ein.

Indem Sie Ihr Kind auf diese Weise behandeln und diese Tipps beherzigen, werden Sie und Ihr Kind ein friedvolleres und stabileres Leben führen können.

Berührung: Offenbar mehr, als sie zu sein scheint

Vielleicht kaufen Sie uns jetzt nicht gleich ein 5000 Jahre altes Gesundheitssystem ab. Nun, wenn Sie lange genug warten, kommt es zu Ihnen. Joyce Seyburns viertes Geheimnis entspricht mittlerweile dem Mainstream des Denkens. Im Juli 1998 erhielten wir von Tammerlin Drummond, Autor eines

Artikels der Zeitschrift *Time* mit dem Titel »Touch Early and Often«[48] (Früh und oft berühren), folgende Informationen:

> »Studien am Touch Research Institute (Forschungsinstitut für Berührung) haben ergeben, dass sich Frühchen, die auch nur fünf Tage lang durchgängig dreimal täglich massiert werden, weit besser entwickeln als gleichermaßen labile Babys, die keine Massagen erhalten. Auch voll ausgetragene Säuglinge und ältere Babys profitieren davon.«

Im gleichen Artikel wird Dr. Tiffany Field zitiert, eine Kinderpsychologin aus Miami, die das Touch Research Institute gründete. Massage stimuliert die Hirnnerven, so Dr. Field, was wiederum Prozesse in Gang setzt, die unter anderem die Verdauung fördern. Infolge ihrer raschen Gewichtszunahme, sagt Dr. Field, werden massierte Frühchen im Durchschnitt sechs Tage eher zu ihren Eltern entlassen, was 10 000 Dollar weniger auf ihrer Krankenhausrechnung bedeutet. Angesichts der 400 000 Frühgeburten, die jedes Jahr in den USA auf die Welt kommen, liegt das Einsparpotenzial klar auf der Hand. Außerdem sind Frühchen, die massiert wurden, acht Monate nach ihrer Geburt motorisch und geistig besser entwickelt.

Machen Sie sich in Kapitel 4 auf einige alternative Methoden der Heilung und Steuerung des inneren Gleichgewichts sowie einige in den Alltag integrierbare Kuren gefasst, deren Existenz Sie vielleicht nie für möglich hielten. Auch diese schließen wir hier mit ein, weil sie funktionieren.

Weitere herzerwärmende und krause Geschichten über die Indigos

Erneut schließen wir ein Kapitel mit wahren Geschichten über diese besonderen Indigo-Kinder. Die Erzählungen veranschaulichen die Substanz und innere Bedeutung des Indigo-Phänomens. Begegnen Sie ein paar weiteren der neuen Kinder!

Meine Tochter bat neulich um eine Medizin gegen Husten. Als ich zögerte, sagte sie zu mir: »Weißt du, Ma, es ist eigentlich nicht die Arznei, die mir hilft ..., es ist einfach nur so, dass ich daran glaube, dass sie wirkt – also tut sie es!«

Ein andermal saß ich neben der Mutter einer Dreijährigen, während ich auf meine Tochter wartete, die gerade Reitstunde hatte. Die Frau erzählte mir, ihre Tochter treibe sie in den Wahnsinn, da sie ihr ständig Fragen stelle, die sie nicht beantworten könne, und dann sei die Tochter sehr frustriert. »Aber du musst auf alles eine Antwort wissen! Das gehört zu den Regeln!«, sagte sie zu ihrer Mutter.

»Welche Regeln?«, fragte die Mutter.

»Den Mami-Regeln. Du musst doch die Antworten sagen!«, beharrte das Kind.

Als die Mutter erneut zurückgab, sie wisse einfach nicht auf alles eine Antwort, stampfte die Tochter ungeduldig mit dem Fuß auf: »Ich mag es nicht, dieses Kindsein!«, schimpfte sie. »Ich will erwachsen sein. S-o-f-o-r-t!«

Etwas später, in der gleichen Woche, war die Tochter sehr wütend auf ihren Vater, weil er ihr irgendetwas verbot. Wütend sagte sie zu ihm: »Du musst nett zu mir sein! Du hast mich gewollt, also hast du mich bekommen. Und jetzt kümmerst du dich wohl besser um mich!«

Linda Etheridge, Lehrerin

Meine Frau und ich sagen Nicholas, zwei Jahre alt, dass wir ihn lieb haben. Manchmal sagt er uns, dass er uns auch lieb hat, doch noch häufiger kommt es vor, dass Nicholas uns zustimmt: »Ich hab mich auch lieb.«
John Owen, Vater

Einmal sagten meine Engel mir, dass auch die Sterne Engel seien, sie hießen »die Sternenengel«. Sie sagten mir, dass jeder Stern der Engel von jemandem hier auf der Erde sei. Und jener Stern, bei dessen Anblick man sich etwas wünschen dürfe49, sei der Engel von allen. Und die Sternenengel hätten die Aufgabe, sich um alle hier auf der Erde zu kümmern, was auch geschieht.
Megan Shubick, 8 Jahre

3

Spirituelle Aspekte der Indigos

Bitte beachten Sie: Wenn Ihnen New-Age-Metaphysik oder Gespräche über spirituelle Dinge generell gegen den Strich laufen, überspringen Sie bitte dieses Kapitel. Wir möchten nicht, dass die Informationen in Kapitel 3 Ihre Einstellung gegenüber diesem Buch oder den Prinzipien, die in den anderen Kapiteln vorgestellt werden, negativ färben. Für einige ist dieses Thema reine Spinnerei und verstößt gegen die verbreiteten religiösen Lehren des Westens. Mag sein, dass man den Widerspruch zu Doktrinen wahrnimmt, die uns von Geburt an über Gott und die etablierte Religion vermittelt wurden. Von daher könnte dies dazu führen, dass Sie infrage stellen, ob Sie die qualitativ wertvollen Informationen annehmen können, die in den nachfolgenden Kapiteln stehen.
Für andere wiederum ist dies der heilige Gral an der ganzen Botschaft ...
Wir werden einfach nur über das berichten, was wir gesehen und gehört haben. Wir haben nicht das leiseste Interesse daran, Sie irgendeiner spirituellen Philosophie zugeneigt zu machen. Sollte Ihnen eine Parteilichkeit in diesem Text aufgefallen sein – ja, sie ist da, aber sie dreht sich um Liebe und die Behandlung dieser neuen Kinder, nicht um Religion oder Philosophie.
Falls Sie Ihre Zweifel haben an der Metaphysik, blättern Sie bitte weiter zu Kapitel 4, wo wir auf Gesundheitsfragen eingehen, insbesondere auf ADS und ADHS. Es tut nichts

zur Sache, wenn Sie dieses Kapitel überspringen; das ändert nichts am Kern dessen, was wir über die Indigo-Kinder zu sagen haben.

Für jene, die sich entschließen, dieses Kapitel zu lesen
Dieses Kapitel enthält eine Sammlung von Geschichten aus der ganzen Welt und sogar eine Prophezeiung, die den Indigo-Kindern gilt, als »denen, die wissen, woher sie gekommen sind und wer sie einmal waren«.
Die von der (US)-Fernsehsendung »Prophecies and Predictions« (Prophezeiungen und Vorhersagen) bekannte Persönlichkeit Gordon Michael Scallion wahrsagte die Ankunft von neuen »dunkelblauen Kindern«, und es gibt noch andere Historiker, die sich mit Spiritualität befasst haben und auf ähnliche Vorhersagen in uralten Schriften verweisen.
Ist die Reinkarnation – das »Leben vor dem Leben« eine Tatsache? Entspringen die zahllosen Geschichten von Kindern, die ihren Eltern sagen, wer sie »früher einmal gewesen« sind, der Fantasie eines facettenreichen intelligenten Geistes – oder sind sie tiefe Erinnerungen, die wir uns ansehen sollten?
Was sagen Sie Ihren Kindern, wenn sie verkünden, wer sie zuvor gewesen sind, oder wenn sie Ihnen etwas von »ihren Freunden, den Engeln« erzählen oder von sonstigen spirituellen Dingen berichten, die sie aus keiner Ihnen bekannten Quelle haben? Was tun Sie dann?
Wir wollten, wir hätten die rechten Antworten auf all diese Fragen. Wir können Ihnen sagen, dass Sie Kinder nie von oben herab behandeln sollten, wenn Sie diese Informationen kundtun. Wenn sie gegen Ihre Überzeugungen verstoßen, ignorieren Sie sie einfach. Wir persönlich jedoch würden schleunigst nach Papier und Stift greifen. Diese »Botschaften« werden sich im Lauf der Zeit von selbst ordnen und mögen sich auf das, was die Kinder später an religiöser Unterwei-

sung erhalten, nicht auswirken. Die meisten Kinder vergessen diese Episoden, wenn sie etwa sieben Jahre alt sind. Was die Religion angeht, so gibt es starke Hinweise, dass Kinder es kaum erwarten können, in die Kirche zu kommen. Diese spirituelle Überlagerung ist ein brandneues Kennzeichen der Menschenkinder, und es verdient eingehende Berichterstattung – in allen Punkten.

Lassen Sie uns, bevor wir hiermit beginnen, einige Begriffe definieren, die in diesem Kapitel Verwendung finden werden:

- **Alte Energie:** Der Umgang von früher, oft auch als »unerleuchteter Zustand« beschrieben.
- **Aura:** Lebenskraft, die einen Menschen umgibt, mitunter intuitiv als diverse Farben »gesehen«, die eine bestimmte Bedeutung haben.
- **Früheres Leben:** Die Vorstellung, dass die menschliche Seele ewig ist und dass eine ewig währende Seele im Lauf der Zeit in mehr als ein Menschenleben involviert ist.
- **Karma:** Die Energie aus einem früheren Leben oder einer Reihe von früheren Leben, von der man annimmt, sie trägt dazu bei, das Lernpotenzial und die Persönlichkeitszüge im aktuellen Leben zu prägen.
- **Lichtarbeiter:** Eine Person auf einer hohen Schwingungsstufe, die erleuchtet ist und hohe spirituelle Arbeit leistet. Der Begriff wird normalerweise für weltliche Laien verwendet.
- **Reiki:** Ein System der Herstellung des energetischen Gleichgewichts.
- **Schwingung:** Auch als »Frequenz« bezeichnet. »Hohe Schwingung« ist ein Begriff, der dazu verwendet wird, den Zustand der Erleuchtung zu umschreiben.

Vor der Wissenschaftlerin Melanie Melvin Ph.D., DHM, RSHom haben Jan und ich großen Respekt. Ihre Arbeit auf homöopathischem Gebiet hat uns beeindruckt und schon mehrmals zu unserem inneren Gleichgewicht zurückverholfen. Sie ist eine Beraterin von Weltklasse und Fellow des British Institute for Homeopathy. In ihrem Beitrag geht sie auf viele Themen ein, und doch betrachtet sie ihre Arbeit stets fest im Spirituellen verwurzelt und mit ihm verschmolzen.

Zum respektvollen Umgang mit Indigo-Kindern
MELANIE MELVIN, PH.D.

Indigos kommen mit Selbstachtung auf diese Welt und mit dem durch nichts zu erschütternden Verständnis, dass sie Kinder Gottes sind. Ihr Indigo wird recht verwirrt und bestürzt sein, wenn Sie nicht das gleiche Wissen haben – nämlich, dass auch Sie mehr als alles andere ein spirituelles Wesen sind. Von daher ist es entscheidend, dass Sie sich selbst achten. Nichts ist »abtörnender« für ein Indigo-Kind als Eltern, die sich nicht die Achtung ihres Kindes verdienen, sondern die dem Kind ihre Macht und elterliche Verantwortung überlassen.

Als unser Sohn Scott zweieinhalb Jahre alt war, rannte er einmal in die Küche, geradewegs auf den nassen, frisch gewischten Boden. Ich, die ich noch dort kniete, streckte den Arm aus, um zu verhindern, dass er auf dem nassen Boden rutschen und hinfallen würde. Er baute sich zu voller Größe auf, schaute mir direkt in die Augen und sagte energisch und sehr entschlossen: »Scottie nicht schubsen!« Er hatte wahrgenommen, dass er missachtet worden war, und trat nun für sich selbst ein. Ich war beeindruckt von dem unbezwingbaren Geist in diesem kleinen Körper.

Bei dieser Technik können Sie Ihren Kindern gegenüber keinen »Schmu« machen. Ihre Selbstachtung muss von innen kommen. Wenn Sie nur versuchen, die Techniken zu befolgen, die ein »Experte« empfiehlt, werden es diese Kinder spüren. Sie müssen aufrichtig und der Mensch sein, der Sie wahrhaftig sind – alles, was Sie sein können. Sie müssen für Ihre Kinder Vorbild sein. Kinder lernen am meisten, indem sie das Beispiel ihrer Eltern nachahmen, nicht durch Worte. Wenn diese Kinder das Gefühl haben, dem Beispiel ihrer Eltern mangelt es an Integrität, so werden sie sich abwenden. Unabhängig davon, wie die Lage ist, werden sie ihre Eltern jedoch nicht in allem nachahmen, da sie eindeutig ihre eigene Identität haben.

Ein »Negativbeispiel« lieferte mir eine Mutter, die bei ihrer Tochter versuchte, »unecht« eine Technik zu befolgen: Die Mutter kam, um ihre sehr selbstständige, eigensinnige Dreijährige abzuholen, die gerade mit meiner Tochter spielte. Sie versuchte sehr nett zu sein und sagte dem Mädchen immer wieder, dass es Zeit zum Gehen sei. Aber sie gab dabei alle Macht an ihre Tochter ab, die für die Schwäche ihrer Mutter nur Verachtung empfand. Weil sich die Situation hinzog, wurde die Mutter immer frustrierter und verärgerter, und doch redete sie weiterhin mit lieblichen Worten und flehentlich auf das kleine Mädchen ein. Schließlich konnte ich es nicht mehr mit ansehen und sagte zu der Kleinen: »Wenn du nicht nach Hause gehst, sobald deine Mutter es will, wird sie dich das nächste Mal, wenn du hierher zu Besuch kommen möchtest, bestimmt nicht mehr bringen.« Die Kleine sah mich an, verstand – und ging mit ihrer Mutter nach Hause.

Wäre die Mama ehrlich gewesen und hätte sie eine Position der Achtung und Stärke eingenommen, so hätte sie einfach gesagt: ›Ich muss jetzt nach Hause. Was musst du noch tun,

um dich fertig zu machen, damit wir gleich gehen können?«
Die Situation wäre dann glatter gelaufen. Wenn Indigos das Gefühl haben, man behandelt sie mit Integrität und Achtung und als Menschen, die Rechte haben, sind sie eher bereit, zu kooperieren und ehrlich mit Ihnen umzugehen. Spüren sie Manipulation und Schuldgefühle, bringt es sie auf die Palme. Achten Sie sich selbst, achten Sie Ihre Kinder als spirituelle Wesen und erwarten Sie wiederum von ihnen Achtung. Wenn meine Kinder mitbekamen, wie andere Kinder respektlos mit ihren Eltern sprachen, sagten sie zu mir: »Mami, bei dir kämen wir damit nie durch!«, und sie achteten mich dafür und wussten es zu schätzen. Zu den gängigsten Fehlern, die ich an modernen Eltern sehe, gehört, dass sie sich völlig verbiegen, um ihrem Kind nie »psychische Verletzungen« oder einen »psychischen Schaden« zuzufügen. Was ist mit dem Schaden, der angerichtet wird, wenn Sie Ihren Kindern die Zügel zu locker lassen in einer Welt, die für sie zu groß ist, um ohne Führung durch ihre Eltern zurechtzukommen?
Sehen Sie Ihre Kinder als spirituell Ebenbürtige, aber seien Sie sich auch bewusst, dass Sie dieses Mal die Eltern sind und von daher diejenigen, bei denen die Verantwortung liegt. Die Kinder haben zwar nicht das Sagen, aber sie werden respektiert. Sie erhalten jede Entscheidungsmöglichkeit und Freiheit, mit der sie umgehen können. Zum Beispiel dürfen sie aussuchen, was sie von der vorbereiteten Mahlzeit essen möchten, oder sie können Ihnen dabei helfen, zu entscheiden, was es zu essen geben soll. Und dennoch sind Sie weder eine Schnellköchin noch ein Zauberkoch, der für jedes Familienmitglied etwas anderes zubereitet. Ich habe es schon erlebt, dass sich Mütter schier ein Bein ausreißen, um auf diese Weise alle zufrieden zu stellen. Dabei fehlt der Respekt gegenüber diesen Müttern. Wenn ein Familienmitglied geopfert wird, können die anderen nicht davon profitieren. Die

Situation in der Familie muss so angelegt sein, dass jedes Mitglied Rückhalt und Unterstützung hat.

Die schlimmsten Wutkinder, die ich in meiner Rolle als Psychologin und Homöopathin erlebt habe, sind Kinder, denen keine elterlichen Grenzen auferlegt werden. Ich habe mitbekommen, wie Kinder ihre Eltern zur Weißglut brachten, bloß damit die Eltern dem Verhalten des Kindes Einhalt gebieten würden. Sie haben in Ihrer Elternrolle abgedankt, wenn Sie zulassen, dass Ihr Kind die Kontrolle über Sie übernimmt.

Als unser Sohn zwei Jahre alt war, sagte ich ihm, er solle etwas, das gerade auf dem Kaffeetisch stand, nicht anrühren. Er fasste es an, nur um mich zu testen. Ich wusste, dass es ein Test war, und klatschte ihm auf die Finger. Er langte immer wieder danach, und jedes Mal schlug ich ihm auf die Finger. Er war in Tränen aufgelöst, und mir brach es fast das Herz, aber ich wusste, wenn ich nachgäbe, würde er einen tiefer gehenden Schaden davontragen. Es würde bedeuten, dass er jemanden von seinen Eltern besiegt hatte, jemanden, der größer und stärker sein sollte, der zuverlässiger war und bei dem er in Sicherheit war – und das flößt einem Kind Angst ein! Nach diesem Zwischenfall umarmten wir uns; er war zufriedengestellt und brauchte es nie wieder so extrem zu treiben. Hätte ich nachgegeben, so hätten wir dieses Szenarium noch viele, viele Male wiederholen müssen, bis ich meine Lektion gelernt hätte, stark zu sein, nicht übertrieben mitfühlend und mir des umfassenderen Rahmens bewusst, in dem das Ganze stattfand.

Neigt ein Indigo-Kind zu dem Verhaltensmuster, aufsässig zu sein, so liegt das gewöhnlich daran, dass es sich nicht respektiert fühlt oder den Eindruck hat, Sie begegneten sich selbst nicht mit hinreichend Achtung oder gäben Ihre Macht an es ab. Alle Kinder mögen in periodischen Abständen Ihre Autorität testen. Achten Sie sich selbst und Ihr Kind, und Sie werden damit nicht falsch liegen. Achtung basiert auf Liebe. Wenn Sie Ihre Kinder wirklich lieben und sie damit verschonen, Ihr eigenes Bedürfnis nach Liebe und Anerkennung zu erfüllen, so ist damit dem höchsten Wohl aller gedient.

Entscheidungsfreiheit
Freiheit ist für Indigo-Kinder etwas sehr Wichtiges. Wahre Freiheit geht einher mit der Übernahme von Verantwortung für die getroffenen Entscheidungen. Diese Entscheidungen müssen dem Reifegrad des Kindes angemessen sein. Als unsere Tochter Heather acht oder neun war, wurde sie zum Beispiel einmal eingeladen, mit der Familie ihrer Freundin das Disneyland zu besuchen. Sie hatte aber eine Erkältung, und außerdem war abzusehen, dass die Eltern ihrer Freundin im Wagen rauchen würden, wovon Heather immer übel wurde. Außerdem war sie gerade erst im Disneyland gewesen und war nicht ganz sicher, ob sie schon so bald wieder Geld dafür ausgeben wollte. Und dennoch fällt es wohl jedem Kind schwer, Nein zu Disneyland zu sagen, und sie wollte ihre Freundin auch nicht hängen lassen.
Sie war verwirrt, von der Entscheidung überfordert und fühlte sich nicht wohl. Ich wusste, dass das für ihre Ebene an Weisheit eine allzu schwierige Prüfung war und dass sie im Grunde wirklich zu Hause bleiben wollte, aber gleichzeitig nicht Nein sagen konnte. Also gab ich ihr zu verstehen, dass sie dableiben müsse. Sie weinte vor Enttäuschung, fühlte sich dann aber erleichtert und bedankte sich später bei mir, dass ich sie nicht hatte gehen lassen.
Eine ähnliche Situation tauchte auf, als Heather mit achtzehn gerade noch rechtzeitig von einer Virusinfektion genesen war, um an einem Samstagabend ihren Schulabschlussball zu besuchen. Sie kam erst am frühen Sonntagmorgen zurück. Am Sonntagabend hatte sie vor, mit Freunden zum Tanzen

zu gehen, allerdings müssten sie ungefähr eine Stunde lang fahren, wobei sie selbst am Steuer sitzen würde. Sie überlegte nun, ob sie tatsächlich hinfahren sollte, da es ohnehin ein so vollgepacktes Wochenende war. Ich sagte ihr, dass ihr die Entscheidung vollkommen selbst überlassen sei. Sie wusste, dass sie womöglich einen Rückfall bekommen würde, aber der Spaß, den sie sich von der Aktion versprach, war ihr das wert. Also respektierte ich ihre Entscheidung.

In beiden Fällen achtete ich die Wünsche, die dem Ganzen zugrunde lagen, mischte mich ein, wenn ich das Gefühl hatte, dass sie Hilfe brauchte, und hielt mich zurück, wenn sie zu einer eindeutigen Entscheidung kam. In beiden Fällen waren Achtung und Unterscheidungsvermögen gefragt. In beiden Situationen gewann Heather an Erfahrung. Da sich das ganze Leben darum dreht, Erfahrungen zu machen, gibt es keine falschen Entscheidungen, schließlich wächst daran unsere Weisheit, gleich, wie wir uns entscheiden. Als Eltern müssen wir anleiten, informieren und die Kinder ermutigen, dabei aber so oft wie möglich natürliche und logische Konsequenzen zulassen, an denen unsere Kinder lernen können. Insbesondere Indigo-Kinder werden leicht aufsässig, wenn sie das Gefühl haben, andere wollten ihnen ihren Willen aufzwingen.

Indigos haben ohnehin das Gefühl, anders zu sein als andere. Das Etikett »hyperaktiv« und »ADHS« lässt sie glauben, sie seien anders in Form von »schlechter«. Das führt zu Mutlosigkeit, Niedergeschlagenheit und einem Teufelskreis aus negativen Verhaltensweisen und Launen, der sie ihres Potenzials und ihrer Gaben beraubt.

Hinter der Unfähigkeit dieser Kinder, stillzusitzen oder sich zu konzentrieren, steckt emotionaler Schmerz. Behandelt man sie, als wären sie schlecht, so werden sie anfangs wütend über diese Herabsetzung ihres Selbstwertgefühls. Dann jedoch sickert die übermächtige Demütigung wie bei einer Gehirnwäsche allmählich in sie ein.

Ein solches Indigo-Kind war auch ein engelhaft aussehendes, blauäugiges, blondes Mädchen. Die Kleine war vier Jahre alt und neu an der Montessori-Schule. Sie hatte immer wieder Tobsuchtsanfälle, die mit heftigstem Geschrei einhergingen – sogar so unüberhörbar, dass Nachbarn anriefen und sich überzeugen wollten, was die Lehrer wohl mit diesem armen Kind anstellten. Und dennoch war es genau dieser »kleine Engel«, der die Lehrer trat, andere Kinder tyrannisierte und dabei seine eigene Vorstellung höchst befriedigt im Spiegel verfolgte.

Dieses kleine Mädchen war wütend auf seine Mutter, weil sie es nicht respektierte und ihm keine Freiheit ließ. Es war wütend auf seine Lehrer, weil sie ihm so viel Freiraum ließen, dass es gegenüber anderen Gewalt ausüben konnte. Dieses kleine Indigo-Kind war nicht übermäßig beeindruckt von den Erwachsenen in seinem Leben. Das Mädchen fühlte sich auf einer Ebene fähiger und klüger, doch auf einer anderen herabgesetzt, als machte es sich daran, zu beweisen, wer besser war. Insgeheim hoffte das Kind, jemand würde sich als der Lage gewachsen erweisen.

Außenstehenden Fachkräften, die emotional nicht so involviert sind, fällt es immer leichter, den inneren Abstand und die entsprechende Perspektive zu wahren. Bei unseren Terminen stellte ich also zunächst einmal klar, wer die Hosen anhatte. Ich war bestimmt, liebevoll, fair und respektvoll und erwartete das Gleiche von dem Mädchen. Als Zweites verabreichte ich ihr ein homöopathisches Präparat. Das macht mir meine Arbeit als Psychologin wesentlich leichter. Dieses Präparat stimuliert die Körperzellen dahingehend, ein eventuell bestehendes Ungleichgewicht auszugleichen. Einen Tag nachdem ich dem Kind das Präparat gegeben hatte, riefen die

Lehrer bei mir an, um herauszufinden, was passiert war, denn ein Wunder war geschehen: Unser Engel war wirklich ein Engel gewesen – keine Tobsuchtsanfälle, kein Treten, kein Piesacken von anderen!

Ich wusste jedoch, dass die Arbeit damit noch nicht getan war. Nun, da unser Engel mehr zu seinem Gleichgewicht gefunden hatte, mussten wir mit den Erwachsenen arbeiten, ansonsten würde das Mädchen durch seine Umwelt wieder aus der Fasson gebracht, und beim nächsten Mal würde es nicht so gut ansprechen. Das Mädchen brauchte es, dass seine Mutter und Lehrer stark waren und dabei gleichzeitig liebevoll, damit es ihnen vertrauen könnte und sich sicher genug fühlte, sich an seine Arbeit zu begeben. Wir alle brauchen ein grundlegendes Gefühl der Sicherheit, bevor wir unseren Daseinszweck erfüllen können.

Als die Wut des Mädchens verrauchte, kam die Verletzung an die Oberfläche, die ihr zugrunde lag: Die Kleine hatte das Gefühl, von den anderen Kindern nicht gemocht zu werden und auf negative Weise anders zu sein. Ein weiteres homöopathisches Präparat, das bei Kummer und Verlusterfahrungen eingesetzt wird, zusammen mit dem beratenden Gespräch, half ihr, die seelischen Wunden zu heilen. Darüber hinaus richteten wir unsere Aufmerksamkeit darauf, dem Mädchen einige soziale Fähigkeiten zu vermitteln.

Wir wollen nicht, dass die Indigos so sind wie alle anderen, aber es ist eben ein schwieriger Weg, anders zu sein. Mitunter fühlen sie sich einsam und haben das Gefühl, keiner Gruppe anzugehören – und das tut weh. Es hilft jedoch auch nicht, ihnen zu sagen, sie seien nicht anders, denn sie wissen, dass sie es sind. Helfen Sie ihnen vielmehr dabei, zu erkennen, dass der Unterschied wertvoll ist. Fragen Sie sie, ob sie gerne einfach so wären wie alle anderen, nennen Sie dabei konkrete Beispiele. Aller Wahrscheinlichkeit nach verneinen sie. Das erinnert sie daran, dass sie selbst sich dafür entschieden haben, zu sein, wer sie sind.

Die Unabhängigkeit liebenden Indigos
Im Allgemeinen sind Indigos unabhängige Geschöpfe. Nehmen Sie es also nicht persönlich, wenn sie ihre eigenen Wege gehen. Die Intensität ihrer Zielgerichtetheit ist bewundernswert, aber Sie können dabei durchaus das Gefühl haben, ein Güterzug rase auf Sie zu ...
Mein Mann und ich beobachteten eine Mutter und ein kleines Mädchen in einem Lokal. Die Frau erwartete von ihrer Tochter, dass sie untätig dabeisitzen und abwarten sollte, bis ihre Mutter mit dem Frühstück fertig wäre. Die Mama muss wohl an ihre eigene Kindheit gedacht haben, wo man von Kindern erwartete, dass sie zwar zu sehen, aber nicht zu hören waren. Nun entspricht es dem Wesen eines Kindes, geschäftig zu sein – Kinder haben viel zu lernen. Bei den Indigos ist dies noch verstärkt: Sie sind extrem zielgerichtet.
Dieses kleine Mädchen, es mochte vielleicht drei Jahre alt sein, saß auf einem hölzernen Kinderhochstuhl ohne schützende Abstellfläche davor; der Stuhl war dafür vorgesehen, an den Tisch herangezogen zu werden. Er war jedoch zu hoch für den Tisch, an dem die Mama saß, also hatte diese ihn etwa dreißig Zentimeter von der Tischkante entfernt platziert, damit ihre Tochter nicht auf den Tisch klettern konnte. Die Mutter teilte uns mit, dass sie davon ausginge, ihre Tochter würde dort sitzen bleiben, da sie es ihr gesagt hatte. Mein Ehemann Sid und ich hatten dieses Kind jedoch ein, zwei Minuten lang beobachtet, und schon blickten wir uns an und sagten wie aus einem Mund: »Indigo.«
Uns war der intensive und völlig nüchterne Blick des Kindes aufgefallen. Es fühlte sich ebenbürtig mit den Erwachsenen im Raum. Das Mädchen war nicht schüchtern oder ängstlich,

geschweige denn, dass es sich Gedanken gemacht hätte, ob es uns wohl genehm sei. Die Kleine stellte sich auf den Hochstuhl. Sie stand nicht dort oben, um ihre Mutter herauszufordern; sie hatte wohl nicht das Gefühl, etwas Falsches zu tun. Sie stand aus einem inneren Antrieb heraus so da. Trotz der Höhe hatte ich keine Angst, dass sie fallen könnte; ihr Gleichgewichtssinn war perfekt. Sie hatte vollkommenes Zutrauen zu sich selbst, und dieses Zutrauen übertrug sich auch auf uns.
Worum ich mir vielmehr Gedanken machte, war ihre Mutter. Sollte sie davon ausgehen, beim Umgang mit diesem Kind mit altmodischen Vorstellungen aufwarten zu können, würde sie alle Hände voll zu tun haben.
»Sie hat ihren eigenen Kopf«, bemerkte ich mitfühlend zu ihrer Mutter.
»Worauf Sie sich verlassen können!«, antwortete sie mit einer Mischung aus Verzweiflung und Stolz.
Das Kind hörte alles mit, nahm es in null Komma nichts auf und fuhr damit fort, sich selbst zum Maßstab zu nehmen: seine eigenen Entscheidungen zu treffen, der eigenen inneren Intuition zu folgen, den eigenen Werten, der eigenen Motivation und dem eigenen Differenzierungsvermögen. Hätte die Mama ihre Tochter mit etwas beschäftigt und ihr mitgeteilt, dass sie sich Sorgen machte wegen der Gefahr, die Tochter könnte herunterfallen, so hätten sie wahrscheinlich einen Kompromiss geschlossen, und beide wären zufriedener gewesen.
Solange die sich selbst zum Maßstab aller Dinge machende Unabhängigkeit der Indigos durch ihre Sorge um andere gebremst wird, ist es ein Vorteil, diesem Kind nicht die Schuldgefühle, die Angst vor der Meinung anderer und das mangelnde Vertrauen in die eigene Intuition einzuflößen, mit denen sich vorherige Generationen auseinandersetzen mussten.

Indigos sind, was sie essen

Ein weiteres Gebiet, auf dem die neuen Kinder wenig von uns geerbt haben: Essen spielt für sie keine so große Rolle. Sie neigen nicht dazu, größere Portionen Essen zu sich zu nehmen – für viele Eltern ein ziemlicher Anlass zur Sorge. Und dennoch entbehrt das nicht der Ironie, wenn wir betrachten, wie krampfhaft die meisten von uns auf ihre schlanke Linie bedacht sind. Die Kinder werden essen, was sie zur Versorgung ihres Körpers brauchen; sie werden nicht verhungern.
Außerdem kann ihr Leberstoffwechsel mehr Hamburger und Co verarbeiten als wir, obwohl manche von ihnen offenbar lebendige Nahrung wie Obst und Gemüse vorziehen, oder auch Fleisch und Fisch. Diese Kinder essen tendenziell weniger und machen sich keine Gedanken um ihre nächste Mahlzeit. Sie reagieren nicht darauf, wenn man ihnen Schuldgefühle einflößen möchte, sie reagieren nicht auf Tricks, Angstmacherei oder Manipulation; wenn Sie also auf solche Techniken zurückgreifen, werden Sie nur ihre Achtung einbüßen. Sollten Sie Anlass zur Sorge sehen oder den Kindern Informationen in Sachen Ernährung anzubieten haben, teilen Sie es ihnen mit. Halten Sie sich dann im Hintergrund und lassen Sie die Kinder ihre eigenen Entscheidungen treffen. Die Weisheit ihres Körpers wird ihnen viel deutlicher zu verstehen geben, was sie brauchen, wenn sie nicht mit den neuesten Marotten und den Ängsten anderer, mit »Du darfst« und »Du darfst nicht« verseucht werden.
In den 1970er-Jahren wurde an einer großen Zahl von Kindern bis zu maximal zweieinhalb Jahren ein Experiment vorgenommen: Bei den Mahlzeiten wurde ihnen stets ein großes Büfett mit Nahrungsmitteln vorgesetzt. Sie durften sich aussuchen, was sie mochten, ohne dass Maßregelungen erfolgten. Entgegen der Erwartungen der Wissenschaftler

entschieden sich die Kinder für eine ganze Palette an nährstoffreichen Lebensmitteln und zeigten keinen übertriebenen Süßigkeitenkonsum. Ein Kind mit Rachitis trank so lange Lebertran, bis die Rachitis ausgeheilt war. Wenn ein Kind in den Siebzigerjahren das tat, warum dann nicht darauf vertrauen, dass die Indigos auswählen, was ihr Körper braucht?

Vom Herzen her
Diese Kinder haben Mitgefühl mit anderen Lebewesen, mit dem Planeten und allem Lebendigen überhaupt: Tieren, Pflanzen, anderen Menschen. Sie reagieren stark auf Grausamkeit, Ungerechtigkeit, Unmenschlichkeit, Dummheit, Feigheit und mangelnde Sensibilität. Obwohl sie durchaus Dinge wollen, fehlt bei ihnen der Materialismus (es sei denn, sie werden übermäßig verwöhnt), und in der Regel sind sie großzügig.
Psychologische Forschungen ergaben durchgängig, dass Eltern, die sensibel sind und auf ihre Kinder zugehen, wiederum Kinder haben, die sensibel sind und auf andere zugehen. Untersuchungen haben gezeigt, dass sich der Puls einer helfenden Person verlangsamte, wenn sie einer anderen Person half. Diejenigen, die tendenziell zu den Nichthelfern gehören, haben einen höheren Puls. Außerdem halfen die Helfenden (keine abhängigen Angehörigen!) selbst dann, wenn sie den Schauplatz hätten verlassen können. Sie halfen, weil es von Herzen kam.
Vereinfacht ausgedrückt, neigten die Kinder mit Einfühlungsvermögen auch zu einer gewissen Selbstbehauptung und dazu, einen niedrigeren Puls zu haben. Sie waren emotional, geistig, sozial und körperlich gesünder. Diejenigen, die das geringste Maß an Altruismus aufwiesen, waren charakteristischerweise diejenigen, die ihr Leben als am elendsten erfuhren. Die einfühlsamen Kinder waren außerdem relativ

bestimmt in ihrem Auftreten und wurden von anderen nicht übermäßig mit Anliegen bombardiert.

Bislang durchgeführte Untersuchungen legen auch nahe, dass ein hoher moralischer Standpunkt von Einfühlungsvermögen herrührt. Empathie erwirbt man, indem man selbst mitfühlende Behandlung erfährt. Respektieren Sie die Ihren Kindern angeborene Fähigkeit, zu überleben und das zu erfüllen, was vom Potenzial her in ihnen steckt. Sie sind mit bestimmten Problemen und Fähigkeiten auf diese Welt gekommen, um die entsprechenden Erfahrungen zu machen. Regen Sie sich nicht auf über das, was sie gewählt haben. Vertrauen Sie vielmehr auf die Weisheit des Plans und bieten Sie ihnen Führung und Unterstützung auf ihrem Weg. Seien Sie Sie selbst und gestehen Sie Probleme und Fehler ein, dann werden sich auch die Kinder leichter die Freiheit nehmen, es Ihnen nachzutun. Seien Sie ehrlich im Hinblick auf Ihre Emotionen. Lassen Sie Ihre Kinder wissen, dass Sie sie lieben. Anderen helfen – das kommt nicht nur aus dem Herzen, es ist auch gut für das Herz. Wir haben konkrete Belege dafür, dass Altruismus emotional und körperlich gesund ist. Kinder werden Einfühlungsvermögen beweisen, noch bevor sie in der Lage sind, moralische Prinzipien in Worte zu fassen oder sich einen Begriff davon zu machen.

Mein Sohn Scott war gerade mal siebzehn Monate alt, als ich mich einmal krank und am Ende meiner Kräfte fühlte und zu weinen begann. Weil Scottie meine Tränen sah, versuchte ich wegzugehen, aber er fragte mich, warum ich weinte, und so sagte ich ihm, dass ich etwas durcheinander sei. Daraufhin wollte er auf den Arm genommen werden. Er zeigte dann auf Bilder an den Wänden und auf Spielsachen, die mich interessieren könnten. Genau das tat ich immer, um ihn abzulenken, wenn er wegen etwas in Gefühlsaufruhr war. Jetzt tat er das Gleiche für mich, und es funktionierte!

Bei einer anderen Gelegenheit wollte Heather einmal meine Aufmerksamkeit, und ich sagte zu ihr: »Mami kann gerade nicht.« Scottie war in der Nähe und meinte mit Nachdruck: »Aber sie braucht dich!« Er war damals noch nicht einmal drei Jahre alt, und Heather etwa acht Monate. Selbst sehr kleine Kinder können emotionale Bedürfnisse bei anderen ablesen.
Die moralische Entwicklung basiert auf Mitgefühl. Ein ethischer Verhaltenskodex kommt aus dem Herzen, statt einem starren Arsenal an Regeln zu entspringen. In Krisen regiert das Herz, nicht der Kopf. Tapferkeit und Mut rühren von einem gewohnheitsmäßigen Gefühl der Selbstlosigkeit und einer Bereitschaft, selbst zum Wohl anderer ein Risiko einzugehen, nicht aufgrund logischer Überlegungen zum Für und Wider der Situation. Am Ende entscheidet nicht unser Denken, ob wir das Richtige tun, sondern unser Herz.

Starker Wille, starke Seele
Diese Kinder sind fest entschlossen, zu bekommen, was sie haben wollen. Das Harte daran ist, wenn sie einen so lange piesacken, bis sie das Gewünschte haben. Sie haben bessere Karten, wenn Sie sagen: »Lass mich darüber nachdenken«, als wenn Sie gleich verneinen. Im Allgemeinen haben die Kinder gute Gründe, etwas zu wollen, und das mag Sie dann dazu bringen, Ihre Antwort noch einmal zu überdenken und sich dann zurückzuhalten.
Es ist besser, die Gründe der Kinder anzuhören und sorgsam abzuwägen, bevor Sie ihnen antworten. Wenn Sie Nein sagen und dann nachgeben, lernen die Kinder schnell, dass sie nur so lange nerven müssen, bis sie bekommen, was sie wollen. Das heißt nicht, dass Sie ihnen alles geben sollen, was sie haben wollen, sondern es heißt vielmehr, dass Sie das, was Sie sagen, auch wirklich meinen sollten, wenn Sie mit Ja oder Nein auf die Bitte Ihrer Kinder antworten.

Verantwortungsgefühl
Die oberste Regel ist: Sie sollten weniger Regeln und stattdessen stärker eine Richtschnur und Verhaltensprinzipien haben. Mit Werten und Prinzipien können die Indigos selbst durchdenken, welchen Weg sie am besten einschlagen. Helfen Sie ihnen, vom Herzen her einen ethischen Verhaltenskodex zu entwickeln. Wenn Sie nicht da sind, werden ihr Umgang miteinander und ihre Entscheidungen von einem Ort der Liebe kommen, statt davon abzuhängen, dass eine Autoritätsfigur ihnen sagt, was sie zu tun haben, oder zu warten, bis die Autoritätsperson den Raum verlässt, um dann genau das zu tun, was sie tun wollen.

Die meisten Menschen sprechen auf Befehle nicht sonderlich gut an. Besser ist es, ein liebevoller Eingeweihter und Berater sein, dem die Kinder vertrauen, als jemand, der sie lediglich diszipliniert. Definieren Sie Grenzen, bevor Sie diese durchsetzen. Stimmen Sie Forderungen auf die Entwicklungsstufe des Kindes ab, schaffen Sie Raum für kindlich-unverantwortliches Handeln und lassen Sie zu, dass Ihr Kind aus natürlichen und logischen Konsequenzen lernen kann. Besprechen Sie problematische Punkte mit Ihren Kindern und geben Sie ihnen Mitspracherecht. Vertrauen Sie ihnen, und höchstwahrscheinlich werden sie sich als vertrauenswürdig erweisen.

Liebe ist der Schlüssel
Denken Sie daran, dass dieses Kind so viele (oder mehr) Leben hinter sich hat wie Sie und dass es von daher ein spirituelles Wesen ist, genau wie Sie, mit Erfahrungen, Talenten, Charakterzügen und einem bestimmten Karma. Ihre Kinder haben sich inkarniert, um mit Ihnen zusammen zu sein. Sie haben Sie als Eltern ausgesucht, um bestimmte Lektionen zu lernen, Erfahrungen zu sammeln, bestimmte Seiten ihres

Wesens zu entwickeln und daran zu arbeiten, Bereiche ihrer spirituellen Entwicklung zu stärken, in denen sie Schwächen aufweisen.

Das entbindet Sie nicht von Ihrer elterlichen Verantwortung, aber es entbindet Sie durchaus davon, voll und ganz dafür verantwortlich zu sein, was aus Ihren Kindern wird. Als spirituelle Wesen sind sie Ihnen gleichgestellt. Sie haben es selbst gewählt, dieses Mal Ihre Kinder zu sein; vielleicht waren Sie in einem anderen Leben ihre Kinder. Sie wissen ja, wie Eltern oft sagen: »Na warte, wenn du erst einmal selbst Kinder hast. Ich hoffe, die sind dann genauso wie du!« Nun, vielleicht sind Ihre Kinder genau deshalb dieses Mal Ihre Kinder! Wir gleichen unseren Kindern mehr und unsere Kinder gleichen uns mehr, als wir zugeben wollen.

Die größte Wachstumschance, die sich uns bietet, liegt in unserer Beziehung zu anderen. Nur dadurch, dass sie uns spiegeln, bekommen wir eine Rückmeldung, wer wir sind. Wenn Sie die Probleme, die Ihre Kinder für Sie aufwerfen, als Chancen für die charakterliche Entwicklung Ihrer Kinder und Ihrer selbst sehen können, werden Sie merken, dass die Probleme Sie viel weniger stören. Wir verstärken die Schwierigkeiten nur, wenn wir uns Sorgen machen, Schuldzuweisungen vornehmen oder den Herausforderungen zu entrinnen suchen, vor die wir durch unsere Kinder gestellt sind. Betrachten Sie sich, was im Umgang mit Ihren Kindern für Sie hart ist, und sehen Sie sich dann an, worin die Lektion besteht, die sich hierin für Sie verbirgt. Wenn Sie dies angehen, werden Sie sich von den Kämpfen mit Ihren Kind lösen, und Ihre Beziehung bessert sich. Denken Sie daran, den Humor in der Situation oder Beziehung zu sehen, und spüren Sie die Liebe, die Sie für dieses Menschenwesen empfinden, das für Sie etwas ganz Besonderes ist.

Fühlen Sie sich geehrt, denn Ihre Kinder haben ihren Grund gehabt, Sie auszuwählen, und stellen Sie sich Ihrer jeweiligen Aufgabe. Schenken Sie ihnen Ihre Zeit, Ihre Aufmerksamkeit und sich selbst – das ist Liebe. Kinder erinnern sich später an die wichtigen Ereignisse mit Ihnen, aber sie erinnern sich nicht daran, wie oft es dazu kam. Geben Sie ihnen also vollen Herzens, was Sie ihnen geben können.

Robert Ocker hat als Pädagoge und »Herzspezialist« weitere Informationen für uns parat.

Mitten aus dem Herzen
Robert P. Ocker

Ich arbeitete mit einer Hilfsgruppe für Mittelschulkinder über den Umgang mit Wut und bat sie, ein wichtiges Ereignis in ihrem Leben aufzuschreiben. Die Gruppe tauschte sich dann mündlich über die Ergebnisse aus. Ich als Moderator des Gesprächs wollte den Kindern helfen, ihr Augenmerk auf den Aspekt der Selbstachtung zu richten.
Ein Achtklässler stand selbstsicher auf und fragte: »Wisst ihr, was das wichtigste Erlebnis der letzten hundert Jahre war?« Die Kinder in der Gruppe sahen sich erst gegenseitig an, dann mich, und verneinten. »Ich!«, antwortete dieses Indigo-Kind treuherzig.
Die anderen Kinder begannen zu lachen, wie es in der Mittelstufe eben üblich ist, wenn ihnen bei etwas unbehaglich ist oder sie es nicht verstehen. Ich spürte, wie sich die Energie im Raum veränderte und auf ein niedrigeres Schwingungsniveau kam. Behutsam und mit Achtung näherte ich mich diesem Geschenk von Mensch und blickte mit Weisheit in seine verwirrten Augen. Und dann sagte ich mit der

Absicht, ihn zu ehren und zu respektieren: »Das kann man wohl sagen! Ich freue mich, dass du hier bist. Wir sind dankbar für deine Anregung – du hast der Gruppe beigebracht, dass Lachen und Frieden die Wut besiegen. Danke!«

Das Indigo-Kind erwiderte das Lächeln in meinen Augen seinerseits mit einem warmen Lächeln und lachte. Die Energie im Raum veränderte sich ein weiteres Mal. Dieses Mal stellte sich eine Energie des Friedens ein.

Das Selbstvertrauen der Indigos ist ein zentraler Faktor, der über den zukünftigen Erfolg in ihrem Leben entscheidet. Die Bewahrung der angeborenen Wertschätzung des Kindes gegenüber sich selbst ist weit wichtiger, als sich technische Kniffe anzueignen. Geben Sie das Wissen, das die Kinder brauchen, an sie weiter, aber erhalten Sie das ihnen von Natur aus innewohnende Selbstvertrauen, denn in ihm zeigt sich ihr Vertrauen auf Gott.

Viele dieser Kleinen haben den goldenen Engel in sich selbst nicht vergessen, der durch den Filter ihrer Individualität hindurchleuchtet. Worin besteht nun Ihre Rolle? Helfen Sie den Kleinen dabei, so heranzuwachsen, dass sie ihn nicht vergessen! Seien Sie bei der Inkarnation jener der Ewigkeit angehörenden Geister behilflich, die über ihrem Leben tanzen. Wenn Sie ihre Schönheit und Vollendung bestätigen, wenn Sie ihr ewiges Wesen erkennen, wenn Sie es in ihren Augen sehen, werden Sie es automatisch auch aus ihnen hervorlocken.

Befördern Sie das Beste an ihnen zutage – und bei allen, denen Sie begegnen. Geben Sie den freien Erfindungen derer, die nicht um ihre Unsterblichkeit wissen, keine Energie, sondern sehen Sie stattdessen den Geist, der sich in dieser Individualität zu inkarnieren sucht. Würdigen Sie dieses Wesen. Bauen Sie eine Beziehung zu ihm auf. Lassen Sie es an die Oberfläche treten. Helfen Sie einer anderen Wirklichkeitsdimension, still und leise in Ihre Zeit hineinzuschlüpfen. Helfen Sie dieser neuen Generation, aufzuwachen. Werden Sie zum Lichtkrieger für die Kleinen!

Die Macht des Spieles: Tür zum Universum
»In einer Stunde Spiel kannst du mehr über einen Menschen herausfinden, als wenn du dich ein Jahr mit ihm unterhältst.«
PLATO

Ich versuchte, über Worte an das Kind heranzukommen,
oft gingen sie zum einen Ohr hinein und zum anderen hinaus.
Ich versuchte, über Bücher an das Kind heranzukommen,
doch ich erntete nur verwirrte Blicke.
Der Verzweiflung nahe, wandte ich mich nach innen
und schrie auf:
»Wie komme ich an dieses Kind heran?«
Da flüsterte mir der Junge ins Ohr:
»Komm«, sagte er, »spiel mit mir!«
VERFASSER UNBEKANNT

Wenn wir mit den Kleinen spielen, spielen die Engel mit den Sternen. Die Macht des Spiels öffnet die Spieltüren des Universums, wo wir alle mit dem Schöpfer spielen – ein freudiges Spiel, ein Spiel der Liebe, des Gebens und Nehmens. Ehren Sie die Ausrichtung der Kleinen auf das Spiel und lernen Sie von ihr. Sie werden uns die Unschuld in ihrem Herzen vermitteln, das bedingungslose Liebe in sich aufnimmt. Sie werden die Erde erben mit dieser Liebe.

Im Geist und Herzen der Kinder sind ihre Fantasien und Visionen zum Planeten Erde. Das ist der Auftrag der Indigos: die Menschheit auf das universelle Lied der Liebe vorzubereiten. Diese Visionen werden das Universum zu ein und demselben Lied inspirieren. Hören Sie diese Visionen. Sehen Sie ihre Hoffnung und leiten Sie diese Kinder, denn dies ist die Vision von morgen in der Fantasie von heute.

Spüren Sie das Spielerische in diesen Fantasien. In genau dieser Energie finden wir Wahlfreiheit; sie ist es, die das Universum beflügeln wird. Genau diese Energie wird für uns das Lied der Sterne spielen und das Lied des Universums. Hören Sie sich die Fantasien der Kleinen an. Hören Sie sie an und inspirieren Sie sie. Die Kleinen sind im Begriff, ihre Fähigkeit einzubüßen, von einem Universum in ihrem Herzen zu träumen. Verstehen Sie ihre Zielrichtung und führen Sie sie dazu hin, Entscheidungen zu treffen, die dem Planeten dabei helfen, sich in Richtung Frieden zu entwickeln. Sie kennen Frieden. Durch Frieden lehren sie uns ein erhabeneres Bild vom Menschen.

Mit den Kleinen lachen

Lachen ist der Schlüssel! Hören Sie das Lachen der Kleinen; wenn sie lachen, funkeln vor Freude die Sterne. Denn ihr Lachen ist Freude und Hoffnung für das neue Licht, das auf dem Planeten Erde erstrahlt – dem Planeten der Entscheidungsfreiheit, dem Planeten des Lachens. Sind unsere Kinder nicht zu ernst? Was ist mit den Großen? Lernen die Kleinen nicht durch das, was wir ihnen vorleben? Lachen Sie also und machen Sie sich klar, dass auch die Kleinen lachen müssen. Ihr Herz verlangt danach. Die Sterne verlangen danach. Das Universum verlangt danach. Lachen ist notwendig, damit auf dem Planeten weiterhin eine Schwingung von Liebe, Freude und Frieden anzutreffen ist. Lachen Sie mit den Kleinen!

Nun folgt der letzte Teil von Jans Interview mit Nancy Tappe.

Indigo-Spiritualität
NANCY ANN TAPPE IM GESPRÄCH MIT JAN TOBER (TEIL III)

Nancy, gibt es überhaupt Indigos, die zum ersten Mal hier sind?
Ja, manche schon. Es gibt einige, die bereits die dritte Dimension hinter sich gelassen haben, und es gibt, denke ich, einige, die von einem anderen Planeten gekommen sind. Das sind die interplanetaren Indigos – ich nenne sie deshalb interdimensional. Der künstlerische, der ideenorientierte und der humanistische Typ jedoch [siehe dazu Kapitel 1] sind alle hier gewesen und haben das Farbsystem durchschritten.

Kommen sie mit Karma hierher?
Ja, sie können durchaus mit Karma hier ankommen. Sie sind karmisch nicht frei. Beobachten Sie Indigos vom Zeitpunkt ihrer Geburt bis zum Alter von zwei Jahren: Die Kleinen erinnern sich an andere Leben.
Es gibt noch eine andere Geschichte, die ich sehr gerne erzähle. Mit Geschichten über meinen Enkel Colin könnte ich ganze Bücherregale füllen. Eines Tages kam ich von der Arbeit nach Hause. Meine Tochter Laura und Colin lebten die ersten fünf Jahre seines Lebens mit mir zusammen. Und meine Tochter sagte an diesem Tag zu mir: »Oh Mom, ich weiß was ganz Tolles. Lass dir mal von Colin erzählen, was er mir heute gesagt hat.«
»Nö«, wand sich Colin, »das will ich nicht sagen. Ich will es nicht sagen.«
»Komm schon«, bat Laura, »erzähl es Mano, sie liebt solche Geschichten.«
Und daraufhin rasselte er herunter: »Ich habe Mom gerade erzählt, wie das war, als wir im Land Magog lebten, und sie war damals nicht meine Mutter – sie war mein Freund, und dann kam die Geschichte, und es gab uns nicht mehr.«

»Das ist interessant«, erwiderte ich.
Er sah mich an und sagte lachend: »Weißt du was? Das hab ich mir nur ausgedacht.«
»Ja«, antwortete ich, »ich weiß. Wir alle denken uns von Zeit zu Zeit einmal Sachen aus.« Aber woher sollte ein Zweijähriger den Namen »Magog« haben?
Und mir ist im Lauf der Jahre aufgefallen, dass viele Indigos in diesem zarten Alter anfangen, über andere Leben zu sprechen. Ich hatte Klienten in Laguna Beach, Kalifornien, die mehrere Jahre lang zu mir gekommen waren. Eines Tages riefen mich diese Leute an und sagten: »Nancy, wir haben ein großes Problem. Können wir vorbeikommen und mit dir darüber reden?« Ich nahm mir in der Mittagspause Zeit für sie.
Ihr Problem bestand darin, dass ihre zweijährige Tochter drei Tage zuvor morgens aufgewacht war und verkündete, sie sei schwanger und müsse zurück nach New York! Sie sagte ihnen, sie habe eine Tochter in einer Tagesstätte und sei Bühnenschauspielerin. Ich versetzte mich also in den Zustand, in dem ich hellsehen kann, und verfolgte ihre Spur. »Wisst ihr«, sagte ich, »so weit ich sehe, war sie in der Tat Schauspielerin, und das Theater geriet eines Tages in Brand. Im allgemeinen Getümmel, als alle herauszukommen versuchten, stolperte sie, ein großer Mauerbrocken löste sich und fiel auf sie – sie war darunter begraben und steckte fest. Sie verbrannte nicht, sondern als die Feuerwehr ins Gebäude kam, wurde sie ertränkt, da die Schläuche angestellt wurden, ohne dass man wusste, dass sie sich dort befand. Sie ertrank.« Die Tochter hatte sich daran erinnert und zu weinen begonnen; sie wurde ganz hysterisch dabei und sagte, man solle sie »nach New York bringen«.
Das war drei Tage lang so gegangen, bis meine Klienten sagten, sie müssten mit mir reden, weil sie sich keinen ande-

ren Rat mehr wüssten. »Nun«, sagte ich, »ihr müsst einfach nach Hause gehen, euch mit ihr hinsetzen und zu ihr sagen: ›Hör mal gut zu, Melanie: Was du da vor dir siehst, ist ein anderes Leben von dir. Deine Tochter ist älter als du, und jemand anders kümmert sich um sie. Du bist nicht schwanger und gehörst nicht nach New York. Du siehst ein anderes Leben.‹ Sprecht mit ihr wie mit einer Erwachsenen.« Das taten die Leute, und später sagten sie zu mir: »Weißt du was: Wir haben seitdem von ihr kein Wort mehr darüber gehört. Sie hat es bis heute nicht wieder erwähnt.«

Indigo-Storys
Unser Sohn brachte seine schwangere Freundin mit in unser Haus, damit sie dort bei uns leben sollte. Sie waren kurz verheiratet gewesen, hatten sich aber schon im Teenageralter wieder getrennt. Das Mädchen zog weg und hatte vor, das Baby wegzugeben. Für mich war das wahrscheinlich die härteste Zeit in meinem Leben. Unser erstgeborenes Enkelkind sollte von jemand anderem aufgezogen werden! Zum Glück überlegten sie es sich anders und rauften sich wieder zusammen.
Eines Morgens, es war etwa sechs Wochen vor dem errechneten Geburtstermin, stand ich auf und begann mit den alltäglichen Handgriffen, die ich immer vor der Arbeit tue, als mir eine helle Lichtsäule in einer Ecke unseres Wohnzimmers auffiel. Schockiert beobachtete ich sie eine Weile, dann schien sie zu verblassen. Ich überlegte mir, dass es wohl nur die Sonne oder so etwas gewesen sein musste.
Am nächsten Tag das Gleiche. Diesmal zog ich alle Vorhänge zu, doch die Lichtsäule war noch immer da. Ich erzählte meinem Mann davon, als er zum Frühstück kam, aber er glaubte mir nicht so recht.
Die Lichtsäule erschien mir jeden Morgen, eine ganze Woche lang. Ich erzählte allen im Haus davon, aber niemand glaubte

mir. Am Montagmorgen, eine Woche, nachdem ich das Licht zum ersten Mal gesehen hatte, erschien es von Neuem. Diesmal kam mein Mann gerade aus dem Schlafzimmer und sah es. Wir waren beide völlig verdutzt. In mir war eine innere Gewissheit, dass das ein Engel war, der als Vorbereitung auf das Baby zu uns gesandt worden war. Das Licht erschien weiter – so lange, bis das Baby geboren war, und dann sah ich es noch ein paar Monate nach seiner Ankunft.

Ich wusste, dass die neugeborene Kleine etwas ganz Besonderes war, aber mir war nicht bewusst, wie besonders! Wenn ich sie im Arm hielt, konnte ich Vertrautheit spüren – nicht nur, weil sie meine Enkelin war: Es war vielmehr, als sei ich schon zuvor mit ihr zusammen gewesen. Mitunter hatte es den Anschein, als würde sie mich halten, statt umgekehrt. Als sie etwa drei Monate alt war, hob sie die Arme in Richtung Decke, und ich fragte sie, ob sie den Engel sehen könne. Ich weiß, dass es merkwürdig klingt, aber ich konnte beinahe das »Ja« in ihren kleinen braunen Augen sehen.

Im Lauf der Zeit wurde offensichtlich, dass ein besonderes Kind in unsere Hände gegeben worden war. Die Kleine hatte ihre eigenen Pläne, kostete es, was es wollte, und sie hatte immer einen höchst unregelmäßigen Schlafrhythmus. Sie mag das Einschlafen nicht. Als sie etwa achtzehn Monate alt war, sagte sie mir, dass sie nicht gerne träumte.

Mit zwei Jahren fand sie ein paar von meinen alten Puppen aus meinen Kindertagen. Sie stellte die größte von ihnen auf und nannte sie »Olive«. Nun ist es für eine Zweijährige schon beeindruckend genug, wenn sie das Wort »Olive« aussprechen kann, aber noch beeindruckender war es, wenn man sich klarmachte, dass der Name meiner Mutter Olive war und dass wir wirklich nie viel über sie gesprochen hatten, wenn unsere Tochter dabei war. Moms Ableben hatte sich zwei Jahre vor Jasmines Geburt ereignet.

Außerdem sagt die Kleine oft Dinge wie: »Noch längst nicht fertig, Ed.« Mein Vater hieß Ed. Meine Eltern waren 42 Jahre zusammen, bevor mein Vater starb.
Jasmine braucht für alle wichtigen Entscheidungen mindestens drei Wahlmöglichkeiten. Sie lässt sich nichts von uns vorlesen außer Goodnight Moon. Sie spielt lieber für sich allein, sieht sich Kinderfilme an, spielt im Matsch, wirft dem Mond Kusshände zu, umarmt die Bäume und gibt Menschen, die sich verletzt haben, das, was sie »Baby-Reiki« nennt.
Sie erinnert sich an das Blut im Bauch ihrer Mutter in der Zeit vor ihrer Geburt, als sie dort lebte. Sie sagt, das Blut habe ihr wehgetan und sie habe nicht da sein wollen. Sie akzeptiert die Tatsache, dass ihre Eltern nicht zusammenleben, und liebt alle beide und die Menschen in ihrem jeweiligen Leben. Sie liebt alle Kinder und ist eine richtige Friedensstifterin. Ihr Name ist Jasmine Brooke VanEtta, und sie ist jetzt dreieinhalb Jahre alt.
MARY UND BILL VANETTA

Ich bin Vater eines Sohnes, Nicholas, zwei Jahre alt, ein Indigo. Seit seiner Geburt hatte sich die Schilddrüse meiner Frau vergrößert. An einem Mittwoch wurde ihr geraten, sich einer Biopsie zu unterziehen, die eilig noch für Freitag in derselben Woche angesetzt wurde.
Inmitten dieser Aufregungen befasste ich mich mit dem Dubro-EMF-Balancing-Programm [siehe Kapitel 5]. Diese Energie zu entdecken, die uns alle umgibt, und mit ihr zu arbeiten, war eine wundervolle Erfahrung. Ich dachte, das wäre eine großartige Gelegenheit, diese Energie positiv einzusetzen. Während ich um Heilung für meine Frau betete, stellte ich mir eine heilende grüne Halskette um Lauras Schilddrüse vor (sehr passend, da meine Frau Juwelierin ist) und schickte ihr die ganze Woche über Energie, während wir auf Lauras Befunde warteten. Ich bin nicht besonders sensibel für diese Energie, und mit Sicherheit

könnte ich sie auch nie sehen, aber ich vertraute darauf, dass sie da war und wirken würde.
Eine Woche, nachdem Laura diesen anfänglichen Anruf erhalten hatte, sich der Biopsie zu unterziehen, saßen wir gerade gemeinsam am Frühstückstisch, als Nicholas auf das Gesicht meiner Frau deutete und feststellte: »Grün!« Konnte dieses Kind die Energie sehen? Mir fiel die Kinnlade herunter. Ich hatte mein Experiment nie irgendjemandem gegenüber erwähnt, schon gar nicht gegenüber meinem Zweijährigen! Und mit Sicherheit hatte ich auch meiner Frau gegenüber nichts davon gesagt. Sie betrachtet mein Interesse an Metaphysischem als ziemlich plemplem.
Meine Frau nahm natürlich sofort an, dass Nicholas auf ihre Nase zeigte, und zog sich ein Papiertaschentuch aus der Box. Bei näherer Inspektion fand sie nichts. »Mami«, wiederholte Nicholas, »dein Gesicht ist grün.« Ich kann nur annehmen, dass Nicholas das grüne energetische Halsband sehen konnte, das ich für Laura kreiert hatte. Es war da! Wirkte es? Ich brauche wohl kaum zu sagen, dass ich das als gutes Omen bewertete.
Später an diesem Vormittag erhielt Laura den Anruf von ihrem Arzt, auf den wir gewartet hatten: Die Biopsiebefunde waren da, und sie waren negativ. Alles war in Ordnung.

John Owen, Vater von Nicholas, 2 Jahre

Ich hatte geträumt, ich könnte mit meiner Hand Papier anziehen, als wäre sie magnetisch aufgeladen. Der Traum war so lebhaft, dass ich mich nun dabei ertappte, wie ich ein Buch umzublättern versuchte, ohne das Blatt zu berühren. Aja sah mich und fragte, was ich da machte. »Nichts«, sagte ich, doch sie fragte weiter: »Versuchst du, die Seite umzublättern, ohne sie zu berühren?« Als ich bejahte, meinte sie: »Weißt du, was du dazu tun musst? Du musst die Augen schließen, Gott lieben und vor dir sehen, wie es bereits getan ist. Dann wird es auch getan sein.«

Dann bat sie mich, ich solle es doch einmal ausprobieren. Aja wäre nicht das Kind, das sie ist, hätte sie nicht weitergeblättert, während ich die Augen geschlossen hielt.
Cheryl Royle, Mutter von Aja, 6 Jahre

Zu Matthew passt die Beschreibung für Indigo-Kinder perfekt. Als er mich am letzten Weihnachtsfest besuchte, verwöhnte ich ihn mit einer Massage durch meine intuitiv arbeitende Heilerin Mrs. Bobbi Harris. Nicht genug damit, dass er sagte, er habe »Lichter« gesehen, die in dem spärlich beleuchteten Raum »oben durch die Luft gewandert« seien – er sagte auch: »Manchmal geht zweimal Strom durch mein Gehirn.« Er hat schon davon gesprochen, zu Gott zurückgehen zu wollen, und sogar auch schon von seiner Einäscherung.
Sunny Greenberg, Grossmutter von Matthew, 7 Jahre

Zu den Büchern von Dr. Doreen Virtue gehören unter anderem die Titel Himmlische Führung, Wie Schutzengel helfen und Zeichen der Engel. An diesen Titeln ist unschwer abzulesen, dass es sich um eine Führerin in spirituellen Dingen handelt. Was dabei herauskommt, ist jedoch eigentlich eine wunderbare Verschmelzung von praktischen Erfahrungen aus der realen Welt mit Spiritualität. Nachfolgend vermittelt sie das Herz ihrer Botschaft an uns. Obwohl sich in Kapitel 4 noch mehr von Dr. Virtue zu ADS und ADHS findet, ist es wichtig, ihre Ansicht zu hören, wie die spirituellen Aspekte von Indigos mit dieser Diagnose zusammenhängen. Also soll an dieser Stelle auch auf das Thema der Aufmerksamkeitsdefizite eingegangen werden.

Ratgeber für Eltern von Indigo-Kindern
Doreen Virtue, Ph. D.

Meine Ansichten über Kinder verdanke ich einem recht eklektischen Hintergrund. Ich bin Mutter zweier Söhne, Psychologin und ehemalige Leiterin eines Programms, das sich mit drogen- und arzneimittelsüchtigen Jugendlichen befasste. Außerdem beschäftige ich mich schon mein ganzes Leben mit Metaphysik und bin eine medial begabte Heilerin, die mit den Engelssphären arbeitet. Und wie Sie bin ich ein ehemaliges Kind, das sich an die emotionalen Probleme erinnert, die mit dem Heranwachsen einhergehen.

Erinnern Sie sich, wie Sie sich in Ihrer Kindheit wie ein Erwachsener oder eine Erwachsene im Körper einer kleinen Person erlebten? Praktisch alle erinnern sich daran, wie sie sich als Kind alt oder erwachsen fühlten. Ich glaube, das hat mit dem Kreislauf der Wiedergeburten zu tun. Wir alle sind alte Seelen, doch wir müssen jedes einzelne Leben als Kind beginnen – außer wir kommen von anderen Planeten hereingeschneit. Dennoch behandeln Erwachsene Kinder oft so, als wären sie ... nun ja, Kinder. Sie vergessen, dass es nicht anders ist, mit einem Kind zu sprechen, als wenn sie sich mit einem Erwachsenen unterhalten. Kinder erwarten und verdienen den gleichen Respekt und die gleiche Aufmerksamkeit, die wir den Erwachsenen angedeihen lassen.

Es ist kein Zufall, dass in dieser Ära um die Jahrtausendwende die Zahl der diagnostizierten ADHS- und ADS-Fälle astronomisch gestiegen ist. Die Zahl von Jugendlichen, die Ritalin (Methylphenidat) gegen ADHS einnehmen, hat sich zwischen 1990 und 1995 mehr als verdoppelt, so eine 1996 von der John Hopkins University Medical School durchgeführte Studie.

Laut Berichten der US-amerikanischen Rauschgiftbekämpfungsbehörde hat die Zahl der Verschreibungen für dieses Arzneimittel im letzten Jahrzehnt des Jahrhunderts um 600 Prozent zugenommen. Der Behörde zufolge ist Ritalin so populär, dass in manchen Schulen 20 Prozent der Schülerinnen und Schüler dieses Medikament erhalten. Der Journalist John Lang nennt sie die »Rx-Generation«, wobei er die Unheil verkündende Statistik hinzufügt, dass bei gleichbleibendem Anstieg der Fälle, in denen das Medikament verschrieben wird, bis zum Jahr 2000 rund acht Millionen amerikanische Schulkinder »auf Ritalin« sein werden.

Eine Schwierigkeit dabei: Ritalin bessert zwar das schulische Betragen, nicht jedoch das häusliche, wie eine groß angelegte Studie zeigte. Außerdem gilt das Arzneimittel als so heimtückisch, dass das Militär potenzielle Rekruten ablehnt, wenn sie nach Erreichen ihres dreizehnten Lebensjahrs noch Ritalin eingenommen haben. Arzneimittel, so viel wird klar, sind auch nicht die Antwort.

Diese Zunahme an psychotropen Arzneimitteln, die in der Kindheit verabreicht werden, spiegelt das weltweite Unbehagen unsererseits angesichts von Veränderungen. Wir befinden uns an der Schwelle, die alte Welt hinter uns zu lassen, die auf Konkurrenzdenken, Neid und Habgier aufgebaut war, und in ein neues Zeitalter einzutreten, das auf Kooperation, Liebe und Wissen um unser Einssein mit allem und allen gegründet ist. Die alte Energie macht der neuen Energie Platz.

Es hat den Anschein, dass alle, selbst die Individuen, die spirituell am schwerfälligsten sind, sich dieser Veränderungen bewusst sind. In meiner spirituellen Beratungspraxis erhalte ich nun telefonische Anfragen von Geschäftsmännern in Anzug und Krawatte (und vereinbare Termine mit ihnen). Diese Männer stellen Fragen wie: »Was spielt sich derzeit ab?«, und: »Wie kann ich ein sinnerfüllteres Leben führen?« Vor ein paar Jahren hätten sich diese Männer nie irgendetwas angenähert, das auch nur im Entferntesten mit übersinnlichen Phänomenen zu tun hat. Nun sind sie so weit, in ihrem eigenen Innern nach Antworten zu suchen, nachdem sie gelernt haben, dass die Geschäftswelt und materielle Besitztümer sie nicht glücklich machen und ihnen kein Gefühl der Sicherheit geben. Und dennoch: Obwohl sogar die breite Öffentlichkeit die bevorstehenden Veränderungen begrüßt oder sich zumindest mit ihnen auseinandersetzt, halten wir kollektiv noch immer an alten Anhaftungen fest. Das heißt, wir sträuben uns, Aufgaben anders anzugehen. So zum Beispiel richten und wetteifern wir noch immer und glauben an Mangel und Begrenztheit. Und wir sind nicht vollkommen ehrlich gegenüber uns selbst und anderen, wobei wir uns oft hinter Höflichkeit oder politischer Korrektheit verstecken.

Die Kinder, die sich in neuerer Zeit inkarniert haben, unterscheiden sich von vorherigen Generationen. Man nennt sie aus gutem Grund »Kinder des Lichts«, »Millennium-Kinder« und »Indigo-Kinder«. Diese Kinder haben eine hoch entwickelte Wahrnehmung, sind sehr sensibel und regelrecht medial veranlagt. Außerdem bringen sie null Toleranz gegenüber Unehrlichkeit und Unechtheit auf. Sie wissen es, wenn jemand lügt – auf der Stelle!

Stellen Sie sich also vor, wie schwierig es für diese Kinder ist, in einem Bildungswesen zu stecken, in dem viel Unauthentisches vorkommt, wie etwa: »Tun wir doch einmal so, als ob wir gerne hier wären. Diskutieren wir nicht darüber, wie unfroh wir alle sind, gezwungenermaßen hierherzukommen und Dinge zu lernen oder zu lehren, bei denen wir nicht sicher sind, ob sie sich im wirklichen Leben praktisch anwenden lassen.«

Zu Hause behandeln Erwachsene ihre Kinder oft unaufrichtig. Zum Beispiel mögen die Eltern bestimmte Dinge vor ihren Kindern verbergen; das kann von ihren wahren Gefühlen bis zu ihren Trinkgewohnheiten reichen. Und dennoch wissen diese intuitiv veranlagten Kinder sofort Bescheid, wenn etwas nicht stimmt. Sie bitten Mama oder Papa vielleicht um eine Bestätigung dieser Gefühle. Leugnen die Eltern die Wahrheit, so kann es die Kinder vor Frustration regelrecht rasend machen. Kinder wissen nicht, wie sie die Diskrepanz zwischen dem innerlich Erlebten (der Wahrheit) und dem, was die Erwachsenen ihnen sagen (Unwahrheit), aussöhnen sollen.

Die Indigo-Kinder haben sich aus einem sehr heiligen Grund zu diesem Zeitpunkt inkarniert: um eine neue Gesellschaft einzuläuten, die auf Ehrlichkeit, Zusammenarbeit und Liebe basiert. Bis sie das Erwachsenenalter erreichen, wird sich unsere Welt immens von jener unterscheiden, die wir heute kennen. Wir werden keine Gewalt und keine Konkurrenz mehr kennen. Wir werden uns an unsere Fähigkeit erinnern, alles das Gestalt annehmen zu lassen, was wir brauchen; also besteht kein Bedarf mehr, mit anderen zu wetteifern. Da dann unsere natürlichen telepathischen Fähigkeiten wieder neu entfacht werden, wird es uns unmöglich werden, zu lügen. Und da alle die Einheit erkennen werden, die zwischen allem Lebendigen besteht, werden Rücksichtnahme und Aufmerksamkeit die Basis unserer Gesellschaft abgeben. Wir laden große karmische Schuld auf uns, wenn wir uns in die göttliche Mission der Kinder einmischen. Es ist von größter Bedeutung, dass wir dazu beitragen, diese Kinder so aufzuziehen, dass ihr spirituelles Streben erfolgreich sein kann. Dazu müssen wir sehr ehrlich mit ihnen sein. Wenn Kinder Fragen zu etwas stellen, dann sagen Sie ihnen die Wahrheit, auch wenn Sie sich unwohl dabei fühlen. Ich bete oft darum, geführt zu werden, wenn ich mich mit meinen eigenen Kindern unterhalte, damit ich auf eine liebevolle Weise die Wahrheit sagen kann. Wenn Ihnen unwohl dabei ist, gegenüber Kindern die Wahrheit zu sagen, lassen Sie sie es wissen. Sie brauchen Kinder dabei nicht zu Ihren Vertrauten zu machen, aber es ist wichtig, dass Sie sie ehrlich an Ihren Gefühlen teilhaben lassen. Auf diese Weise werden Sie zum positiven Rollenvorbild, das Kindern zeigt, wie sie ihren Emotionen Rechnung tragen können.

Spirituelle Heilung für Ihre Eltern-Kind-Beziehung
Hinter jeder Elternfrage an mich, die da lautet: »Was soll ich mit meinem Kind machen?«, steckt die zugrunde liegende Aussage: »Ich will, dass sich mein Kind ändert.« Die Frage der Eltern verrät ihre Überzeugung, das Ziel bestünde darin, das Kind willfährig zu machen.
Immer wenn wir versuchen, jemand anderen dazu zu bringen, etwas zu tun, stülpen wir diesem Individuum unseren Willen über. Das funktioniert nur selten, und fast immer sorgt es für Machtkämpfe. Dies trifft umso mehr zu, wenn wir es mit derart hochgradig intuitiv veranlagten Individuen wie den Indigo-Kindern zu tun haben. Wie Tiere spüren sie die Angst hinter Ihrem Wunsch, sie zu kontrollieren. Sie rebellieren gegen Ihre Bestrebungen, zu »gewinnen«, da Ihre Angst ihnen wiederum Angst machst. Sie wollen, dass Sie friedvoll sind und Sicherheit bieten. Sie wollen, dass Sie voller Frieden und sicher sind. Wenn Sie Ihren Kindern Druck machen, werden sie unsicher und ängstlich.
Von daher gilt: Immer wenn Sie eine bestimmte Seite am Verhalten Ihres Kindes aufregt, liegt ein erster Schritt darin, den Impuls zu zügeln, sofort zu reagieren. Geben Sie sich vielmehr selbst eine Auszeit von fünf oder zehn Minuten. Ziehen Sie sich ins Badezimmer oder einen anderen privaten Ort zurück, schließen Sie dann die Augen und atmen Sie tief durch. Bitten Sie um ein spirituelles Einschreiten Gottes,

Ihrer Engel und der Aufgestiegenen Meister. Eine besonders wirkungsvolle Methode ist es, sich vorzustellen, Sie übergeben die ganze Situation dem göttlichen Geist. Ich stelle mir oft Engel vor, die einen riesigen Eimer halten, in dem ich alles unterbringe, was mich stört. Sobald ich ein friedvolles Gefühl empfinde, weiß ich, dass Lösungen im Auftauchen begriffen sind. Diese Methode mündet immer in Wunder.

Zweitens: Behalten Sie Ihre Prioritäten im Sinn. Sie haben es für sich gewählt, zur Zeit des Übergangs zu einem neuen Jahrtausend als Lichtarbeiter oder Lichtarbeiterin auf die Erde zu kommen. Sie haben es für sich gewählt, Eltern eines Indigo-Kindes zu sein. Diese Aufträge haben für Sie oberste Priorität, und alles andere rangiert als weniger wichtig. Wenn Sie Ihr Leben rückblickend aus der Perspektive nach dem Tod betrachten, werden Sie die Momente, in denen Sie Ihren Kindern vorbildhaft Liebe vorlebten, als Ihre größten Erfolge betrachten. Was keine Rolle für Sie spielen wird, ist, ob Ihre Küche tipptopp war oder ihr Kind gute Noten hatte. Nur die Liebe wird zählen.

Stellen Sie sich drittens die Art von Beziehung vor, die Sie mit Ihrem Kind gerne hätten. Ich habe Eltern jahrelang in dieser Methode beraten, immer mit großartigen Ergebnissen. Eine Mutter war mit ihrer Weisheit am Ende, was ihre Tochter anging. Sie klagte ständig, wie »schlecht« sich ihre Tochter benehme. Ich fiel der Mutter ins Wort, indem ich ihr sagte: »Sie behaupten, dass Ihre Tochter eine Menge Fehler habe. Ist es das, was sie wirklich wollen?«

Sie sah mich an, als hätte ich den Verstand verloren, und sagte: »Nein, selbstverständlich nicht.«

»Nun«, gab ich zurück, »wir erleben alles, was wir behaupten, als wahr. Sie behaupten, dass sich Ihre Tochter danebenbenimmt, und solange Sie darauf als Ihre Wahrheit beharren, werden Sie genau das erleben.«

Meine Klientin, eine metaphysisch bewanderte Frau, wusste sofort, was ich meinte: Sie musste umdenken lernen. Ich half ihr, sich ihre Tochter als liebevoll, freundlich und ihr zugeneigt vorzustellen – und als alles Sonstige, das meine Klientin sich wünschte. Sie stellte es sich in allen Einzelheiten visuell vor und sah zum Beispiel vor sich, wie ihre Tochter und sie zusammen ins Kino gingen. Es dauerte nur wenige Tage, bis sie zu berichten wusste, dass sich ihre Tochter genau so verhielt, wie sie es visualisiert hatte. Die Heilung erfolgte auf der Stelle und hält nun schon mehrere Jahre lang vor.

Manche Menschen mögen sich dabei winden und denken: Heißt das nicht, dass ich meinem Kind meinen Willen aufzwinge? Ich glaube, diese Visualisierungsmethode ist ein Produkt unseres Wissens, dass wir alle ein und dasselbe Wesen sind. Es gibt keine voneinander getrennten Menschen, sondern nur eine Illusion, dass andere von uns selbst getrennt seien. Visualisierungen untermauern die Wahrheit, dass aus jedem und jeder entsprechend den eigenen Gedanken, Gefühlen und Erwartungen Bilder nach außen projiziert werden.

Ist es denn nicht so, dass Sie sich gegenüber unterschiedlichen Menschen unterschiedlich verhalten? Sind Sie nicht anfälliger für üble Laune, wenn Sie sich in der Nähe von »negativ eingestellten« Menschen aufhalten? Bei unseren Kindern ist es nicht anders. Wenn wir sie als heilige, glückliche, perfekte und schöne Kinder Gottes sehen, ist es nur zu natürlich, dass sie diese Qualitäten ausstrahlen.

Indigo-Kinder und die Umstellung auf andere Frequenzen
In Bioläden und Zeitschriften, die ein naturnahes Leben propagieren, finden Sie »Heilmittel« auf der Basis von Kräutern und Blütenessenzen gegen ADHS. Gut möglich, dass diese Methoden sehr gut wirken. De facto wird alles, woran wir glauben, immer wirken.

Dennoch bin ich kein großer Fan von äußerlichen Behandlungsweisen. Ich bin davon überzeugt, dass Menschen, die sich für bestimmte Präparate und Aromatherapie stark machen, die lautersten Absichten haben – bitte verstehen Sie mich also nicht falsch. Meine Überzeugungen gehen auf die Philosophie zurück, dass jeder Zustand eine Illusion ist und dass wir diesen Zustand, wenn wir ihn diagnostizieren, abstempeln oder behandeln und zu etwas Realem machen. Außerdem bewirken wir, dass er sich verschlimmert.

Es ist wichtig, dass wir unsere Kinder in keiner Weise als »kaputt« abstempeln oder beurteilen. Seien wir sogar vorsichtig mit dem Begriff »Indigo-Kind« und lassen wir uns von diesem Etikett nicht dazu verleiten, zu denken, unsere Kinder seien etwas Besonderes oder anders. Jedes von Gottes Kindern gleicht den anderen, da wir alle eins sind. Der einzige Unterschied ist der: In diesem Traum der materiellen Welt, in der wir getrennt scheinen, haben die Indigo-Kinder eine einzigartige Mission. Sie sind buchstäblich Menschen aus der Zukunft, die sich auf einen Planeten inkarniert haben, der noch in der Vergangenheit wurzelt.

Sehen wir unsere Indigo-Kinder also aus der höchsten Warte. Ehren wir den Engel in ihnen, wie der Kanal Kryon immer sagt, ebenso wie wir den Engel in uns selbst und anderen ehren. Lassen Sie uns mit diesem Gedanken im Sinn und gemeinsam mit Gott die Eltern unserer Indigo-Kinder sein.

Ich habe aus meinen Gesprächen mit Gott und den Engeln gelernt, dass es unabdingbar ist, hervorragend für unseren Körper zu sorgen. Der Grund dafür hat nichts mit Eitelkeit oder Ästhetik zu tun; es geht rein darum, dass ein gut harmonisierter, richtig ernährter Körper empfänglicher ist für die göttliche Führung. Die spirituelle Bedeutung einer natürlichen Ernährungsweise, bei der wenig oder gar kein Fleisch auf dem Speisezettel steht, wird von vielen östlich ausgerich-

teten Denkschulen befürwortet sowie auch von der Schule des Philosophen Pythagoras (der Wiege der modernen Metaphysik und der spirituellen Heilung).
Lebensmittel tragen Schwingungsfrequenzen in sich. Die Nahrungsmittel höherer Frequenzen helfen dem Körper dabei, schneller zu schwingen, sodass jemand leichter im Zustand seines wahren Selbst ruhen kann. Je höher Ihre Frequenz, desto eher werden Ihre natürlichen intuitiven Fähigkeiten die Botschaften Gottes, Ihrer Geistführer und Engel auffangen.
Lebendige, frische Nahrung wie Gemüse, Obst und Getreidesprossen haben die höchste Schwingungsfrequenz. Tote, tiefgefrorene, getrocknete oder überlang gekochte Nahrungsmittel weisen die niedrigste Schwingungsfrequenz auf. Niedrige Schwingungen finden sich auch in Zucker, Lebensmittelfarbstoff, Konservierungsmitteln und Pestiziden (Letztere tragen die Energie des Todes in sich), die auf konventionell angebaute Nahrungsmittel gesprüht werden.
Sie helfen sich selbst und Ihrem Kind, spirituell die höchste Frequenz zu erreichen – was für die Energie des Neuen Zeitalters notwendig ist –, indem Sie eine zu weiten Teilen vegetarische Ernährung ohne Chemikalien wählen. Tatsache ist, dass genau dies von Experten empfohlen wird, die ADHS behandeln.
Die Medien – Fernsehen, Zeitschriften, Filme, Radio, das Internet und die Zeitungen – tragen ebenfalls Schwingungsfrequenzen in sich. Sofern diese Medien auf Negativität, Angst oder Mangelgefühlen aufbauen, weisen sie die niedrigsten Frequenzen auf. Schränken Sie sich also ein, wenn es um die Neigung geht, zu Hause die Nachrichten zu hören, und lassen Sie keine negativen Zeitungen oder Magazine herumliegen. Beten Sie um spirituelle Einflussnahme, damit Ihr Kind von Medien mit negativen Themen ferngehalten

wird. Ihre Gebete werden schneller und effektiver wirken als Gardinenpredigten oder Tadel.

Und erinnern Sie sich außerdem schließlich an die enorme Macht der Vergebung, in allen Bereichen Ihres Lebens Wunder zu bewirken, insbesondere in Ihren zwischenmenschlichen Beziehungen. Wie heißt es in *Ein Kurs in Wundern:* »Vergiss heute nicht, dass es keine Form von Leiden geben kann, die nicht einen unversöhnlichen Gedanken verstecken würde. Noch kann es eine Form von Schmerz geben, die die Vergebung nicht heilen kann.«

Ich finde, die Herausforderungen, Eltern eines Indigo-Kinds zu sein, werden noch verschärft, wenn die Ehe der Eltern auf dem Prüfstand steht oder sie eine wenig erquickliche Scheidung durchmachen. Interessanterweise kamen Patrick J. Kilcarr, Ph.D., und Patricia O. Quinn, M.D., im Zuge einer achtzehnmonatigen Studie von Familienkonstellationen in Zusammenhang mit ADHS zu folgendem Schluss:

> »Die beiden entscheidendsten und einflussreichsten Faktoren waren offenbar die Einstellung des Vaters gegenüber seinem Kind und sein Glaube an das Kind. Mütter bringen von Natur aus und oft auf bedingungslose Weise ihre Liebe zu ihren Kindern zum Ausdruck, besonders bei Kindern, die sie mehr zu brauchen scheinen und stärker von anderen abhängig sind, wie zum Beispiel solche mit ADHS. Wenn Väter dagegen nicht verstehen, wie sich ADHS bei ihren Kindern äußert, geben sie vielleicht fortlaufend zu verstehen, dass sie enttäuscht sind – was zu einem emotionalen Rückzug führt.
>
> Viele der interviewten Väter rangen damit, jeweils auszumachen, welche Verhaltensweisen mit ADHS zusammenhingen und welches negative Betragen aufseiten ihres Kindes Absicht war. Oft führte dies zu erhöhter Frustra-

tion bei den Vätern und zu einer übermäßigen Konzentration auf problematische Verhaltensweisen. In diesem Muster steckt das Potenzial, Vater und Kind in einem Kreislauf negativer Interaktion gefangen zu halten. Väter, deren Berichte auf ein tiefes Verständnis für die Auswirkungen von ADHS auf ihre Kinder schließen ließen, waren generell in der Lage, diesen Kreislauf der Zerstörung zu vermeiden, indem sie sich auf das positive Verhalten konzentrierten.«

Hiermit soll nicht versucht werden, den Vätern die Schuld an jeder Situation in die Schuhe zu schieben. Tatsache ist, dass sich meinen Erkenntnissen zufolge die Situation sogar noch verschlimmert, wenn die Mutter in irgendeiner Form dem Vater des Indigo-Kindes die Schuld gibt. Es ist absolut wichtig, dass alle, die mit dem Kind zu tun haben, bereit sind, sich selbst, dem anderen Elternteil, dem Kind, den Lehrern, den Ärzten und überhaupt jedem zu verzeihen.
Wenn wir die Energie einer nachtragenden Gesinnung in unserem Bewusstsein tragen, sind wir buchstäblich in der alten Energie zentriert. Wir existieren dann in dem Paralleluniversum, das vom Ego beherrscht wird. In dieser Welt regieren die Probleme und triumphiert das Chaos. Sind wir jedoch bereit, uns selbst und der Welt zu verzeihen, so siedeln wir unsere Mitte wieder in der wahren Welt der Liebe und des höheren Geistes an. In dieser Welt wird alles harmonisch geheilt. Zum Glück müssen wir nicht versuchen, zu verzeihen; wir müssen einfach *bereit* sein, zu verzeihen. Dieses kleine Fenster des Verzeihens reicht aus, dass das Licht des göttlichen Geistes uns von all den falschen Illusionen in unseren Gedanken heilen kann.
Ein Indigo-Kind zu haben, ist ein wirkliches Geschenk für die Welt, und wenn Sie die Situation vereint mit dem gött-

lichen Geist angehen, ist sie ein Geschenk für Sie und das Kind. Ihr Kind ist hier, um Sie etwas zu lehren, und umgekehrt. Indem Sie von Herz zu Herz miteinander sprechen, werden Sie von Ihrem Kind verblüffende spirituelle Wahrheiten lernen. Außerdem werden Sie größere Nähe und ein Gefühl des Vertrauens entwickeln. Und wir müssen uns immer daran erinnern, dass Gott die wahre Mutter und der wahre Vater des Indigo-Kindes ist. Wenn wir uns beständig Gott zuwenden, damit er uns bei unserer Elternrolle behilflich ist, wird die Erziehung eines Indigo-Kindes zu einem höchst sinnvollen und vergnüglichen Teil unseres göttlich bestimmten Lebenszwecks.

Die spirituelle Evolution
Von den Metaphysikern und ihren Informationsquellen hören wir, dass diese neuen Kinder, die auf den Planeten kommen, ein weitaus höher entwickeltes spirituelles Bewusstsein aufweisen. Das bedeutet nicht, dass alle Indigos Geistliche oder spirituelle Giganten werden. Es bedeutet aber, dass sie mit einem anderen Bewusstsein hier ankommen als wir.
Warum sollte das so sein, sofern es überhaupt stimmt? Auch hier gilt wieder, dass laut den meisten spirituellen Informationsquellen diese Kinder nicht nur erwartet wurden; sie beweisen auch die Weiterentwicklung des menschlichen Bewusstseins über die »alte Energie« vorheriger Generationen hinaus. Sie sind Friedensstifter, weise alte Seelen und eine erhabene Hoffnung auf Besserung der Lage dieses Planeten. Sie sind daran interessiert, zu Hause zwischen ihren Eltern Frieden zu schaffen. Sie haben Herzensanliegen – weit mehr, als man es allgemeinen Normen zufolge von Kindern erwarten würde –, und sie lassen eine Weisheit hervorsprießen, die uns sprachlos macht. Humanitäre Instinkte sind ihnen sozusagen »serienmäßig eingebaut«, und sie zeigen sich

von Anfang an. Sie wissen, dass sie dazugehören. Sie sind ein neuer Evolutionsschritt der Menschheit.

Wir wissen nicht, wie es Ihnen geht, aber wir jedenfalls wollen diese Friedensstifter fördern. Wir wollen ihnen jede Aufmerksamkeit zuwenden, damit sie genau das sein können, wozu sie hierhergekommen sind: die Hoffnung auf ein weit besseres planetares Bewusstsein, als wir es je für möglich gehalten hätten.

Vielen spirituellen und religiösen Historikern fällt dieses planetare Phänomen auf; sie glauben, dass es tatsächlich einen Umschwung im Hinblick auf Prophezeites auslöst. Aus ihm spricht eine weitaus größere Chance für die Menschheit, weit über den Jahrtausendwechsel hinaus. Es macht einige der für den schlimmsten Fall vorhergesagten Ausgänge null und nichtig – Ausgänge, von denen in alten Schriften die Rede ist –, und bestärkt anders lautende spirituelle Informationen, die besagen, dass der Mensch im Hinblick auf sein eigenes Schicksal durchaus etwas bewirken kann: die Zukunft ändern und über frühere Angst und früheren Hass hinausgelangen. Es lässt uns hoffen, dass alle düsteren Prophezeiungen im Zeitalter der Indigos blanker Unfug sind.

Wir könnten uns keinen besseren Übergang zum nächsten Kapitel vorstellen, als Sie hier mit einer Geschichte von Laurie Joy Pinkham bekannt zu machen. Laurie spricht als Mutter zu Ihnen, gleichzeitig jedoch verfügt sie über einen Abschluss der University of New Hampshire in Frühkindlicher Erziehung und einen Doktortitel in Theologie. Sie erzählt von ihren eigenen Erfahrungen und Kämpfen mit Indigo-Kindern. Obwohl sie Spirituelles anspricht, wird Ihnen auffallen, dass auch sie wieder auf ADS und ADHS zu sprechen kommt. Warum wird diese medizinische Dia-

gnose im ganzen Buch immer wieder erwähnt? Was hat sie mit Indigo-Kindern zu tun?
Hier ist Laurie Joy Pinkhams Geschichte. Behalten Sie sie im Hinterkopf, wenn Sie im nächsten Kapitel etwas über Ritalin, die Diagnose »ADHS« und alternative Anregungen zur Förderung des Gesundheitszustandes von allen zu Unrecht mit der Diagnose »ADHS« abqualifizierten Indigos lesen.

Meine lieben Indigos!
PASTORIN DR. LAURIE JOY PINKHAM

Ich habe zwei Indigo-Kinder großgezogen, und auch meine drei Enkelinnen sind Indigos. Meine Söhne sind in den 1970er-Jahren geboren und meine Enkelinnen in den Neunzigern. Ihre Erziehung war im Lauf dieser Jahre keine einfache Aufgabe. Ich habe immer gewusst, dass beide Söhne irgendwie sehr anders waren – jeder als Individuum, aber doch sehr anders als ihre Alterskameraden.
Mark, mein älterer Sohn, war schon immer sehr sensibel und geht bei den meisten Menschen ziemlich auf Abstand. Als Kleinkind lag er buchstäblich stundenlang in seinem Babybett und »unterhielt sich« mit dem Mobile und seinen Kuscheltieren. Er mochte es nicht gerne, wenn man ihn auf den Arm nahm oder mit ihm schmuste, sondern zog den Trost der »unsichtbaren« Führer und die Sicherheit innerhalb der Gitterstäbe seines Bettchens vor.
Marks sprachliche Fähigkeiten traten schon in sehr frühem Alter klar zutage; mit anderthalb konnte er ganze Sätze sagen. Als Zweijähriger war er ein Genie im Bauen mit Legosteinen und Lincoln Logs, und er liebte Musik, insbesondere Mozart, Chopin, Beethoven und die ganze Barockmusik.
Mein jüngerer Sohn Scott klammerte sehr und litt extrem

darunter, hier zu sein. Von dem Moment an, in dem er seinen ersten Atemzug tat, schrie und schrie er. Es wollte scheinen, als hielte das drei Jahre lang an. In den ersten neun Monaten seines Lebens schlief er sehr wenig. Tatsache ist, dass er in dieser Zeit meistens in einem Tragesack herumgetragen wurde. Mein tröstlicher Herzschlag und die Wärme und Nähe meines Körpers schienen das Einzige, was für ihn förderlich war und ihm genug Sicherheit gab, um jeweils für kurze Zeit zu schlafen.

Das Schwierigste beim Großziehen dieser Kinder war, dass mir keine Hilfsmittel zur Verfügung standen, die mich hätten unterstützen können. Ich sah auf andere Eltern und fragte mich, was mit meinen Kindern bloß los war. Warum verhielten sie sich so? Infolge der Tatsache, dass unsere Kinder nicht »der Norm« entsprachen, hatten wir keine engen Freunde, und von daher lud uns niemand zu sich nach Hause ein. Wir alle fühlten uns isoliert.

Ich habe Kinder immer geliebt und wusste schon immer, dass ich mindestens zwei haben würde. Weil ich meine Kinder besser verstehen wollte, studierte ich Frühkindliche Erziehung und unterhielt in den Achtzigerjahren ein Jugendfürsorgeprogramm. Während dieser Zeit beobachtete ich Kinder mit den unterschiedlichsten familiären Hintergründen. Diese Kinder erzählten die wildesten Geschichten über ihre Engel, Führer und imaginären Freunde. Ich liebte es regelrecht, ihnen zuzuhören, und es war sehr tröstlich, zu wissen, dass diese Kinder eines Tages als die Norm gelten würden und dass diese Geschichten die Wirklichkeit darstellten, die wir schließlich verstehen würden.

Meine beiden Kinder waren ungewöhnlich, was ihre Erlebnisse anging. Scott weckte mich nachts immer auf, damit ich mit ihm nach draußen gehen sollte, um mir mit ihm die Raumschiffe anzusehen, die er sah. Also stand ich auf, ging nach draußen und hörte ihm einfach zu, was er schilderte. Ich selbst sah natürlich nichts! Ich wusste, dass das für ihn wichtig war. Es wäre keine gute Idee gewesen, ihn als Siebenjährigen mitten in der Nacht alleine draußen zu lassen. In dieser Zeit – sie dauerte, bis er vierzehn war – unterhielten wir uns über all die metaphysischen Dinge, um die er wusste. Sein Bruder Mark rief mich immer nachts zu sich ins Zimmer, um zu fragen, ob ich den Raumfahrer sähe, der dort stand, oder die fliegenden Untertassen. Natürlich konnte ich auch diese nicht sehen, aber ich wollte es wirklich. Ich wartete immer und hoffte, dass auch ich sie irgendwann sehen könnte. Rückblickend frage ich mich, ob es nicht die ganze Zeit darum ging, dass meine Kinder mich wachrütteln wollten.

1984 wurde nach enormen Schwierigkeiten in der Schule bei Scott ADHS diagnostiziert (damals nannte man es in Amerika noch ADDH). Ich wusste rein gar nichts darüber, verschlang jedoch sämtliche Informationen, die ich bekommen konnte. Beim Lesen wurde mir klar, dass auch Mark ein Kind mit ADS war, wenn auch ohne den Faktor Hyperaktivität. Damit begann ein völlig neues Herangehen an meine Elternrolle: Ich wollte verstehen und daran arbeiten, unser Leben so friedvoll wie möglich zu gestalten. Keine leichte Aufgabe! Es gab nichts, worauf wir zurückgreifen konnten.

Unsere Kinder betrieben alle gängigen Sportarten – was uns alle zusammenbrachte. Außerdem vermittelte es ihnen das Gefühl, irgendwo dazuzugehören. Während eines Großteils ihrer frühen Jugend waren sie soziale Außenseiter gewesen; Kämpfe und Reaktionen auf andere waren für sie die einzige Möglichkeit gewesen, mit ihrer Situation fertig zu werden. Sie konnten nicht begreifen, warum ihnen diese Dinge passierten, und beide stimmte das fehlende Verständnis von Gleichaltrigen traurig.

Wir probierten verschiedene medikamentöse Behandlungsformen, die jeweils für einen längeren Zeitraum wirksam waren. Ritalin und Dexadrin waren damals auf medizinischem Gebiet die Mittel der Wahl. In unserer Gegend gab es keine Homöopathen, und auch alternative Medizin war 1983 nicht in breiteren Kreisen anerkannt oder für sie zugänglich.

Auf der Suche nach Antworten, wie unseren Kindern zu helfen wäre, wandten wir uns an diverse Spezialisten. Meistens stießen wir auf eine Mauer, und der Rat, den man uns gab, beschränkte sich darauf, dass wir sehr strikt die Zügel anlegen und ein stark kontrollierendes Verhalten an den Tag legen sollten – Vorgehensweisen, die sich einfach nie richtig anfühlten und eine Menge Hass in unserem Familienverband erzeugten, als wir sie ausprobierten. Zudem schufen sie bei unseren Söhnen noch mehr Verhaltensprobleme.

Ich fand heraus, dass der erste Schritt darin bestehen musste, den Unterschied zu akzeptieren, wenn wir versuchen wollten, ihnen zu helfen. Schließlich waren diese Kinder wegweisend für viele weitere Kinder mit ADS und ADHS, die auf sie folgten. Ich beteiligte mich daran, eine lokale Selbsthilfegruppe für Eltern zu gründen, die mit ihren Kindern die gleichen Erfahrungen machten. Diese Gruppe mündete in die Gründung von »Kinder mit Aufmerksamkeits-Defizit-Syndrom, Ortsgruppe New Hampshire« (Chapter of Children with Attention Deficit Disorder, CH.A.D.D.).[50] Das Schöne daran war der Erfahrungsaustausch mit anderen Eltern. Wir konnten über den Frust reden, den wir allesamt erlebten, und nach dem Prinzip von Versuch und Irrtum Probleme lösen.

Als meine Kinder in die Pubertät kamen, wurde es schwieriger, ihnen zu helfen. Die gängigen Verhaltensweisen Heranwachsender, gekoppelt mit ihrer medizinischen Diagnose und ihrer Lernbehinderung, begannen an uns allen zu zehren. Das Schulsystem war von seiner Struktur her nur darauf ausgerichtet, zu strafen, nicht zu unterstützen. Man verstand diese wegweisenden Kinder dort nicht, sondern versuchte nur, Verhalten zu steuern.

Als Mark fünfzehn Jahre alt war, sprach er mit uns darüber, dass er gerne mit einem Freund zusammenleben wollte, und wir beschlossen, den Versuch zu starten. Es lief nicht gut zu Hause, also hofften wir, dass die räumliche Trennung eine Hilfe sein würde, doch stattdessen verschlimmerte sich die Lage nur noch. Mark geriet in Schwierigkeiten, die dazu führten, dass er in ein Erziehungsheim kam, wo er in einer Wohngruppe leben sollte. Das verstärkte seine Verhaltensprobleme. Er wurde dort wegen seiner Impulsivität untergebracht, und weil er so sein wollte wie alle anderen. Er konnte nie überblicken, welche Folgen die Handlungen haben würden, die er vorhatte; er verstand sie einfach nicht. Sobald vollendete Tatsachen geschaffen waren, war seine Miene immer so entgeistert, als könnte er es nicht fassen, dass er nicht erkannt hatte, in welche Schwierigkeiten ihn sein Tun bringen würde. Zu dieser ersten Serie von Vorfällen gehörte Ladendiebstahl. Er stahl ein Buch über Runen und dann ein paar Wochen später als Mutprobe den Wagen vom Vaters eines Freundes.

Nachdem er aus dem Heim entlassen wurde, geriet er ein paar Jahre lang immer wieder in schwierige Situationen. Stets gingen diese damit einher, dass er nicht in der Lage war, die Folgen seines Vorhabens zu überblicken. Er wurde niedergedrückt und verhärtete. Als Mutter war ich mit meiner Weisheit am Ende, wenn es darum ging, wie ich ihn unterstützen konnte, ohne ihn in seinem Verhalten zu bestärken. Ich wusste, dass er im Kern ein wunderbarer Mensch war, aber ich hatte keine Vorerfahrungen im Umgang mit den Verhal-

tensproblemen eines hormonell aus dem Gleichgewicht geratenen männlichen Jugendlichen mit ADS.
Scott, mein jüngerer Sohn, war ebenfalls eine harte Nuss. Er war ein Ass in Sport, vor allem in Hockey, sowie in Musik, Kunst und im Verfassen von Fantasiegeschichten; der restliche Schulunterricht jedoch stellte ihn vor viele Schwierigkeiten. Für ihn gab es nur Schwarz oder Weiß. Von seinem Sozialverhalten her war er stets auf Konkurrieren ausgerichtet. Er wollte immer gewinnen, ob bei Brettspielen oder in Diskussionen.
Zur Wintersonnenwende 1991 besuchte ich Mark in der Wohnung, die er sich damals mit Freunden teilte, und brachte ihm ein »Care-Paket«. (Bei meinem letzten Besuch hatten sie nur Würstchen, Bolognese und Bier im Kühlschrank gehabt.) Als ich den Hausflur betrat, staunte ich nicht schlecht, als ich eine Christusfigur oben auf dem Treppenabsatz stehen sah. Ich erkannte sie wieder: Sie stammte aus der Kirche am anderen Ende der Straße.
Da beide Jungs in den Vorfall verwickelt waren, machte ich ihnen klar, dass sie 48 Stunden Zeit hätten, den Christus in die Kirche zurückzubringen, oder ich würde die Polizei anrufen. Jeden Tag rief ich bei der Pfarrei an, und jeden Tag erhielt ich dieselbe Antwort: »Nein, die Statue ist noch nicht wieder da.«
Am dritten Tag verständigte ich die örtliche Polizeidienststelle und informierte sie über den Verbleib der Figur. Die Polizei fuhr zu Marks Wohnung, beschlagnahmte die Statue und nahm ihn fest. Mark war nicht mehr minderjährig, also landete er für ein Jahr im Bezirksgefängnis.
Rückblickend betrachtet ist diese Zeit schon interessant: Mark wurde bis zu seiner Vorladung gegen Kaution freigelassen. Er »verpasste« den Termin für die Vorladung und wurde deshalb am 11. Januar 1992 festgenommen – da hatten wir

die metaphysisch bedeutsame Zahl 11:11[51] –, als eine spirituelle Tür zur Erleuchtung aktiviert wurde.

Fünf Monate später zwangen die Schuldgefühle Scott dazu, zu gestehen, dass in Wirklichkeit er derjenige gewesen war, der die Statue gestohlen hatte: Er hatte sie zu Marks Wohnung gebracht. Er suchte das Gericht auf und gestand einem Richter, dass er der Täter gewesen war, worauf man ihn für neunzig Tage in ein Jugendheim steckte.

Damals endete auch meine Ehe. Als Eltern waren mein Mann und ich ratlos, wie wir diesen Kindern helfen konnten. Es war, wenn ich von heute aus zurückblicke, wirklich ein Punkt in meinem eigenen Leben, wo sich etwas völlig Neues auftat. All dies – meinen Sohn anzuzeigen, mich von meiner Ehe zu lösen, das Eintreffen der Polizei gleichzeitig mit den 11:11-Feierlichkeiten und mein spirituelles Erwachen – hatte sich von dem Punkt an ergeben, wo ich 1988 Reiki-Meisterin wurde. Jetzt wusste ich, dass mein Sohn Mark und ich einen Pakt geschlossen hatten. Heute sprechen wir offen über diese Dinge und können darüber lachen. Wir konnten die Wunden heilen, die eine sehr schwierige Zeit in unserem Leben gerissen hatte, und wir wissen, dass wir es hätten anders machen können, uns aber eben hierfür entschieden hatten.

1997 landete Mark erneut im Bezirksgefängnis, diesmal wegen Verletzungen der Straßenverkehrsordnung, Geschwindigkeitsüberschreitung, Fahrerflucht und unbezahlten Bußgeldern. Während dieser Zeit gab meine innere Stimme mir ein, ihn nicht zu besuchen. Sie »sagte« mir, ich solle warten und ihm zu verstehen geben, dass sein Verhalten Konsequenzen hatte und dass dies für ihn eine Zeit des Lernens sei und ein neues Erwachen.

Sechs Monate vor seiner Freilassung gab mir die innere Stimme ein, dass ich beginnen solle, ihm Bücher zu schicken. Ich schickte ihm sämtliche Kryon-Bücher von Lee Carroll sowie die Bände *Gespräche mit Gott* von Neale Donald Walsch. Er las sie alle – zugegebenermaßen war er gefesselt von ihnen – und begann, sie sogar an Mithäftlinge weiterzureichen: Sie lasen sie und sprachen dann darüber. Ich hatte das Gefühl, als schließe sich der Kreis: von meinem eigenen frühen Erwachen, als ich offen wurde für Raumfahrer und geistige Führung und Engel, über sein Erwachen im Bezirksgefängnis bis zu dem Punkt, wo er andere wachrüttelte, die ihm zuhörten. Ein Wegbereiter!

Mark, mittlerweile aus dem Gefängnis entlassen, ist nun Reiki-Lehrer; er ist berufstätig und zieht seine beiden Töchter Kathryn und Emma auf, und er hat eine neue Herangehensweise an das Leben. Er ringt mit den Diskrepanzen in sich selbst, öffnet sich aber auch für ein neues Verständnis davon, wer er ist. Ich bin davon überzeugt, dass dieses frühe Indigo-Kind hier ist, um anderen zu helfen und Vater von zwei jungen Frauen zu sein, die hier sind, um etwas zu bewirken.

Scott arbeitet auf dem medizinischen Sektor und hat ein Kind, Kayley, die ich »Kibit« nenne. Als Kibit geboren wurde, wusste ich es, obwohl ich etliche Bundesstaaten entfernt war, und ich raste gerade zurück, um noch pünktlich da zu sein. Es überraschte mich nicht, dass Scott vom Krankenhaus anrief. Ich fuhr hin und konnte die Geburt von Kayley Isabel mitbekommen.

Dieses Kind »sprach« wenige Augenblicke nach seiner Geburt zu mir. Die Kleine hatte ziemliche Probleme und sollte mit dem Hubschrauber in eine große Klinik gebracht werden. Ich hielt sie im Arm und sagte ihr, wenn sie zur Welt des Geistes zurückmüsse, sei es in Ordnung. Und da teilte sie mir mit, dass sie da sei, um mit mir zusammenzukommen, und dass wir uns erst in vier Monaten wiedersehen würden. Die ganze Kommunikation funktionierte, indem wir uns in die Augen blickten.

Scott und ich gerieten in Streit, und so dauerte es in der Tat vier Monate, bis ich Kibit wieder im Arm hielt. Scott begann mir Geschichten von ihr zu erzählen: dass er immer das Gefühl habe, sie könne alles an ihm sehen. Ich weiß noch, wie er sagte, sie könne wohl seine Gedanken lesen und sie starre ihn ständig an. Als sie älter wurde, traten ihre sprachliche Begabung und ihre Unabhängigkeit sehr deutlich zutage. Mit vierzehn Monaten sprach sie bereits ganze Sätze. Sie wusste, woher sie gekommen war, und sagte es mir. Sie saß in ihrem Babybettchen, schaute unentwegt und »sprach«, ohne den Mund aufzumachen.

Scott selbst hat immer »Glück« gehabt. Er wusste immer – das brachte er einfach mit –, wann er gewinnen und wann er verlieren würde, und er traf dabei stets ins Schwarze. Er unterhält sich oft mit mir über Kayley, weil er weiß, dass auch sie anders ist.

Bevor mehr Leute über Indigo-Kinder zu sprechen begannen, hatte niemand von uns einen Anhaltspunkt, wer diese ungewöhnlichen, manchmal missverstandenen und oft sehr begabten Kinder waren. Es erfüllt mich mit solchem Staunen, die nächste Generation dieser wundervollen Wesen zu sehen. Sie wissen, was sie wollen und wer sie sind, und sie scheuen sich absolut nicht, einem das zu sagen. Sie sagen dir, dass sie vorher schon hier gewesen sind und dass sie wissen, wer du zuvor warst. Kayley spricht heute mit mir darüber. Sie erzählt mir von ihren Engeln und Führern und was sie ihr sagen. Scott hört seine Tochter und begreift nun, warum er als Heranwachsender solche Schwierigkeiten hatte.

Emma, Marks Tochter, ist noch klein, trotzdem gibt es Anzeichen dafür, dass sie ein Indigo-Kind ist. Sie spricht und ist motorisch unglaublich geschickt. Sie ist groß für ihr Alter und gelenkig. Ihre Augen funkeln immer, und sie deutet auf die unsichtbaren Dinge, die ich noch immer nicht sehen kann, aber ich weiß, dass sie mir dabei sagt, wen sie um mich herum erblickt und dass diese Wesen meine Führer und Engel sind. Sie lächelt ihnen zu, spricht mit ihnen ... und dann sieht sie mir in die Augen und sagt mir stumm, wer ich bin.

Marks andere Tochter, Kathryn Elizabeth, spricht von dem kleinen Hausengel, den sie hat. Sie lächelt und streckt die Hand aus, und dann gehen sie zum Sandkasten, um Tunnel zu graben, Sandkuchen zu backen und über die bevorstehenden Tage zu sprechen.

Es hat mir geholfen, zu wissen, dass meine Kinder in der Tat ein Geschenk sind. Wir haben in diversen Leben Abmachungen miteinander gehabt, und es ist wahrlich ein Segen, zu wissen, dass das mit meinen Enkelinnen weitergeht. Ich liebe meine Söhne sehr, und ich sage ihnen heute noch immer, wie unglaublich besonders sie sind. Ich sagte ihnen, dass ich dankbar bin für die harten Zeiten, die wir durchgemacht haben, und dass uns diese Reise einander nähergebracht hat. Ich weiß, dass meine Kinder vielen den Weg gewiesen haben. Sie haben meine Seele auf ihrem Weg erweckt, und sie haben meine Enkelinnen gezeugt, die in der Tat sehr genau wissen, wer sie sind.

Weitere Erzählungen über Indigos

Als meine Tochter Marlyn knapp drei war, sprachen wir wieder einmal zusammen das Gebet »Müde bin ich, geh zur Ruh ...«. Nachdem wir damit fertig waren, fragte mich Marlyn, was ich gewöhnlich betete, und sie bat mich, das Gebet laut zu sprechen. Ich sagte das Vaterunser auf, und sie betete sofort mit. Ich wusste, dass sie damit noch nie in Berührung gekommen war, zumindest nicht in ihrem derzeitigen Körper, also fragte ich sie, woher sie das Gebet so gut kenne. Da erklärte sie mir, sie habe es »immer« wiederholt. Ich gratulierte ihr, dass sie sich so gut daran erinnern konnte.

Wir führten ein richtiges Gespräch darüber, wie ausgeprägt manche dieser Erinnerungen sein konnten und wie wichtig es sei, sie zu achten. Diese Art von Unterhaltung war nicht ungewöhnlich, und für mich war sie ziemlich normal, denn ich hatte keine Geschwister gehabt und besaß wenig Erfahrung mit derart kleinen Kindern. Erst wenn Freunde mich darauf aufmerksam machten, dass wir uns extrem »erwachsen« unterhielten, wurde mir überhaupt bewusst, dass das nicht die Norm war.
Einmal saß das Mädchen auf dem Rücksitz, während ich vorne neben meiner Freundin war, die den Wagen steuerte. Wir beiden Frauen unterhielten uns gerade über etwas ziemlich Esoterisches zum Gedankengut der Tempelgemeinschaft, der wir angehörten. Einiges in der Gruppierung schien uns so egozentrisch, so sehr auf die Führungsgestalt der Organisation konzentriert, und dennoch, so sagten wir, sei zweifellos die Präsenz der höchsten Wahrheit spürbar, die dem Ganzen zugrunde lag. Da schaltete sich Marlyn mit piepsigem Stimmchen ein und meinte, wir sollten uns Mühe geben, uns gegenseitig und »die Wahrheit« (offenbar meinte sie das Oberhaupt der Organisation, über das wir gesprochen hatten) zu verstehen. Meine Freundin war entgeistert; ich jedoch erkannte wieder einmal: Weil Marlyn eine derart alte Seele ist, ist es ganz natürlich für sie, diese Notwendigkeit benennen zu können.

Terry Smith, Mutter von Marlyn, mittlerweile 12

Meine fünfzehnjährige Tochter Stef und ich leben auf dem Land in einer traditionsbetonten religiösen Gemeinschaft holländischer Prägung. Ich weiß, es gibt einen Ort für unsere Worte, und ich bete darum, dass wir dorthin geführt werden.
In der Schule unterhielten wir uns einmal darüber, wie sich die Kinder den Himmel vorstellten, und meine Tochter sagte: »Himmel ist ein anderes Wort für den Ort, der nach dem hier kommt, aber auch das Wort ist immer noch eingrenzend.«

Bei unserem Gespräch über den Himmel sagte sie: »Gott hat nicht aufgehört mit dem Erschaffen – das Universum ändert sich ja. Er macht Menschen und Dinge so, dass sie lernen, ihn zu lieben.«
Als wir über die Vorhersehung sprachen, meinte sie: »Gott weiß nicht, was wir tun werden. Er hat dich mit Liebe und seinem Wissen gebaut. Du musst das tun, was du für richtig hältst. Du hast ein Schicksal, aber willst du es? Wenn du jemanden schlägst, plant Gott das nicht für dich; es ist deine Wahl. Gott hatte einen Gedanken – er erschuf die Menschheit, und die Menschheit versuchte, diesen Gedanken zu verstehen. Ich bin jetzt der Gedanke, und ich bin jetzt ein Mensch. Wir sind beide ein Teil von Gott und der Schöpfung. Ich bin der Schöpfer und die Schöpfung.«
LAURIE WERNER, MUTTER VON STEF, 15 JAHRE

Unser Indigo-Kind
Ich sehe in deine Augen, und mich fesselt dein
unverwandter Blick.
So viel Wissen – so wach und bewusst.
Ich spüre, dass ich dich kenne, bin dir zuvor begegnet.
Woher kommst du? Ich will mehr darüber wissen.
Erinnerst du dich an einen fernen Ort
mit einem anderen Namen und einem anderen Gesicht?
Gerate nicht außer dir, wenn wir die Botschaft nicht verstehen,
die du in dieses Land hier mit zurückbringst.
Wir wissen, wer du bist; wir wissen, warum du hier bist.
Um unsere Fragen zu beantworten; deine Aufgabe ist klar.
Ich weiß, du hast das Gefühl, nicht hierher zu gehören.
Sei nicht frustriert – wir werden uns immer nah sein.
Unsere Familienbande sind eng, spirituell und im Denken.
Wir verstehen dich, und wir wissen, aus welchem Holz du geschnitzt bist.

Du bietest uns Liebe an, und du schweißt uns zusammen.
Du berührst unser Herz zart wie eine Feder.
Warum hast du dich dafür entschieden, unser Töchterchen zu sein?
Welche Botschaft bringst du unserer Welt?
Dein Wesen ist gütig, so friedlich und mild.
Dein Wesen ist ganz besonders, unser Indigo-Kind.[52]
MARK DENNY FÜR SEINE TOCHTER SAVANNAH, 2 JAHRE ALT

4

Gesundheitliche Fragen

In diesem Kapitel geht es nicht ausdrücklich um ADS (Aufmerksamkeits-Defizit-Syndrom) oder ADHS (Aufmerksamkeits-Defizit-Syndrom in Verbindung mit Hyperaktivität). Heute ist eine Fülle an hervorragenden Informationen zugänglich, und wir werden hier nicht so tun, als wären wir Autoritäten im Hinblick auf alles, was damit zusammenhängt. Da das Medikament Ritalin jedoch so häufig zur Behandlung von Kindern verwendet wird, die womöglich schlicht und einfach Indigo-Kinder sind, möchten wir Ihnen Informationen zu diesem Arzneimittel vorlegen.

Sollten Sie dieses Kapitel in der Erwartung aufgeschlagen haben, hier nichtmedikamentöse Behandlungsformen für die Kinder zu finden, die tatsächlich unter ADS oder ADHS leiden, so können wir Ihnen dies vielleicht ebenfalls bieten. Gewidmet ist dieses Kapitel jedoch jenen, bei denen möglicherweise zu Unrecht ADS oder ADHS diagnostiziert wurde, während sie in Wirklichkeit eben Indigo-Kinder sind. Was bei ADS hilft, wirkt in vielen Fällen auch bei den Indigos, vor allem wenn es um Ernährung und alternative Verhaltensweisen geht.

Wiederholen wir hier zwei Informationen, die an diversen Stellen in dieses Buch eingeflochten sind:

1. Nicht alle Indigo-Kinder weisen Störungen wie ADS oder ADHS auf.
2. Nicht alle Kinder mit ADS oder ADHS sind Indigos.

Bevor wir unseren Beitrag zu diesem Puzzle beisteuern, möchten wir unsere Anerkennung gegenüber denen zum Ausdruck bringen, die führend sind auf der Gebiet der ADS- und ADHS-Forschung und die dem Planeten mit ihren Publikationen helfen.[53] Hinweisen möchten wir auch auf Buchempfehlungen auf unserer Website www.indigochild.com.[54]
Außerdem gibt es Organisationen, die eigens dazu da sind, Ihnen beim Umgang mit Ihrem ADS-Kind zu helfen.[55] Beim Verfassen dieses Buches heißt die Organisation, die (in den USA) am sichtbarsten in Erscheinung tritt, CH.A.D.D. (Children with Attention Deficit Disorder – Kinder mit Aufmerksamkeits-Defizit-Syndrom).[56] Eine weitere Organisation ist Network of Hope.[57] Diese Gruppe wurde von betroffenen Bürgerinnen und Bürgern gegründet. Zitat von der Website: »Wir alle sind uns einig: ›Unsere Kinder sind unser kostbarstes Gut.‹ Wir sind eine Gruppe von Menschen in Nordamerika, die sich mit dem Herzen einander verbunden fühlen und deren Wahl darauf gefallen ist, andere mit offenen Armen aufzunehmen und diese Hoffnung an alle Familien weiterzugeben.«

Heilen oder betäuben?

Bislang haben Sie in diesem Buch von Eltern gehört, die sagten, sie seien mit ihrer Weisheit am Ende: Immerhin haben sie Kinder, die scheinbar an einem Aufmerksamkeits-Defizit-Syndrom leiden und dennoch nicht ganz in diese Rubrik passen. In manchen Fällen wurde bei ihren Kindern ADS diagnostiziert, und sie haben die routinemäßigen Verfahren mit den entsprechenden Medikamenten hinter sich. Wie zuvor erwähnt, schien dies zu helfen – aber half es den Eltern oder den Kindern? Sicher, manche Kinder sind ruhiger und konformer geworden, aber lag das vielleicht nur daran, dass ihr »höher entwickeltes Bewusstsein« außer Gefecht gesetzt wurde?

Dieses Kapitel ist für diejenigen unter Ihnen bestimmt, die sich fragen, ob ihr Kind wirklich eine Störung im Sinne von ADS aufweist oder in Wirklichkeit zu den Indigos gehört. Als Nächstes präsentieren wir einige Informationen von Dr. Doreen Virtue zur Diagnose »ADS« und zu den Indigos, dann einige alternative Behandlungsansätze von ADS, auf die wir bei unseren Reisen gestoßen sind: Sie sind auch für Indigos nützlich, die Probleme mit ihrer Umgebung haben. Einige der Alternativen wirken merkwürdig – aber wir würden sie nicht mit aufnehmen, wenn wir nicht wüssten, dass sie funktionieren.

Ist Fügsamkeit gesund?
DOREEN VIRTUE, PH.D.

Bei Indigo-Kindern wird oft ADHS diagnostiziert, da sie sich weigern, sich zu fügen. Sehen wir Clint Eastwood in einem Kinofilm, so applaudieren wir ihm für seine Rebellennatur. Zeigt sich aber derselbe Geist in Kindern, verabreichen wir ihnen Medikamente.
Der Therapeut Russell Barkley, Autor von *Hyperactive Children: A Handbook for Diagnosis and Treatment*[58], schreibt: »Obwohl Unaufmerksamkeit, Überaktivität und mangelhafte Impulssteuerung zu den gängigsten Symptomen gehören, die von anderen als primäre Merkmale hyperaktiver Kinder angegeben werden, legt meine eigene Arbeit mit diesen Kindern den Schluss nahe, dass auch mangelnde Fügsamkeit ein Primärproblem darstellt.«
Ich bin seit vielen Jahren auf psychiatrischem Gebiet tätig. Ich erinnere mich noch, wie ich als Beratungsassistentin für einen prominenten Psychiater arbeitete. Tag für Tag war sein Wartezimmer voll mit Dutzenden von Menschen, die gedul-

dig dablieben, während der Arzt in schönster Regelmäßigkeit eine Stunde hinter seinem Terminkalender herhinkte. Dabei befasste er sich mit jedem Patienten maximal zehn Minuten, und in dieser Zeit saß er ihm auf der anderen Seite eines großen Schreibtischs gegenüber und tippte, während der Patient sprach. Am Ende der Konsultation wurde dann von ihm ein Rezept ausgestellt.

Anfangs, ich muss es zugeben, verurteilte ich diesen Arzt dafür, dass er medikamentös behandelte statt durch eine verbale Therapie. Dann wurde mir klar, dass er einfach das tat, was Ärzte eben tun. Gibt man einer Person einen Hammer, so wird sie auf etwas loshämmern. Sucht man einen Arzt oder eine Ärztin auf, so wird er oder sie als Antwort auf das, was einem fehlt, unweigerlich Arzneimittel verschreiben. Es erinnert mich an den alten Leitsatz: »Versuche nie, einem Schwein das Singen beizubringen. Du vertust nur deine Zeit und verärgerst obendrein das Schwein.« Mit anderen Worten: Menschen sind, was sie sind. So ist es kein Wunder: Wenn Pädagogen, die das Nichtgehorchen leid sind, die Kinder zum Kinderpsychologen oder Hausarzt schicken, wird Ritalin verabreicht.

Fairerweise muss man jedoch sagen, dass es einige Psychiater gibt, die den Einsatz von Ritalin öffentlich brandmarken. »Ritalin korrigiert kein biochemisches Ungleichgewicht – es verursacht es«, so die Enthüllung von Peter R. Breggin, M.D., Direktor des International Center for the Study of Psychiatry and Psychology und Fakultätsmitglied des John Hopkins University Department of Counseling.[59] Er konstatiert:

> »ADHS ist eine kontrovers diskutierte Diagnose, für die es eine geringe oder gar keine wissenschaftliche oder medizinische Grundlage gibt. Eltern, Lehrer oder Ärzte können sich in bester Gesellschaft fühlen, wenn sie die

Diagnose rundum als nichtig abtun und sich weigern, sie auf Kinder anzuwenden.
Man hat keinen Beweis für physische Abnormalitäten im Gehirn oder Körper von Kindern, denen gängigerweise das Etikett ›ADHS‹ angeheftet wird. Sie weisen keine uns bekannten biochemischen Störungen des Gleichgewichts oder ›überkreuzte Leitungen‹ auf.«

Dr. Breggin fügt hinzu, es gebe einige Hinweise, dass Ritalin das kindliche Gehirn oder seine Funktion bleibend schädigen können. Ritalin vermindert den Blutzustrom zum Gehirn und ruft gängigerweise noch weitere grobe Fehlfunktionen in dem noch in Entwicklung befindlichen Gehirn des Kindes hervor. Er fährt fort:

»Kinder haben keine Störungen – sie leben in einer gestörten Welt ... Sorgen die Erwachsenen dafür, dass sie ein besseres Umfeld bekommen, so verbessern sich tendenziell ihre Einstellung und ihr Betragen schlagartig. Doch können Kinder und Jugendliche schließlich so durcheinander geraten und so verwirrt und selbstzerstörerisch werden, dass sie den Schmerz verinnerlichen oder zwanghaft aufsässig werden. Man sollte sie nie auf den Gedanken bringen, sie litten unter einer Krankheit oder einem Defekt, da die Hauptursache ihrer Konflikte in ihrer Schule und Familie zu suchen ist.«[60]

Kinder können von Führung profitieren, indem sie lernen, die Verantwortung für ihr eigenes Betragen zu übernehmen; aber sie gewinnen nicht daraus, wenn man ihnen die Schuld an dem Trauma und Stress gibt, dem sie in ihrer Umgebung ausgesetzt sind. Sie brauchen Bestärkung statt demütigender Diagnosen und Medikamente, die ihren Geist schachmatt setzen. Vor allem: Sie blühen auf, wenn Erwachsene zeigen, dass ihnen etwas an ihnen liegt, und wenn ihren grundlegenden kindlichen Bedürfnissen Aufmerksamkeit geschenkt wird.

Andere Ansätze bei Indigo-Kindern

Die Hauptaufgabe für uns alle besteht darin, uns selbst und unsere Kinder mit einem schützenden Kokon zu umgeben, um uns vom letzten Rest der alten Energie abzuschirmen, in der wir nun existieren. Statt unsere Kinder unter Arzneimittel zu setzen oder sie zu zwingen, sich nach Normen zu richten, die der alten Energie entsprechen, können wir auch auf Alternativen zurückgreifen, um im Haushalt von Indigo-Kindern Harmonie herzustellen.

So zum Beispiel behandelt Mary Ann Block, D.O., Autorin des Buchs *No More Ritalin: Treating ADHS without Drugs*[61], Kinder mit der Diagnose »ADHS«, indem sie deren einzigartige Denkweise zu verstehen versucht. Ihrer Beobachtung nach ist bei diesen Kindern die rechte Gehirnhälfte betont. Das heißt, sie sind auf das Visuelle, Kreative, Künstlerische, Körperliche und Räumliche ausgerichtet. Unser Bildungswesen, das die von der linken Gehirnhälfte gestützte Herangehensweise eines Bibliothekars verlangt, verträgt sich nicht gut mit den natürlichen Denkweisen von Kindern mit dominierender rechter Gehirnhälfte.

Dr. Block zufolge »gehören die Kinder außerdem tendenziell dem taktilen Lerntyp an.« Das heißt, sie lernen am besten mit den Händen. Da diese Kinder oft sehr klug sind, können sie das in den ersten Schuljahren kompensieren. Wenn sie jedoch in die vierte oder fünfte Klasse kommen, findet Frontalunterricht statt: Die Lehrperson steht vorn und hält Vorträge oder schreibt Aufgaben an die Tafel. Die Kinder sollen mitschreiben und Hausaufgaben korrekt notieren. Kinder dieser Art haben jedoch Schwierigkeiten, in einer solchen Klassensituation zu lernen. Dr. Block schreibt:

> »Sie sehen und hören die Informationen zwar, ihr Gehirn jedoch verarbeitet die Informationen nicht gleichzeitig akustisch und visuell. Diese Kinder versuchen dann weiterhin zu lernen, aber da sie dem taktilen Lerntyp angehören, nehmen sie vielleicht ihren Bleistift zur Hand und spielen damit herum, stecken die Hände in die Hosentaschen oder knuffen ihren Vordermann oder ihre Vorderfrau. Daraufhin bekommen sie Probleme; dabei wollten sie doch nur versuchen, so zu lernen, wie es ihnen am besten entspricht, nämlich in Verbindung mit Berührung. Obwohl sie also äußerst kluge Köpfe sind, wird ihnen oft das Etikett ›lernbehindert‹ oder ›Störenfried‹ angeheftet.«

Wenn Frau Dr. Block sagt, dass diese Kinder taktil und am Fühlen orientiert seien, bezieht sie sich auf deren natürliche Begabung, hellfühlig zu sein, wenn es um das Lesen von Gefühlen geht. Das bedeutet, dass die Indigo-Kinder Informationen über ihre emotionalen und körperlichen Empfindungen empfangen. Derartiges ist eine Form medialer Kommunikation, die oft auch als Intuition oder Telepathie bezeichnet wird. Ich glaube, dass jeder Mensch von Natur aus telepathisch begabt ist und dass wir alle in der neuen Welt diese Fähigkeit wiedererlangen werden. Bestrafen wir die Indigo-Kinder nicht dafür, dass sie sich eine Gabe bewahrt haben, von der wir alle profitieren würden, wenn wir sie hätten. Dr. Block schreibt weiter:

> »Da es dem taktilen Lerntyp mitunter Schwierigkeiten bereitet, über seinen Hör- und Gesichtssinn zu lernen,

braucht er oft taktile Stimulation, weil ihm das hilft, durch seine sonstigen Sinne zu lernen. Das bedeutet, dass er vielleicht etwas zum Anfassen braucht, während er da sitzt und zuhört. Wir sorgen dafür, dass die Kinder einen kleinen, weichen, zusammendrückbaren Ball erhalten, den sie benutzen dürfen. Sie sollten Ihrem Kind erlauben, beim Zuhören, Lesen oder Schreiben mit einer Hand mit dem Ball oder einem anderen Gegenstand zu hantieren, ob in der Schule oder zu Hause. Den Tastsinn anzusprechen, während das Kind etwas zu lernen versucht, kann sein akustisches und visuelles Lernen fördern. Hierdurch lässt sich auch inakzeptables, hyperaktives Verhalten im Klassenzimmer reduzieren.

Es kann durchaus vorkommen, dass der taktile Lerntyp einen Elternteil nicht hört, wenn er ihn ruft oder mit ihm spricht. Rufen Sie das Kind zuerst bei seinem Namen, um es auf sich aufmerksam zu machen, bevor Sie eine verbale Anweisung geben. Wenn Sie sich in der Nähe Ihres Kindes befinden, berühren Sie es am besten sachte an Schulter oder Arm, um ihm zu helfen, die Information zu ›erden‹, und erteilen Sie dann Ihre verbale Anweisung.«

Was tun?
Okay. Also kann ein Kind ADS aufweisen, ein Indigo sein oder beides. Wie dem auch sei: Wir wissen, Sie als Eltern müssen tagein, tagaus im häuslichen Umfeld damit umgehen, dass Dinge aus den Fugen geraten. Was können Sie da tun? Dazusitzen und sich diese Frage zu stellen, hilft Ihnen und Ihrem Kind nicht. Vielleicht sind Sie bereits aktiv geworden. Vielleicht haben Sie sich, bevor Sie überhaupt anfingen, Ihr Kind zu behandeln, mit ADS befasst; Sie gingen zu Treffs mit anderen Eltern und suchten Ärzte auf. Wir

halten es Ihnen sehr zugute und würden diese Art der Fürsorge auch erwarten. Nun sagen wir Ihnen, dass es darüber hinaus noch mehr gibt! Unsere Intention dabei: Wir möchten Ihnen Hoffnung machen! Keinesfalls wollen wir Sie etwa noch mehr verwirren.

Lassen Sie uns an dieser Stelle etwas klarstellen: Keiner der Autoren oder der Personen, die zu diesem Band beigetragen haben, möchte bewirken, dass Eltern Schuldgefühle entwickeln, weil sie ihrem Kind Medikamente gegeben haben. Wir sind nicht hier, um mit dem Finger auf jemanden zu zeigen und nachzuweisen, dass er oder sie »unrecht« hat. Wir möchten Sie lediglich mit einer Debatte bekannt machen, die sich darum dreht, was Ritalin ist, und Sie ferner auf alternative Verfahren hinweisen. Außerdem möchten wir Sie dazu bringen, in Erwägung zu ziehen, dass Ihr Kind vielleicht gar keine Störung im Sinne von ADS oder ADHS aufweist. Sollte etwas von den bislang übermittelten Informationen zu Ihrem Kind »passen«, so möchten Sie vielleicht herausfinden, wie einige andere damit umgehen.

Heilkundige, Pädagogen und Menschen, die sich beruflich mit Kindern befassen, haben dieses Kapitel mit Berichten über Lösungen für Problemkinder gefüllt, die scheinbar ADS- und ADHS-Symptome aufweisen (was, wie bereits herausgestellt, auch auf viele Indigos zutrifft). Diese Methoden sind nicht alle anerkannt, aber wir wissen ja, dass man über revolutionäre Heilmethoden zunächst oft die Nase rümpft. Die jüngere Geschichte ist voll von Beispielen dafür. Es erinnert uns an die Bekanntgabe des Heilmittels gegen Magengeschwüre – die Entdeckung nämlich, dass sie durch Bakterien hervorgerufen werden. Die Arzneimittelindustrie buhte diese Theorie bis zuletzt aus und erhob ein großes Geschrei. Erst nachdem sich der Arzt, dem wir diese Entdeckung verdanken, fast umbrachte bei dem Versuch, sie an

seinem eigenen Körper zu demonstrieren, sprangen die Pharmaunternehmen schließlich mit auf den Zug auf. Dieses Buch stellt möglicherweise etwas Ähnliches vor; nur die Zeit wird das erweisen.
Wir möchten einige Berichte und Fakten über Ritalin präsentieren. Manche Informationen sind nicht neu, aber bei alldem ist es sehr wichtig, dass Sie darüber Bescheid wissen. Eine Ausgabe des *Time*-Magazins widmete seinen Hauptteil dem Thema »Ritalin«. Dort heißt es:

> »Schon seit einer ganzen Weile sind Kritiker alarmiert über das Tempo, in dem der Einsatz von Ritalin zugenommen hat. Manche Ärzte tragen Kämpfe mit besorgten Eltern aus, die sich Gedanken machen, ihr Kind würde mit Tagträumen seine Zukunft vertun; mit Eltern, die das Medikament fordern und, wenn es ihnen verweigert wird, sich einen diesbezüglich kooperationsbereiteren Arzt suchen. Manche Eltern fühlen sich unter dem Druck, ihr Kind medikamentös behandeln zu lassen, einfach damit sein Verhalten etwas mehr mit dem Betragen anderer Kinder konform geht, selbst wenn sie selbst ganz gut mit seinem Betragen zurechtkommen – mit seinen Marotten, Wutanfällen und alldem ...
> Die Ritalin-Produktion hat in den vergangenen acht Jahren mehr als das Siebenfache erreicht, und 90 Prozent werden in den USA eingenommen. Solche Zahlen laden zu der Anschuldigung ein, dass Schulämter, Versicherungen und gestresste Familien als schnelle Patentlösung für komplizierte Probleme auf Medikamente zurückgreifen, obwohl man diese möglicherweise besser mithilfe von kleineren Schulklassen, Psychotherapie oder Familienberatung angehen sollte oder mit grundlegenden Veränderungen in jenem hektischen Umfeld, mit dem sich so

viele amerikanische Kinder heute konfrontiert sehen ...
Selbst Ärzte, die den positiven, manchmal Wunder bewirkenden Effekt von Ritalin beobachten konnten, warnen, dass das Medikament kein Ersatz ist für bessere Schulen, kreativen Unterricht und Eltern, die mehr Zeit mit ihren Kindern verbringen. Sofern ein Kind nicht die Fähigkeit erwirbt, mit seinem Umfeld fertig zu werden, ist der ganze Nutzen des Medikaments dahin, sobald dessen Wirkung nachlässt ...
Der Trend im Lauf der letzten Jahre ist eindeutig: Der Prozentsatz an Kindern mit der Diagnose ADHS (oder ADS), die die Arztpraxis mit einem Rezept in der Tasche verlassen, ist von 55 Prozent im Jahr 1989 auf 75 Prozent in 1996 gesprungen.«

Sogar innerhalb des Mainstream von Wissenschaft und Medizin wird zunehmend »Ritalin-Alarm« geschlagen, und man wählt vernünftig anmutende alternative Umgangsweisen mit Kindern, bei denen ADS oder ADHS diagnostiziert wurde. Grundlegende fachliche Fragen zu diesem weit verbreiteten Arzneimittel werden gestellt: Wie wirkt Ritalin wirklich? Wüssten Sie gerne, was die Ärzte wissen? Gibt es Nebenwirkungen? Was sagen die Experten?
Hier der Kommentar von J. Zink, Ph.D., Familientherapeut und Autor diverser Bücher zum Thema »Kindererziehung«, zitiert in derselben Ausgabe von *Time*: »Leugnen wir nicht, dass Ritalin wirkt. Aber warum wirkt es, und welche Folgen hat es, wenn zu viel davon verschrieben wird? Die Wirklichkeit sieht so aus, dass wir es nicht wissen.«
Im nachfolgenden Abschnitt, geschrieben 1984, kommt das gleiche Empfinden zum Ausdruck. Er stammt von Robert Mendelsohn, M.D.:

»Niemand konnte bislang beweisen, dass Medikamente wie Cylert und Ritalin die schulischen Leistungen der Kinder verbessern. Die Wirkung von Ritalin und verwandten Präparaten liegt darin, kurzfristig eine übermäßige Bewegungsaktivität in den Griff zu bekommen. Die Schüler werden unter Medikamente gestellt, um ihren Lehrern das Leben leichter zu machen, nicht, damit die Kinder besser und produktiver leben können. Ist Ihr Kind hierbei das Opfer, so sind die potenziellen Risiken dieser Arzneimittel ein hoher Preis, den man dafür bezahlt, dass sein Lehrer oder seine Lehrerin ein angenehmeres Dasein führen kann.«[64]

Behalten Sie diese Aussage im Hinterkopf und betrachten Sie nun das folgende Zitat, das auf ein Meeting der US-amerikanischen Gesundheitsbehörden zurückgeht. Es stammt aus der gleichen Ausgabe von *Time*. Im Hinblick auf Ritalin hat sich in fünfzehn Jahren sehr wenig geändert!

»Ritalin weist eindeutig eine kurzfristige Wirksamkeit auf, wenn es darum geht, die Symptome von ADHS zu mildern. Aber eine immer mehr gestiegene Zahl von Kindern nimmt das Medikament mittlerweile seit Jahren ein, und es wurden keine Studien durchgeführt, um zu überprüfen, ob es eine nachhaltige Wirkung auf schulische Leistungen oder Sozialverhalten aufweist.
Ritalin kann das kindliche Wachstum hemmen, wenn auch neueste Untersuchungen darauf hinweisen, dass die Entwicklung des Kindes nur verzögert wird, statt zum Erliegen zu kommen. Die Zahl der Verschreibungen von Stimulanzien für Kinder unter fünf Jahren hat zwar zugenommen, doch gibt es keine Beweise, dass die Anwendung dieser Medikamente in diesem frühen Alter unschädlich beziehungsweise wirksam ist.«[66]

Nebenwirkungen von Ritalin
Worauf wir als Nächstes eingehen, mag Ihnen völlig neu sein – normalerweise bekommen es nur Ärzte zu Gesicht. Vielleicht jagt es Ihnen kalte Schauer über den Rücken – wir hoffen es zumindest. Das folgende Zitat stammt erneut aus Robert Mendelsohns Buch *Wie Ihr Kind gesund aufwachsen kann ... auch ohne Doktor* und ist ihm zufolge eine wortgetreue Wiedergabe der entsprechenden Eintragung in *The Physician's Desk Reference*[67]. Es handelt es sich um die gesetzlich vorgeschriebenen Angaben der Herstellerfirma von Ritalin, Ciba-Geigy.

Beachten Sie beim Lesen des Berichts, dass das Unternehmen eingesteht, nicht zu wissen, wie Ritalin wirkt oder welchen Effekt es auf den Zustand des Zentralnervensystems hat. Die Firma gesteht ein, dass nicht bekannt ist, ob das Medikament langfristig unbedenklich ist. Die Kommentare in Klammern stammen von Dr. Mendelsohn:

> »Nervosität und Schlaflosigkeit gehören zu den am häufigsten beobachteten Gegenreaktionen, lassen sich jedoch in der Regel durch Reduzierung der Dosis und Vermeidung einer Gabe des Präparats in den Nachmittags- und Abendstunden in den Griff bekommen. Zu den sonstigen Gegenreaktionen gehören Überempfindlichkeitsreaktionen (unter anderem Hautrötungen), Urticaria (geschwollene, juckende Hautpartien), Fieber, Gelenkschmerzen, Dermatitis exfoliativa (eine akute entzündliche Hautkrankheit) mit histopathologischen Befunden einer nekrotisierenden Vaskulitis (Zerstörung der Blutgefäße) und thrombozytopenischen Purpura (ernste Blutgerinnungsstörung), Appetitlosigkeit, Übelkeit, Schwindelgefühle, Herzklopfen, Kopfschmerzen, Dyskinesie (Behinderungen der bewussten Muskelbewegung), Benommenheit, Verän-

derungen von Blutdruck und Puls steigender und sinkender Art, Tachykardie (Herzjagen), Angina pectoris (krampfartige, heftige Schmerzattacken des Herzens), Herzarrhythmie (unregelmäßiger Herzschlag), Bauchschmerzen, bei längerer Therapie Gewichtsverlust.
In seltenen Fällen wurde vom Auftreten eines Tourette-Syndroms berichtet. Es gab Patienten, bei denen nach Einnahme dieses Medikaments von toxischer Psychose berichtet wurde sowie von Leukopenie (Verminderung der weißen Blutkörperchen) und/oder Anämie; in einigen Fällen Haarausfall. Bei Kindern treten häufiger Bauchschmerzen, bei längerer Einnahme Gewichtsverlust, Schlaflosigkeit und Herzjagen auf, jedoch kann es auch zu allen anderen oben aufgeführten schädigenden Nebenwirkungen kommen.«

Was Sie nun erwartet, dreht sich um neue Substanzen, »weit hergeholte« Therapien und eine Menge nützlicher Informationen zum Thema »Ernährung«. Wir beginnen mit einem Bericht von Keith Smith, seines Zeichens Iridologe und Naturheilkundler in Kalifornien, der mit einigen höchst unorthodoxen, wenig bekannten Methoden phänomenale Erfolge erzielen konnte. Ein Teil seines Berichts ist fachlicher Natur für diejenigen, die dies wollen; wir haben jedoch auch um einige Fallbeispiele gebeten, von denen wir glauben, dass sie allgemein verständlich sind.
An Keith Smith erging von uns die Bitte, seine Methoden vorzustellen und dabei im Besonderen auf das komplexe Problem »Indigo-Kinder und ADS« einzugehen. Auch hier gilt wieder: Wir würden diese Informationen nicht darlegen, wenn wir nicht zunächst gesehen hätten, dass die Methoden funktionieren. Die »weit hergeholten« Theorien von heute sind oft Wissenschaft von morgen.

Chronische Umkehrung der Polaritätsverhältnisse bei den besonderen Kindern von heute
Keith R. Smith

Im Hinblick auf alle Kinder sollte generell gelten: Unser Ziel liegt darin, zu heilen, nicht zu behandeln. Als ich Informationen zu ADS, ADHS und Lernstörungen durchging, stieß ich schockiert auf einen Bericht über die Bemühungen des National Institute of Child Health and Human Development (NICHD)[68]. Diese Organisation berichtete nämlich in einer zusammenfassenden Darstellung: »Die Unterstützung für Projekte in Verbindung mit Lern- und sprachlichen Behinderungen ist von 1,75 Millionen in 1975 auf 15 Millionen in 1993 angestiegen.« Zusammengenommen also etwa 80 Millionen Dollar allein für die Forschung.

Unter der Überschrift »Zukünftige Forschungen auf dem Gebiet der Lernbehinderungen« findet sich folgendes Statement, das mit dem Untertitel »Behandlung/Intervention« überschrieben ist:

> »Eine Durchsicht der Literatur zu Leseschwächen und anderen Lernbehinderungen zeigt an, dass kein einziger Behandlungsansatz oder Eingriff klinisch signifikante langfristige Erfolge bei Kindern mit der Diagnose ›Lernstörung‹ erwarten lässt. Leider ist der Erfolg des Einsatzes einzelner Interventionen und Kombinationen von Interventionen bei verschiedenen Typen von Lernbehinderungen bislang wissenschaftlich nur dürftig abgestützt.«[69]

Wie ich errechnet habe, hat diese *eine* Organisation Forschungstätigkeiten im Wert von 155 Millionen Dollar finanziert, ohne auf ein Heilmittel zu stoßen! In einem weiteren Dokument aus dem Internet [mediconsult.com] wird geschätzt, dass drei bis fünf Millionen Kinder mit ADHS existieren. Rechnet man hierzu diejenigen mit Lernbehinderungen, so schnellt die Zahl auf zehn Millionen Kinder oder mehr an. In diesem Dokument stellt das National Institute of Mental Health (NIMH) – jene US-Bundesbehörde, die in den gesamten Vereinigten Staaten Hirnforschung sowie Untersuchungen zu psychischen Erkrankungen und psychischer Gesundheit unterstützt – fest:

>»ADHS ist zu einer nationalen Priorität geworden. In den Neunzigerjahren – von Präsident und Kongress zum ›Jahrzehnt des Gehirns‹ erklärt – ist es möglich, dass Wissenschaftler die biologische Grundlage von ADHS genauestens festmachen und lernen, dieser Störung vorzubeugen oder sie noch wirksamer zu behandeln.«

Wenn eine Organisation 155 Millionen Dollar ausgibt und es noch weitere staatliche Stellen gibt, die Millionen ausgeben, so frage ich mich, wie viel Geld eigentlich bereits investiert und wie viel Forschungsaufwand bereits betrieben wurde, ohne dass bislang ein Heilmittel in Sicht ist.
Ich selbst bin Naturheilkundler und praktiziere ganzheitliche Medizin. Der Grund, warum mich die obigen Informationen allesamt so schockierten: In meinem Metier gelten ADS oder ADHS generell als etwas, das zu den noch relativ einfach zu verbessernden oder lindernden Symptomen zählt. (Wir sind keine Mediziner; von daher heilen wir nicht, aber es ist uns erlaubt, wenn wir praktizieren, das Wohlbefinden des Klienten zu steigern und Symptome zu lindern.) Ich habe in meinen Bericht hier drei Fallstudien mit aufgenommen; es wäre jedoch kein Problem, 300 bis 3000 ähnlich gelagerte Fälle vorzulegen. Ich kann mich an keinen einzigen Fall von ADS oder ADHS erinnern, bei dem nicht positive Resultate

wie die hier aufgenommenen erzielt wurden – es sei denn, der Klient oder die Klientin nahm die empfohlenen Mittel nicht ein.

Chronische Polumkehr

Auf die chronische Polumkehr (Chronic Reversed Polarity, CRP) als Hilfsmittel beim Vorgehen gegen das Chronic-Fatique-Syndrom (krankhafte chronische Müdigkeit) stieß ich vor Jahren per »Zufall«. Seitdem bin ich zu der Erkenntnis gelangt, dass viele der Symptome, welche bei Kindern mit ADHS einhergehen, den Symptomen von CRP bei Erwachsenen entsprechen.

Als ich mit Tests an Kindern mit ADHS begann, bestätigte sich mein Verdacht. Fast alle ADHS-Kinder, die in meine Praxis kommen, weisen chronisch vertauschte Pole auf. Sobald ich zusätzlich zu meinem vorherigen Ernährungsplan die standardmäßig bei diesem Zustand eingesetzte Kräutermedizin hinzufügte, spielten sich bei den Kindern wunderbare Dinge ab: Sie sprachen auf den Prozess an, und ihr Zustand besserte sich. Bei den meisten wurde er sogar »gut«.

Jedes System und jeder Prozess im physischen Körper ist elektrischer Natur. Unsere Denkvorgänge, das Immunsystem und das Herz sind allesamt Teil eines gigantischen Organismus, der mit Elektrizität betrieben wird. Der menschliche Körper ist ein geschlossener, sich selbst erzeugender Stromkreis. Immer wenn Elektrizität im Spiel ist, entstehen Magnetfelder. Magnetfelder weisen eine Polarität auf, das heißt, sie haben einen Nord- und einen Südpol. Setzt man den Magneten unter Spannung, so werden sich seine Pole umkehren; Nord- und Südpol tauschen quasi ihre Position.

Da es im menschlichen Körper Elektrizität gibt und er über ein feinstoffliches Magnetfeld verfügt, können bestimmte Bedingungen, wie etwa Stress, seinen Nord- und Südpol umkehren, seine Pole also, ganz wie bei einem Magneten. Das kann vorübergehend geschehen, und solcher Natur wird es von der überwältigenden Mehrheit der ganzheitlichen/alternativen Mediziner behandelt. In meiner Praxis habe ich jedoch festgestellt, dass eine Polumkehr oft lang anhaltender Natur ist und schwer zu beheben sein kann, ohne dass man voll und ganz die Bandbreite der diversen Ausprägungen versteht.

Ich machte die Entdeckung, dass Polumkehr oft chronisch wird und als ein zentraler Faktor erscheint, wenn es um die Auslöser für Chronic-Fatique-Syndrom, Depressionen, Angstzustände, Fibromyalgie, Autoimmunerkrankungen, Krebs, ADHS und vieles andere geht, das bei standardmäßigen Behandlungsverfahren nicht zu »heilen« scheint. Die Unterschiedlichkeit der Krankheitsprozesse und -symptome sorgt für Verwirrung im Hinblick auf die Behandlung dieses Problems, das im Allgemeinen so lange unbemerkt bleibt, bis deutliche Symptome zutage treten.

Die Elektrik des Körpers

Der Zustand der Polumkehr schwächt die »elektrische Leistung« des Körpers. Länger anhaltender Stress ist hierfür eine Hauptursache. Wenn die elektrische Ladung des Körpers abnimmt, tauchen als Warnsignal bestimmte Symptome auf. Sinkt die Ladung des Körpers auf unter 42 Hertz ab, so ist das Immunsystem nicht mehr imstande, Krankheiten abzuwehren. In den Frühstadien von CRP können zu den Warnsignalen des Körpers etwa Rückenschmerzen gehören, eine Muskelzerrung oder Kopfschmerzen. Wenn wir nicht auf diese Symptome hören und folglich alles langsamer angehen, um unsere Batterien wieder »aufzuladen«, kann eine Verschlimmerung der Symptome einsetzen, zum Beispiel extreme Müdigkeit, Depressionen, Angstzustände, Migräne,

Fibromyalgie, Taubheitsgefühl oder chronische Schmerzen an einer Schwachstelle.

Bei einer stattgefundenen Umkehr der Pole wird das normale Selbsterhaltungssystem außer Kraft gesetzt. Die regulären elektrischen Impulse, die an das Immunsystem gesendet werden, scheinen zu zerstören, statt zu schützen.

Hinweis des Verfassers für Heilkundige: Bei Krankheitsbildern wie etwa ITP (Idiopathische Thrombozytopenische Purpura) steht in der Beschreibung von Merck, es handle sich um eine Erkrankung, bei der die Milz rätselhafterweise rote Blutkörperchen zu vernichten beginnt. Um diese oft unheilbare Erkrankung zu verlangsamen, wird die Milz entfernt. An einer Stelle wird dort ausgesagt: »Scheinbar nehmen die roten Blutkörperchen eine entgegengesetzte elektrische Ladung an ...«

Könnte es denn sein, dass eine Umkehrung der elektrischen Ladung an Schwachstellen unseres Körpers tatsächlich einen letzten Versuch darstellt, zerstörerischen Belastungsumständen entgegenzuwirken, die uns in einen Zustand zwingen, in dem wir mehr Ruhe haben, etwa im Rollstuhl, Heim oder Krankenhausbett?

Einige der Hauptsymptome von CRP stellen genaue Parallelen zu den ADHS-Symptomen dar, zum Beispiel ein schlechtes Kurzzeitgedächtnis und mangelnde Konzentration. Im Allgemeinen erhalte ich positive Reaktionen auf die Beschreibung, man fühle sich »benebelt«. Ein weiteres hilfreiches Mittel zur Diagnostik besteht darin, die Patienten zu der Vorstellung aufzufordern, sein oder ihr Gehirn sei eine Glühbirne, und dann die Stelle zu benennen, an welcher der meiste Strom verbraucht wird und die am hellsten leuchtet. Ich frage die Patienten dann, ob sie schon einmal eine »Abnahme der Lichtstärke« erlebt hätten oder ob sie sich vorstellen könnten, wie sie sich fühlen würden, wenn ihre

Lichter gedimmt würden. Die normale Antwort von Erwachsenen lautet: »Genau so fühle ich mich!«
Stellen Sie sich das Handikap vor, das ein Schulkind mit einem »gedimmten Gehirn« haben würde, wenn man bedenkt, dass das schulische Arbeiten in erster Linie Konzentration und ein gutes Kurzzeitgedächtnis verlangt!

Neun Symptome als erforderliche diagnostische Grundlage

Gemäß der Diagnoserichtlinien des Verbandes amerikanischer Psychiater setzt die Diagnose »ADS« oder »ADHS« die Existenz von neun Symptomen voraus: Diese weisen auf Unaufmerksamkeit oder auf das Vorliegen einer Hyperaktivität beziehungsweise gesteigerten Impulsivität hin, haben sich vor dem siebten Lebensjahr entwickelt und bestehen seit mindestens sechs Monaten; ihre Schwere reicht aus, um normale soziale und schulische Aktivitäten zu stören. Die Symptome sind im Einzelnen:

Unaufmerksamkeit
1. Kind achtet wenig auf Details und macht Flüchtigkeitsfehler.
2. Hat Schwierigkeiten mit dem Aufpassen.
3. Hört nicht zu, wenn es angesprochen wird.
4. Schafft es nicht, etwas zu durchdenken oder Aufgaben zu Ende zu bringen.
5. Hat Schwierigkeiten, etwas mit System anzugehen.
6. Meidet Aufgabenstellungen, die längere geistige Anstrengung oder Konzentration erfordern.
7. Verliert oft Dinge, die für die Schule oder andere alltägliche Aufgaben benötigt werden.
8. Lässt sich leicht ablenken.
9. Ist bei Alltagsaktivitäten oft vergesslich.

Hyperaktivität / Impulsivität
1. Zappelt oft oder rutscht hin und her.
2. Verlässt oft seinen Platz, wenn Stillsitzen verlangt wird.
3. Rennt oder klettert an unpassenden Orten auf Objekte.
4. Hat Schwierigkeiten, still für sich zu spielen oder anderen ruhigen Aktivitäten nachzugehen.
5. Ist ständig unter Dampf oder wirkt wie von einem Motor angetrieben.
6. Redet übermäßig viel.
7. Platzt vorzeitig mit Antworten heraus.
8. Hat Schwierigkeiten, abzuwarten, bis es an der Reihe ist.
9. Unterbricht andere oft oder kommt ihnen zu nahe.

Irisdiagnose: Typ »Blume« und Typ »Edelstein«

Die Rayid-Technik, bei der es darum geht, die Regenbogenhaut zu untersuchen, ist zu detailreich, um sie hier umfassend zu beschreiben, doch kurz zusammengefasst korreliert der Iristyp, der unter der Bezeichnung »Blume« oder »emotionaler Typ« bekannt ist, häufiger mit Unaufmerksamkeit bei Kindern und Depressionen bei Erwachsenen. Der als »Edelstein« bekannte Iristyp korreliert bei Kindern häufiger mit Hyperaktivität und bei Erwachsenen mit Angstzuständen.

Durch Einsatz einer Umkehrung der Pole, Ernährungsanalyse, Rayid und anderen Techniken alternativer Heilkundiger können unsere einzigartigen und besonderen Kinder eine exakte Diagnose erhalten. Die Betrachtung des jeweiligen konkreten Einzelfalls unter Nutzung der individuellen Symptome bringt oft hochgradig erfolgreiche Resultate hervor, wie die nachfolgenden Fallstudien illustrieren.

Fallstudie Nr. 1

Patient: Kind weiblichen Geschlechts, vier Jahre alt, mit typischen ADS-/ADHS-Symptomen.

Vorgeschichte: Dieses Kind wurde sieben Wochen zu früh geboren und verbrachte fünf Tage isoliert auf einer Frühgeborenen-Intensivstation. Nach Auskunft der Mutter war das Mädchen schon immer »gesundheitlich angeschlagen und in Aufruhr«; es schlief selten länger als drei Stunden am Stück. Das Mädchen war sehr emotional und schien bei unserem Erstbesuch die klassischen ADHS-Symptome aufzuweisen. Die Mutter berichtete, dass es regelmäßig zu Episoden mit Erbrechen und Nachtschweiß komme.
Medizinische Behandlung: Nachdem das Kind Tests unterzogen und die Diagnose »Hyperaktivität und ADS« gestellt worden war, wurde Ritalin vorgeschlagen, sollten die Symptome bei der Einschulung noch fortbestehen. Die Eltern trafen die Entscheidung, Alternativen zu einer medikamentösen Therapie ausfindig zu machen.
Komplementäre Alternative: Dieses spezielle Kind erschien seinen Eltern vor seiner Geburt in einem Traum, in dem es ihnen seinen schönen und ungewöhnlichen Namen sagte. Das Mädchen entsprach dem Iristyp »Strom/Blume«, von daher also eine sensible/gefühlsbetonte Persönlichkeit.
Untersuchungen ergaben eine chronische Polumkehr und, wie auch schon von den Eltern berichtet, eine extreme Überempfindlichkeit gegen Zucker. Eine eingehendere Erkundung der Stressfaktoren rund um ihren Zustand ergab, dass das Trauma der Frühgeburt hier durch die Tatsache verstärkt wurde, dass beide Eltern zwei Jobs gleichzeitig ausübten und vor der Ankunft des Kindes auf dieser Welt dreimal umgezogen waren. Die Mutter berichtete von andauernder Übelkeit und Erbrechen während ihrer Schwangerschaft; häufig musste sie wegen akuter Austrocknungsgefahr in der örtlichen Notaufnahme behandelt werden.
Bei meiner Aufnahmeuntersuchung und der Anamnese fiel auf, dass beide Eltern ein hochgradig stressreiches Leben

führten. Das Kind war während der Schwangerschaft mit diesen Symptomen und Emotionen bombardiert worden, und nach seiner Geburt setzten sich die belastenden Ereignisse fort. Schließlich wurde entdeckt, dass das Mädchen von der Mutter das Erbrechen als Methode übernommen hatte, den Magen, sein emotionales Zentrum, zu entlasten.

Es wurde das standardmäßige naturheilkundliche Ernährungsprogramm für CRP angewandt. Zucker wurde so weit wie möglich vom täglichen Speisezettel gestrichen und war nur besonderen Anlässen vorbehalten. Die Eltern wurden zu Extra-Umarmungen und qualitativ wertvoller gemeinsam verbrachter Zeit angeregt, um den Bedürfnissen des sensiblen, gefühlsbetonten Persönlichkeitstyps entgegenzukommen, der bei dem Kind vorlag.

Ergebnisse: Dieses Mädchen hat sich gut in die Vorschule eingelebt. Sämtliche Symptome seines hyperaktiven Verhaltens sind verschwunden. Die Kleine schläft nun nachts normal durch, ihre nächtlichen Schweißausbrüche haben sich gelegt, und sie erbricht nicht mehr. Eine Psychologin, die sie neulich untersuchte, äußerte, sie habe »für eine Vierjährige einen erstaunlichen und bemerkenswerten Wortschatz«.

Diskussion: Die Forschung legt nahe, dass Eltern, die selbst hyperaktiv waren – oft mit möglichen neurologischen oder psychologischen Problemen verknüpft –, anfälliger dafür sind, Kinder mit Störungen in Richtung ADS/ADHS zu haben. Außerdem wurde festgestellt, dass ein erhöhtes Risiko bei den Geschwistern besteht, wenn ein Kind bereits hyperaktiv ist. Wissenschaftler leiten hieraus eine erbliche Veranlagung für diese Störung ab, die sich weiterhin einer wirksamen Behandlung durch die Medizin entzieht.

Meiner Erfahrung nach ist chronische Polumkehr ansteckend. Hervorgerufen wird sie nicht durch Keime, sondern durch die räumliche Nähe. Stellt man eine volle Batterie neben eine entladene, so wird sich der Ladezustand der vollen Batterie verschlechtern. Kinder, die sich im Umfeld von »ausgepowerten« (CRP)-Eltern befinden oder im Uterus einer solchen Mutter, erleben, wie ihre Polarität umgeschaltet wird, wenn die Eltern unwissentlich die elektrische Ladung des Kindes abziehen. Dies geschieht häufig vor der Geburt und setzt sich oft fort, wenn sich das Kind weiterentwickelt, ohne dass eine Intervention erfolgt, um diesen Zyklus zu durchbrechen. Meine Prognose: Die Forschung wird schließlich beweisen, dass hierdurch ein chemisches Ungleichgewicht im Gehirn entsteht und dass fortdauernde nervliche Störungen diese Symptome hervorrufen.

Fallstudie Nr. 2
Patient: Kind männlichen Geschlechts, sieben Jahre alt, mit diagnostiziertem ADS-/ADHS-Syndrom und Muskeldystrophie.
Vorgeschichte: Nach seiner Geburt wurde bei diesem Kind eine Muskeldystrophie festgestellt, begleitet von den entsprechenden physischen Einschränkungen. Die ADHS-Symptome zeigten sich von Anfang an und waren schon immer gravierend. Der Junge hatte Probleme mit Stillsitzen, Lernen, Konzentration und dem Befolgen von Anweisungen. In der Schule konnte er nicht seinen Namen schreiben, er lernte nie Buchstabieren und war außerstande, Rechenaufgaben selbst einfachster Art zu lösen.
Medizinische Behandlung: Dieses Kind wird derzeit fortlaufend in einem Kinderkrankenhaus betreut und erhält außerdem Physiotherapie. Nach einer oberflächlichen zehnminütigen Untersuchung verschrieb ein Psychiater Ritalin. Das brachte die Mutter des Jungen dazu, eine andere, nichtmedikamentöse Therapieform zu suchen.
Komplementäre Alternative: Nachforschungen und Ana-

mnese ergaben, dass dieses Kind aus einer außerordentlich belastenden Ehe und schwierigen Entbindung hervorgegangen war. Ich hatte seine Mutter zuvor wegen CRP behandelt, und es ist erwähnenswert, dass sie nun geschieden und eine neue, weniger belastende Beziehung eingegangen ist. Veränderungen in der Lebensführung fördern oft bei Eltern wie auch Kindern mit CRP den Heilungsprozess.

Auch dieses Kind zeigte positive Testergebnisse bei der Prüfung auf chronische Polumkehr und erhielt die bei Kindern üblichen Kräuterpräparate, um diesen Zustand rückgängig zu machen. Für dieses Kind, das nicht in der Lage war, Kapseln zu schlucken, wurden die Kräuter unter Apfelmus oder in einen Saft, Eiweißtrank oder sogar Ovaltine® gemischt, um die Verdauung zu fördern. Die Behandlung wurde so lange fortgesetzt, bis die Polumkehr nicht mehr bestand; danach wurden die Heilkräuter in minimaler Dosierung weiter verabreicht, um den noch weitergehenden Heilungsprozess zu unterstützen.

Ergebnisse: Der Junge hat gerade ein wundersames Schuljahr hinter sich. Nicht allein, dass er nun seinen Namen schreiben kann – er erzielt außerdem auch perfekte Punktzahlen in seinen Buchstabiertests. Mit dem Kopfrechnen hat er noch immer Schwierigkeiten, aber er wurde mit einer neuen Form des Rechnens für den »Anfass-Typ« vertraut gemacht und hat jetzt fast den Anschluss an seine Klasse erreicht. Es steht zu erwarten, dass er dieses Jahr das Klassenziel schafft und versetzt wird.

Ein Begabungsspezialist nahm an diesem Kind eine ganze Batterie von IQ-Tests vor, soweit sich die Mutter erinnert, hießen sie Woodcock-Johnson-Tests. Die Ergebnisse lagen in diversen Kategorien zwischen 128 und 135 (überragender bis sehr überragender Bereich). Der Arzt des Kindes im Kinderkrankenhaus nennt den Jungen »Albert«, in Anspielung auf Einstein, der ja, wie wir wissen, von seinen Lehrern als schlechter Schüler eingestuft wurde.[70]

Die Muskeldystrophie des Jungen scheint zu dem Zeitpunkt, zu dem dieser Artikel verfasst wird, zum Stillstand gekommen, und viele der sich fortschreitend verschlimmernden Symptome, die generell mit dieser Erkrankung einhergehen, sind nicht eingetreten. Sein Arzt untersucht ihn und kann nur noch staunen. Regelmäßig sagt er zur Mutter des Jungen: »Ich weiß nicht, was sie mit ihm machen, aber machen sie weiter damit!« Der Physiotherapeut erzählte, dass sich dieses Kind zu einem vollkommen anderen Fall entwickle als jeder andere Muskeldystrophiepatient, den er bislang behandelt habe.

Diskussion: Eine genetische Beratung ergab, dass die Mutter dieses Kindes nicht Trägerin des Gens war, das für diesen Typ von Muskeldystrophie verantwortlich ist. Ihr Arzt stellte die Theorie auf, dass die Mutter aufgrund der zum Zeitpunkt der Empfängnis bestehenden Belastungen eine mutierte Eizelle produzierte, was gelegentlich vorkommt.

Ich konnte in meiner eigenen Praxis feststellen, dass in der überwältigenden Zahl der ADHS-Fälle CRP vorliegt. Diesen Umstand mit Kräutern zu korrigieren, bringt oft bemerkenswerte Resultate, wie an der Erfahrung des Jungen zu sehen. Nach den Informationen zu urteilen, die mir meine Intuition geliefert hat, gehen Muskeldystrophie, zerebrale Kinderlähmung und andere angeborene Defekte auf eine chronische Polumkehr in verschiedenen Stadien der Ausbildung des Nervensystems beim Fötus zurück.

Fallstudie Nr. 3
Patient: Fünfzehnjähriger Highschool-Schüler mit ungewöhnlichen Symptomen, die sich einer bestätigten Diagnose entziehen.

Vorgeschichte: Dieser hochintelligente junge Mann litt an einer fortschreitenden Auszehrung. Das Gewicht des 1,77 Meter großen Jungen sank unerklärlicherweise auf 39,5 Kilogramm. Er war blass, hatte dunkle Ringe unter den Augen; seine Klassenkameraden gaben ihm den Spitznamen »Dracula«. Die Arme und Beine des Halbwüchsigen sahen wie dürre Stecken aus, als hätte er einen Großteil seiner Muskelmasse verloren. Sein Rücken versteifte, es zeigte sich ein deutlicher Buckel, eine eindeutige Krümmung im oberen Bereich der Wirbelsäule. Er klagte über Krämpfe im Bein, nächtliche Schweißausbrüche und eine gelegentlich auftretende Neigung, mitten im Sprechfluss falsche Worte zu gebrauchen. Außerdem wies er einen hochgradig empfindlichen Magen-Darm-Trakt auf.

Medizinische Behandlung: Kernspinresonanztomographie (MRT), Computertomographie (CT) und andere medizinische Untersuchungen waren ohne Befund. Der einzige signifikante Befund war ein bei der Blutuntersuchung zutage tretender Eisenmangel. Fünf Ärzte empfahlen unabhängig voneinander Ferrosulfat (zur Auffrischung des Eisenhaushalts), was seinen Zustand nur zu verschlimmern schien. Als nächste Erkrankung wurde Morbus Crohn in Erwägung gezogen: eine Entzündung des Dünndarms, die Schmerzen hervorrufen und eine mangelhafte Aufnahme von Nährstoffen bewirken kann. Bei eingehenderer Beurteilung ließ sich jedoch auch diese Diagnose ausschalten.

Komplementäre Alternative: Bei seiner Untersuchung zeigte der junge Mann alle äußeren Anzeichen für das Vorliegen von CRP – was schnell bestätigt werden konnte. Die Symptome ließen am ehesten an Morbus Bechterew denken, ein Krankheitsbild, das oft mit entzündlichen Darmerkrankungen wie Colitis ulcerosa oder Morbus Crohn einhergeht. Wie die meisten Krankheiten unbekannten Ursprungs ist

auch diese schwer zu diagnostizieren, bevor die Symptome weit fortgeschritten sind und die klassische Ausprägung aufweisen. Bis dahin ist es oft zu spät, die körperliche Schädigung aufzuhalten oder rückgängig zu machen.
Es wurde eine Gabe der bei CRP üblichen Kräuter verordnet. Aufgrund seines empfindlichen Magen-Darm-Trakts wurden anfangs niedrigere Dosierungen als regulär eingesetzt.
Ein Großteil der Störungen des Gleichgewichts bei Patienten mit CRP ist so lange nicht behebbar, bis die Polverteilung korrigiert wird. Deshalb wird die CRP-Behandlung fortgesetzt, bis eine normale Polarität erreicht ist. Erst dann wurde das mildeste Kraut gegen Eisenmangel, das auch den Verdauungstrakt beruhigte, eingesetzt, um die Anämie zu beheben.
Ergebnisse: Nach drei Monaten war der Patient halbwegs aus dem CRP-Zustand heraus und hatte zehn Pfund zugenommen. Die nächtlichen Schweißausbrüche und Beinkrämpfe hatten aufgehört.
Langfristige Ergebnisse: Der Patient hat 37 Pfund zugenommen. Rückenversteifung und vorgebeugte Haltung haben sich vollkommen gelegt. Arme und Beine haben Muskelmasse zugelegt und wirken normaler. Die dunklen Ringe unter den Augen sind verblasst, und die Hautblässe ist verschwunden. Er hat neulich seinen Highschool-Abschluss absolviert und etwas Besonderes in Sachen Computerdesign erfunden. Außerdem hat man mir erzählt, er habe einen – zum jetzigen Zeitpunkt noch nicht veröffentlichten – Spionageroman verfasst. Dieses ganz besondere, geniale Kind ist jedenfalls in jeder Hinsicht wieder mitten im normalen Leben, sofern sich das Wort »normal« auf einen so fähigen jungen Mann anwenden lässt.
Diskussion: In diesem Fall, bei derart schweren körperlichen Symptomen und derart hoher Intelligenz, wurde der Patient nicht zum Psychiater gebracht, also wurden Hyperakti-

vität und/oder ADS nicht in Betracht gezogen. Bei korrekter Beurteilung jedoch hätte man bei ihm ADHS diagnostizieren können.
In meiner Praxis habe ich gelernt, dass Stress eine Hauptursache von CRP darstellt. Als ich diesen jungen Mann kennenlernte, fand ich eine wohlmeinende Familie mit Stress spiritueller Natur vor. Auch dieser Schüler war intellektuell ein Überflieger. Diverse von ihm erbrachte schulische Leistungen hatten ihn so unter Stress gesetzt, dass seine Polverteilung sich umgekehrt und sein Krankheitsprozess eingesetzt hatte.
Ich glaube, dieser Fall ist typisch für die möglichen extremen Probleme von Indigo-Kindern. Eine medikamentöse Behandlung der Hyperaktivität wäre keine Lösung gewesen, ebenso wenig wie Prednison oder andere entzündungshemmende Arzneimittel ihm geholfen hätten.

Zusammenfassung
Es ist keine Lösung, alle Menschen über einen Kamm zu scheren, indem man für sie eine »Pauschaldiagnose« wie »ADS oder ADHS« stellt, sowie gleich eine medikamentöse Therapie zu empfehlen. Sowohl bei ADHS als auch bei Depressionen zeigen nun Studien, dass später oft gravierendere Symptome auftreten. Das Nullachtfünfzehn-System funktioniert hier nicht, schon gar nicht bei unseren so besonderen Indigo-Kindern. Die Untersuchungen gehen weiter. Die Medizin macht gute Fortschritte, und man kann sich zunehmend besser ein Bild von dieser Sache machen. Man beginnt dort allerdings gerade erst zu verstehen, wie immens breit die Palette der Probleme ist, die durch die heutige stressreiche Welt hervorgerufen werden. Die perfekten Lösungen stehen noch aus.
Alle Eltern sollten erfahren, welche Möglichkeiten uns zur

Verfügung stehen, diese Kinder zu verstehen. Wir können keine gesunden, glücklichen, ausgeglichenen Kinder haben, wenn wir selbst innerlich aus dem Gleichgewicht sind, von Stress oder Hoffnungslosigkeit bestimmt, oder wenn wir an chronischer Polumkehr leiden. Viele Eltern von Indigo-Kindern stellen fest: Wenn sie ihren Kindern helfen, finden sie auch selbst Heilung.

Große Forschungsunternehmen sind zu dem Schluss gekommen, dass keine derzeitig verfügbare Behandlungsform, keine Intervention und kein Ansatz Kindern mit der Diagnose »ADS«, »ADHS« oder »Lernstörungen« hilft. Eine weitere Studie der Yale University kommt zu dem Ergebnis, dass 74 Prozent der Kinder, deren Lernstörungen in der dritten Klasse entdeckt wurden, in der neunten Klasse weiterhin behindert bleiben, und eine andere Studie zeigt, dass sich der Ritalin-Einsatz zwischen 1990 und 1995 verdoppelt hat: auf 1,5 Millionen Kinder.[71] Diese Zahl wird sich voraussichtlich bald drastisch erhöht haben.

Eine medikamentöse Therapie wird in erster Linie eingesetzt, um diese Kinder leichter »handhabbar« zu machen, nicht um sie zu heilen. In einer anderen Studie wurde nachgewiesen, dass Männer, die in ihrer Kindheit wegen ADHS behandelt wurden, eine dreimal so hohe Anfälligkeit für Drogenmissbrauch aufwiesen als die Kontrollgruppe. Diverse Studien verweisen auf einen ungewöhnlich hohen Prozentsatz an Häftlingen, die als Kinder aufgrund von Störungen in Richtung ADS/ADHS behandelt wurden. Diese Zahlen sind alarmierend, da immer mehr Kinder mit größeren Stressfaktoren als je zuvor in unsere Welt eintreten.

Ich empfehle die Untersuchung von Alternativen für die wunderbaren Kinder. Eine medikamentöse Therapie mag die auftretenden Symptome lindern, heilt aber selten die Wurzel des Übels. Die Forschung geht weiter; Wissenschaftler suchen derzeit nach besseren Behandlungsmethoden. In vielen Fällen heißt es, die gesamte Familie einzuschätzen und die Stressfaktoren zu begreifen. Nur dann können wir hoffen, ein gesundes Umfeld zu schaffen, in dem diese empfindsamen Seelen gedeihen können.

Es gibt noch so viel mehr zu entdecken über uns selbst und unsere Kinder, während wir uns in diese neue Zeit hineinbewegen. So viele werden wie ich diesen Kindern dienen. Es kann nicht so weitergehen, dass die Kinder unter einer Pauschaldiagnose zusammengefasst und alle gleich behandelt werden. Jedes von ihnen ist anders und will von daher entsprechend behandelt und verstanden werden. Es liegt an Ihnen. Sie können sich dafür entscheiden, die gängige Therapie als das kleinste Übel hinzunehmen, oder Sie können sich auf die Suche nach anderen Methoden machen, um herauszufinden, was bei Ihrem Kind und Ihrer Familie wirklich funktioniert.

An die Eltern und Freunde von Indigo-Kindern: Bedenken Sie gründlich die individuellen Bedürfnisse dieser neuen Lehrerinnen und Lehrer. Sie müssen für sie ganz besondere Rollenvorbilder sein. Ehren Sie ihre Individualität. Begeben Sie sich auf die Suche nach der Wahrheit über den Status quo und nach Alternativen. Und vor allem: Geben Sie nie auf!

Wie bereits gesagt: Wir recherchieren all diese Dinge, bevor wir sie Ihnen hier präsentieren – und die beste Recherche sind reale Geschichten über reale Kinder. Kurz nachdem der obige Beitrag bei uns einging, erhielten wir ein Schreiben von Bella Richards über ihre Tochter Norine. Wir möchten Sie daran teilhaben lassen:

»Meine Tochter ist fünfzehn Jahre alt und wird derzeit von Keith Smith, einem Iridologen und Kräuterheilkundler in Escondido,

Kalifornien, behandelt. Wir glauben, sie ist ein Indigo-Kind, und unter der Behandlung von Keith Smith hat sich ihr Zustand bemerkenswert gebessert. Sie ist mittlerweile in ihrem zweiten Highschool-Jahr. Sie hatte dort eine sehr harte Zeit, in der sich Anzeichen von ADS zeigten; sie konnte sich in der Schule nicht konzentrieren, nicht bei der Sache bleiben. Wir gingen mit ihr sowohl zu ihrer Ärztin als auch zu einem Neurologen, aber beide konnten nichts finden.
Ich fühlte mich wirklich hilflos, als das arme Mädchen nach der zehnten Klasse nicht versetzt wurde. Ich wollte sie schon aus der regulären Schule herausnehmen und sie auf eine Sonderschule schicken. Ich debattierte intensiv mit dem stellvertretenden Direktor der Schule und versuchte verzweifelt herauszufinden, was mit ihr los war. Sie ist extrem intelligent und klug, tut sich aber wirklich schwer mit Beziehungen zu Gleichaltrigen. Sie scheint in ihrer Zeit und Altersgruppe einfach eine Außenseiterin.
Als wir dieses arme Kind schließlich zu Keith Smith brachten, wusste er genau, was ihr Problem war. Er brauchte sie dazu nur anzusehen und sich anzuhören, was sie ihm erzählte. Es war ein wirklicher Segen. Ich kann gar nicht erklären, wie frustrierend es ist, wenn niemand etwas mit der Sache anfangen kann!«

Wir können hier die Nahrungsergänzungen nicht außer Acht lassen, wenn es um Lösungen für Indigos oder für Kinder mit ADS geht. Was nun folgt, geht jedoch weit über bloße Ernährung hinaus. Kann die entsprechende Ernährung Ritalin ersetzen? Es mag nicht ohne Komik sein, aber hier sind zwei Zitate, in denen entgegengesetzte Meinungen vertreten werden: beide aus einer sehr guten Quelle[72].

»Es ist ein exakt zu dosierendes, gleichmäßig Wirkstoffe freisetzendes niedrig dosiertes Medikament. Kritiker, die

behaupten, Ernährungsvorschriften, körperliches Training oder sonstige Behandlungen funktionierten ebenso gut wie Ritalin, machen sich selbst etwas vor.«
Dr. Philip Berent, psychiatrischer Berater am Arlington Center for Attention Deficit Disorder in Arlington Height, IL, USA.

»Es gibt faszinierende Arbeiten, die den Schluss nahelegen, dass zumindest einige Kinder mit ADHS auf Behandlungen durch Ernährungsumstellung ansprechen könnten, darunter etwa die Hinzufügung bestimmter fettreicher Öle oder die Streichung anderer Speisen von ihrem Speisezettel ... Hier benötigt man noch weitere Untersuchungen.«
Die staatlichen Gesundheitsbehörden der USA, 1998

Bringt Sie das zu dem Schluss, das Urteil stünde noch aus? Lassen Sie sich nicht dahingehend bearbeiten, dass Sie schließlich meinen, Ernährung spiele keine Rolle. Spielt sie doch! Die nächsten drei Beiträge befassen sich mit Nahrungsergänzungen, die eine tief greifende Wirkung auf ADS-Kinder und Indigos gezeigt haben.

Karen Eck stammt aus Oregon. Neben ihrer Tätigkeit als unabhängige Erziehungsberaterin und ihrem Vertrieb von Lernsoftware hat sie sich ihr Leben lang mit Heilung ohne Medikamente befasst. Dies brachte sie unter anderem auf Ernährung. Karen arbeitet für eine Firma namens Insight USA[73], die eine Nahrungsergänzung mit Namen »Smart Start« herstellt.[74] Man erzielt dort gute Erfolge bei Erwachsenen sowie vielen Kindern mit ADS (und auch bei Indigos mit der Fehldiagnose »ADS«). Uns geht es hier nicht darum, Werbung für bestimmte Produkte oder Firmen zu machen, aber manchmal sind sie der einzige Weg, an Ergebnisse sorgfältiger Untersuchungen von genau dem zu gelangen, was wir brauchen. Sollten Sie von anderen Firmen mit sonstigen gesundheitsförderlichen Produkten wissen, von denen bekannt geworden ist, dass sie Indigo-Kindern oder Kindern mit ADS helfen, schreiben Sie uns. Wir werden die Sache überprüfen und auf unsere Indigo-Website www.indigochild.com setzen.

Ernährung als Antwort
KAREN ECK

Ihr Kind begann irgendwann einmal mit einfachen Kombinationen von Bauklötzchen zu spielen und lernte schließlich, komplexe, funktionierende Spielzeuge zu bauen. Genauso beginnt Ihr Körper mit einfachen Bausteinen und kann basierend hierauf komplexe, funktionierende körperliche Systeme bauen, darunter die Lernzentren des Gehirns.
Wir sollten diese Ernährungsbausteine aus der Nahrung beziehen, die wir zu uns nehmen. Leider werden viele der grundlegend wichtigen Ernährungsbausteine bei der industriellen Aufbereitung unserer Nahrungsmittel ausgeschaltet, und wir stehen da mit einem Körper, dem es gelegentlich am vollen Spektrum von Nährstoffen mangelt, die nötig wären, um unserem Leben mehr Individualität und Kreativität zu geben. Bei der Entwicklung von Nahrungsergänzungs-Kombipräparaten besteht also ein Eckpfeiler darin, sicherzustellen, dass das Produkt die essenziellen Ernährungsbausteine enthält.[75]
Spurenelemente fehlen in der Regel bei industriell verarbeiteter Nahrung, und doch sind sie die Grundlage für die meisten Enzyme des Körpers. Enzyme beschleunigen die

Körperfunktionen, vom Sehvermögen bis zur Nervenleitfähigkeit.

Vitamine sind, per Definition, Ernährungsbausteine, die Ihr Körper nicht selbst erzeugen kann. Sie müssen täglich aufgefüllt werden, um dem Körper neue Energie zu spenden und ihn zu schützen.

Andere Komponenten sind gleichermaßen unabdingbar für das optimale Wohlergehen. Lecithin zum Beispiel macht 75 Prozent Ihres Gehirns aus.

Gingko biloba zum Beispiel ist ein weit verbreiteter Schattenbaum, in China beheimatet und mit bitter schmeckenden Flavonoiden, die sowohl die Blutzufuhr zum Gehirn steigern als auch die Blut-Hirn-Schranke stabilisieren. Diese Schranke ist der am stärksten sondierende Filter im menschlichen Körper. Sie reguliert die Menge an energieproduzierendem Zucker und Sauerstoff, die das Gehirn erhält, und schützt es außerdem vor schädlichen Substanzen.

Studien haben ergeben, dass Antioxidantien wie etwa Pycnogenol, ein Kiefernrindenextrakt, das Sehvermögen verbessern. Von vielen Kräutern weiß man, dass sie ein langes Leben bescheren. Sie bieten – zusammen mit Vitaminen und Spurenelementen – ein volles Spektrum an Ernährungsbausteinen.

Zusammensetzung eines idealen Kombipräparates[76]

	Menge	% empf. Tagesdosis
Vitamin A (Betakarotin)	5000 I.E.	100
Vitamin C (Ascorbinsäure)	60 mg	100
Vitamin D (Cholecalciferol)	400 I.E.	100

Vitamin E (min. Tocopherole)	30 I.E.	100
Vitamin B$_1$ (Thiamin-Mononitrat)	1,5 mg	100
Vitamin B$_2$ (Riboflavin)	2,0 mg	100
Vitamin B$_6$ (Cyanocobalamin)	6 µg	100
Vitamin B$_{12}$ (Pyridoxin HCL)	200 µg	100
Folsäure	400 µg	100
Biotin	300 µg	100
Niacinamid	20 µg	100
Pantothensäure (d-Kalzium-Pantothenat, Vitamin B$_3$)	10 µg	100
Eisen*	4,5 mg	25
Zink*	3,75 mg	25
Mangan*	1 mg	–
Kupfer*	0,5 mg	25
Chrom*	410 µg	–
Lecithin	80 µg	–
Jod (Kaliumjodid)	37,5 µg	25

| Molybdän* | 18 µg | 25 |
| Selen* | 10 µg | |

Vitamine

Oft fehlen den Nahrungsmitteln, die wir zu uns nehmen, die Vitamine. Dies gilt besonders für gebratene Speisen. Da unser Körper Vitamine nicht selbst herstellen kann, müssen wir sie über unsere Nahrung und über Nahrungsergänzungen aufnehmen. Sie sind sehr wichtig für unsere Energieerzeugung, unsere Stressbewältigung und unser Immunsystem.

Betakarotin (Vitamin A): Antioxydans (wird nicht in der Leber gespeichert; relativ ungiftig)

Vitamin C und E: Antioxydantien

Vitamin D: Für die Kalziumaufnahme erforderlich

Vitamin B_1, B_2, B_6, B_{12} und Niacinamid: Jeweils nötig für die Energieproduktion und Stressbewältigung

Folsäure: Für die Energieproduktion erforderlich

Biotin:	Essenzieller Wachstumsfaktor für sämtliche Zellen im Körper
Pantothensäure:	Stärkt die Immunabwehr

Spurenelemente

Vielen Nahrungsmitteln, die wir zu uns nehmen, wurden die Spurenelemente entzogen. Spurenelemente sind die Katalysatoren für Hunderte von Enzymreaktionen im Körper. Diese Reaktionen steuern nahezu sämtliche Körperfunktionen, von der Reizweiterleitung der Nervenbahnen bis zum Blutzuckerspiegel. Alle diese Vorgänge sind zentral für unser Leben und Lernen.

Eisen und Molybdän:	Bestandteile der roten Blutkörperchen
Zink:	Bestandteil von über 60 Enzymen, darunter auch jene, die für die Erzeugung der natürlichen Oxydantien des Körpers von essenzieller Bedeutung sind
Mangan:	Essenziell für Enzyme, die für Knochenwachstum, Energieproduktion und Immunsystem benötigt werden

Kupfer:	Besonders wichtig für Enzyme, die mit dem Immunsystem und der Gesunderhaltung von Herz und Kreislauf zusammenhängen
Chrom:	Essenziell für den gesunden Zucker- und Fettstoffwechsel
Jod:	Essenziell für die Produktion der Schilddrüsenenzyme
Selen:	Bestandteil essenzieller Immun-Enzyme

Pflanzliche Wirkstoffe[77]

Gingko biloba:	Enthält bitter schmeckende Bestandteile zur Stabilisierung der Blut-Hirn-Schranke, die zusätzlich ein Eindringen von unerwünschten Substanzen ins Gehirn verhindern
Blaubeere:	Enthält Proanthocynadine (Antioxydantien), die dem Schutz der einzelnen Zelle dienen
Schwarze Walnuss:	Natürlicher Jodlieferant (fördert das Stoffwechselgleichgewicht; versorgt den Körper mit Energie)

Sibirischer Ginseng: Enthält Adaptogene, durch welche die Stressbewältigung verbessert wird

Pycnogenol: Aus Kiefernrinde gewonnenes Antioxydans

Lecithin: Das Gehirn besteht größtenteils aus Phospholipiden (lecithinähnlichen Bestandteilen)

Zusammenfassung

Nach der Verwendung von Nahrungsergänzungspräparaten kamen von Eltern Kommentare wie: »Es ist so, als wäre jetzt jemand zu Hause, und das Licht ist an!« Eine Mutter fuhr ohne die Nahrungsergänzung in Urlaub und vermisste sie schmerzlich, da das Verhalten ihres Kindes wieder unberechenbar wurde. Oft geht den Eltern ihr Vorrat aus, sodass sie erst jetzt wieder merken, was für ein großer Wandel da stattgefunden hat. Dann rufen sie kurze Zeit später in Panik an, um etwas nachzubestellen.

Auch unsere interaktive Lernsoftware bewirkt immens viel im Leben von Kindern mit ADS und ADHS. Die Kinder genießen es, durch den Computer ein Gegenüber zu haben, das sich nur mit ihnen befasst und ihnen außerdem sofort ein Feedback gibt. Ein Junge lernte oft seine Lektionen im Stehen und zappelte dabei viel herum, aber er fand es prima, wenn seine Antworten richtig waren. Es war wundervoll, dies zu beobachten. Den Kindern wird dann bewusst, dass sie Köpfchen haben und durchaus lernen können. Und ihr Selbstwertgefühl hebt förmlich ab! Probleme mit dem Verhalten verringern sich dagegen.

Deborah Grossman ist Mutter eines Indigo-Kindes, Homöopathin und staatlich zugelassene Krankenschwester. Sie hat einen Einnahmeplan für Nahrungsergänzungen aufgestellt, der ihrer Erfahrung nach funktioniert; von daher möchte sie ihn weitergeben. Beachten Sie, dass in ihrer Liste die Angabe »Blaugrüne Algen« vorkommt. Dabei handelt es sich vielleicht um die größte Überraschung von allen, doch darauf gehen wir nach Deborah Grossmans Beitrag noch näher ein.

Nahrungsmittelergänzungsplan für Ihr ADHS-Kind
DEBORAH GROSSMAN, KRANKENSCHWESTER

Ich habe keinen Zweifel daran, dass mein Sohn mich als seine Mutter ausgesucht hat: Er wusste, ich würde es nicht zulassen, dass er in den Mühlen des alten, gerade in Auflösung begriffenen Paradigmas »zermahlen und dann ausgespuckt« wird. Ich befasse mich seit Jahren mit ganzheitlicher Medizin und bin es gewohnt, mit Systemen umzugehen, die am Zerbröckeln sind. Was ich derzeit zu beeinflussen suche, ist das Bildungswesen. Meiner Wahrnehmung nach operieren diese Indigo-Kinder auf einer Ebene, auf der es ihnen oft schwerfällt, sich mit eintönigen Aufgaben zu befassen, besonders wenn sie mit Stift, Papier und langweiligem Auswendiglernen zu tun haben.

Der Fahrplan, nach dem ich meinem Sohn Nahrungsmittelergänzungen verabreiche, umfasst unter anderem »Blaugrüne Algen vom Klamath Lake«[78]. Bei der Aufstellung dieses Fahrplans diente mein Sohn als das sprichwörtliche Versuchskaninchen; ich bin darauf gestoßen, dass bestimmte Kombinationen hervorragend zusammenwirken.[79]

Ich habe Glück: Mein Sohn macht mit, wenn es darum geht, diese lange Latte von Nahrungsergänzungen – Multivitamine, Lecithin, Liponsäure, diverse Aminosäuren, Blaugrüne Algen etc. – einzunehmen. Er wiegt etwa 47 Kilogramm; die Dosis muss auf das Körpergewicht abgestimmt werden.[80]

Alternative Möglichkeiten
Wir würden Ihnen gerne einige alternative Methoden präsentieren, mit denen Sie Gesundheit und Gleichgewicht gewinnen. Sie mögen Ihnen merkwürdig vorkommen, aber sie funktionieren. Wir haben ja schon zuvor erwähnt, dass etwas, das heute als verschroben gilt, oft die Wissenschaft von morgen ist. Das stimmt. Angesichts der zunehmenden Popularität und Wirksamkeitsnachweise vieler alternativer Heilverfahren gelangt die Medizin endlich dazu, das Eigenartige und Merkwürdige mit neuem Blick zu betrachten. Das neue Denken geht scheinbar in die Richtung: Wenn es funktioniert, ist ja vielleicht etwas dran. Probieren wir es. Wir werden später noch herausfinden, warum es funktioniert. Das ist eine immense Verbesserung gegenüber früher, wo man dachte: Es kann unmöglich funktionieren, da wir nicht wissen, warum. Manche Ideen, die in unserer Kultur vor ein paar Jahren doch tatsächlich als »Unfug« gebrandmarkt wurden, werden heute von genau denen verschrieben, die sie damals so titulierten.
In Krankenhäusern in ganz Amerika schießen alternative und komplementärmedizinische Klinikzweige aus dem Boden: Einer Vielzahl von Menschen kann geholfen werden – mit bis vor Kurzem ungesicherten Methoden, um inneres Gleichgewicht und Heilung zu erlangen. Für viele Mediziner ist ihre Wirksamkeit de facto noch immer unbewiesen – aber sie funktionieren. Akupunktur wird mittlerweile mancherorts von der Krankenversicherung bezahlt; insofern wird sie endlich als uralte Wissenschaft aus einer anderen Kultur anerkannt, die ihre Verdienste hat, allerdings von der etablierten Medizin jahrzehntelang ausgebuht wurde.

Selbst einige uralte Heilmittel, die wirklich grotesk schienen, werden heute in die Wissenschaft eingebracht. Lesen Sie einmal die Meldung der *Associated Press* von November 1998:

> »Es ist ein uraltes chinesisches Heilmittel, das viele Ärzte in den USA bizarr finden werden: Unmittelbar vor der Geburt wird das Heilkraut Beifuß unter dem kleinen Zeh einer Schwangeren erhitzt, damit sich ihr Baby aus der riskanten Steißlage herausdreht.
> Doch wenn Tausende von Ärzten diese Woche das *Journal of the American Medical Association* [Fachzeitschrift des amerikanischen Medizinerverbandes] aufschlagen, werden sie dort eine wissenschaftliche Studie vorfinden, in der es heißt, dass diese chinesische Therapieform wirklich funktioniert und dass die Frauen im Westen sie ausprobieren sollten.«[82]

Einer 1997 durchgeführten Studie zufolge, die im *New England Journal of Medicine* erschien, haben beachtliche 46 Prozent der Amerikaner schon einmal auf alternative Heilmethoden wie Akupunktur oder den Besuch beim Chiropraktiker zurückgegriffen. Laut dem gleichen Bericht rangierte »geistige Heilung durch andere« in einer Liste der am weitesten verbreiteten Alternativen auf Platz fünf![83]
Betrachten Sie sich einmal das Nachfolgende. Vielleicht ist ja etwas für Sie dabei!

Das Wunder aus dem Lake Klamath: Blaugrüne Algen
Wir empfehlen Edward Hallowells Buch über ADS, das am Anfang dieses Kapitels in einer Anmerkung erwähnt wurde. Er ist eine führende Autorität auf dem Gebiet der Lernbehinderungen, insbesondere im Hinblick auf ADS. Von ihm stammt ein Buch, das auf der Bestsellerliste der *New York*

Times steht: *Driven to Distraction.*[84] Wie bereits erwähnt, gilt dieses Werk als das umfassendste zum Thema »Kinder mit ADS und ADHS«.

1998 hielt Dr. Hallowell den Schlüsselvortrag bei der Konferenz des Pazifikraums über die medikamentöse Behandlung von Lernbehinderungen in Honolulu, Hawaii, wobei er in einem Teil seiner Ansprache auf nichtmedikamentöse Formen der Behandlung von ADS einging. Ganz oben auf seiner List standen Blaugrüne Algen, eine wild wachsende Nahrung, die im oberen Teil des Lake Klamath in Südoregon von einer Firma namens Cell Tech geerntet wird. Die Blaugrüne Alge aus dem Lake Klamath wird als »Supernahrung« gehandelt, weil sie bei so vielen, die sie entdeckten, immense Wirkung gezeigt hat. Es handelt sich um ein natürliches Nahrungsmittel, das geerntet wird, nicht industriell hergestellt, und es ist unwahrscheinlich, dass es mit Konservierungsmitteln, künstlichen Farbstoffen oder geschmacksverändernden Substanzen versehen wurde.

Ein weiterer auf dem Gebiet tätiger Psychologe, John F. Taylor, veröffentlichte ein Buch mit dem Titel *Helping Your Hyperactive ADD Child* sowie das Video *Answers to ADD: The School Success Tool Kit.*[86] Er wird im Ernährungsteil des Rundbriefes von Network of Hope wie folgt zitiert:

> »Ohne in irgendeiner Weise mit einer Firma in Verbindung zu stehen, die sich mit der Ernte, Herstellung oder Vermarktung von Nahrungsmitteln, Arzneimitteln oder Nährstoffen befasst, bin ich in der Situation gewesen, mit Tausenden von Eltern und auf dem medizinischen Sektor Tätigen sehr offen über ADS und ADHS sprechen zu können, und die Eltern erwähnen die Blaugrüne Alge mir gegenüber immer wieder als Hilfe für Kinder mit ADS oder ADHS.«[87]

Denken Sie daran, dass nicht alle Kinder mit ADS Indigos sind. Aber viele Indigos weisen einige der gleichen offenkundigen Merkmale auf, die mitunter durch das aktiviert werden, was die Kinder in ihrem nicht-Indigo-freundlichen familiären und sonstigen Umfeld zwangsläufig erdulden müssen. Deshalb haben wir entdeckt, dass viele Eltern von Indigo-Kindern sehr erfolgreich Blaugrüne Algen vom Lake Klamath als Nahrungsergänzung verwenden – und darauf schwören! Sie sagen uns, dass sie den Blutzuckerspiegel stabilisieren, frei von Giftstoffen sind, wichtige Vitamine enthalten (vor allem Lieferanten von hochkonzentriertem Betakarotin und Vitamin B_{12}) und darüber hinaus auch weitere Merkmale eines wahren »Supernahrungsmittels« aufweisen.

Von allen Substanzen, über die wir bei unseren Reisen gehört haben, ragt diese eindeutig heraus. Sie wird am häufigsten erwähnt und scheint, wenn nur eine Substanz zum Einsatz kommt, die wirksamste zu sein. Kann sie bei ADS helfen? Wird sie helfen, Indigo-Attribute ins Lot zu bringen? Es gibt Menschen, die wirklich dieser Meinung sind – und der Beweis dafür taucht überall auf. Viele sagen, dass sie auf keinem Speisezettel fehlen sollten.

Nachfolgend lesen Sie von mehreren Systemen und Methoden, die bei ADS-Kindern funktionieren (und auch bei einigen Indigos). Sie entsprechen zwar nicht dem Mainstream, dennoch stehen glaubwürdige Personen und Studien hinter ihnen, die ihren Wert belegen.

Magnetismus und der menschliche Körper

Wir sind der Ansicht, dass eine sehr weitreichende Verbindung zwischen Magnetismus und dem menschlichen Körper besteht. Zu diesem Schluss kommen wir aufgrund unseres sehr engen Kontakts zu einigen Forscherinnen und

Forschern, die mit Magneten heilen. Ein Großteil dieser Arbeit ist Pionierarbeit auf dem Gebiet der Kontrolle über Krebs und Krankheiten im Allgemeinen, passt also nicht ganz in dieses Buch. Außerdem steckt einiges davon noch im Entwicklungsstadium und lässt sich nicht abschließend beurteilen, wenn auch im Labor unseres Wissens wirklich herausragende Resultate erzielt wurden. Wir wollten diesen Aspekt deshalb schon überspringen, als wir zeitlich wunderbar passend einen Brief von Patti McCann-Para erhielten: Er zeigte, dass es noch andere Mediziner gibt, die speziell im Hinblick auf ADS und Magnete Erfolge verzeichnen. Patti McCann-Para stellt in ihrem Brief fest:

»Ich habe gerade ein Buch gelesen, in dem Magnettherapie bei ADS erwähnt wird! Es trägt den Titel *Magnetic Therapy*, die Autoren sind Ron Lawrence, M.D., Ph.D., Paul Rosch, M.D., F.A.C.P., und Judith Plowden.[88] In Kapitel 8, Seite 167, ist dort von Dr. Bernard Margois aus Harrisburg, Pennsylvania, USA, die Rede, der mit Magnettherapie bei ADS-Kindern wunderbare Erfolge erzielt. Er geht darüber hinaus auf Probleme ein, die mit Selbstachtung und Ähnlichem zusammenhängen. Dr. Margois berichtete von einer einfachen Studie mit 28 Kindern und Jugendlichen im Alter von 5 bis 18 Jahren, von denen fast alle – bis auf zwei – männlichen Geschlechts waren. Er sprach bei der Konferenz der North American Academy of Magnetic Therapy von einer Studie, die 1998 in Los Angeles stattfand. Dr. Margois verwendete in dieser Studie statische (oder dauerhaft angewendete) Magnete, und die Jury, die über die Wirksamkeit der Magnettherapie befand, war die beste, die man sich vorstellen kann: die Eltern der Kinder! Eltern berichteten, dass die Magnete ihren Kinder unermesslich viel geholfen hätten. Manche sagten, es sei ein Unterschied ›wie Tag und Nacht‹ gewesen. Das Kind, so sagte jemand, sei mit Magnettherapie ›liebenswert‹ gewesen, während sie es ansonsten ›am liebsten zur Adoption freigegeben‹ hätten.«

Wir können dieses Themengebiet nicht verlassen, ohne einen generellen Rat von denjenigen an Sie weitergegeben zu haben, die sich mit Magnetismus und dem menschlichen Körper befassen, auch wenn dieser nicht auf die Indigo-Kinder begrenzt ist:
ACHTUNG, bitte verzichten Sie darauf, über Monate magnetisierte Matratzen oder Stühle zu benutzen, um persönliche Gebrechen zu heilen oder Ihr allgemeines Wohlbefinden zu erhöhen! Diese Praxis setzt Ihren Körper einem konstanten Potenzial aus, das die in Ihren Zellen gespeicherten Instruktionen verändern kann. Verwenden Sie diese Hilfsmittel also nur gelegentlich, nicht andauernd! Wir glauben, dass es irgendwann schließlich Studien geben wird, welche die verheerende Wirkung eines solchen Dauereinsatzes aufzeigen. Bedenken Sie: Wenn eine dauerhafte Magnettherapie bei vorsichtigem, behutsamem und fachkundigem Einsatz Menschen zu helfen vermag, was kann dann eine ganze Batterie von Magneten, was können Hunderte davon bei unsachgemäßem und undifferenziertem Einsatz anrichten![89]

Biofeedback und Neurotherapie
Wenn Sie das HeartMath®-System interessiert hat, von dem in Kapitel 2 die Rede war, werden Sie sich beim Lesen der kurzen Darstellung von Biofeedback aufgrund etlicher Ähnlichkeiten daran erinnern. Wir sprachen in Kapitel 2 von den Hirnstrommessungen, die Chaos oder Freude, Ärger oder Liebe anzeigten, und wir sprachen von einem System, das

Menschen zu größerer Ausgeglichenheit verhilft. Hier ist ein stärker medizinisch geprägter Ansatz – zwar nicht brandneu, aber dennoch beachtenswert.

Donna King ist zugelassene Neurotherapeutin und Associate Fellow des Biofeedback Institute of America. Sie ist die pädagogische Leiterin der Behavioral Physiology Institutes (Institute für Verhaltensphysiologie) im US-Bundesstaat Washington. Sie ließ uns eine kurze, aber eingängige Notiz zu ihren Erkenntnissen zukommen:

> »Ich schreibe Ihnen, da ich das große Vergnügen gehabt habe, mit vielen Kindern zu arbeiten, bei denen ADS oder ADHS diagnostiziert worden war. Ich verwende ein Elektroenzephalogramm (EEG), um ihre Gehirnströme zu messen, und dann bringe ich dem Kind bei, dass es seine eigenen Gehirnströme ändern kann – so lange, bis es das Gefühl hat, dass es nun problemlos funktionieren kann. Diese Kinder sind in der Lage, ihre Medikamentendosis zu reduzieren oder die Medikamente ganz wegzulassen. Sie schlafen besser, Bettnässen hört auf und Wutausbrüche verschwinden. Diese Behandlungsmethode, EEG-Neuro-Feedback oder EEG-Biofeedback, bestärkt Kinder und ermöglicht es ihnen, über ihr Verhalten selbst zu entscheiden, statt dass ihnen durch Medikamente oder die Notwendigkeit der Konformität ein Verhalten aufgezwungen wird.«

Biofeedback und Neurotherapie sind weder neu noch exotisch. Donna King hat sogar eine vielseitige Dokumentation der intensiven Studien vorgelegt, die sich damit befassen, warum diese Verfahren funktionieren, und daneben einige Studien über Kinder im Allgemeinen.[90] Wie schon von ihr

erwähnt, arbeitet sie tagtäglich mit Kindern. Sie bringt sehr deutlich zum Ausdruck, wie viel Hilfe die Kinder erhalten können. Das ist eine akkreditierte Wissenschaft, und sie funktioniert bei vielen Kindern!
Vermutlich gibt es Dutzende von Neurofeedback-/Neurotherapieorganisationen und -disziplinen, auf die wir Sie hier nicht verweisen. Zeitlich perfekt auf Donna Kings Beitrag abgestimmt, tauchte jedoch ein weiterer Beitrag auf, nämlich eine Organisation mit Namen The Focus Neuro-Feedback Training Center, mit Schwerpunkt ADS und ADHS. Gegründet wurde dieses Zentrum, das sich unter anderem mit neuronalen Regulierungsmechanismen befasst und eine zertifizierte Einrichtung darstellt, an der Neurofeedback angeboten wird, von Norbert Goigelman, Ph.D. Er hat seinen Doktortitel im Bereich Elektronik und Psychologie erworben. Sein Spezialgebiet ist Neurofeedback als Hilfsangebot für Menschen mit ADS und ADHS. Hier ist ein Kommentar seines Trainingszentrums:

> »Angesichts der raffinierten Computer unserer Zeit bietet sich Menschen, die an ADS oder ADHS leiden, heute eine wunderbare nichtmedikamentöse Behandlungsalternative. EEG-Neurofeedback ist ein sicheres, nicht invasives, schmerzfreies Trainingsverfahren, bei dem EEG-Sensoren auf der Kopfhaut des Patienten oder der Patientin (Mindestalter 6 Jahre) platziert werden. Diese Sensoren versorgen einen Computer mit Informationen über die Hirnstromaktivität einer Person. Die Angaben erscheinen auf einem farbigen Monitor. Wenn die Betreffenden selbst diese Darstellung ihrer eigenen Gehirntätigkeit sehen, können sie sich ihrer Muster bewusst werden und lernen, diese zu verändern. Fortschritte werden mit visuellem und akustischem Feedback belohnt.

EEG-Neurofeedback-Trainings könnte man mit einem Videospiel vergleichen, bei dem die Belohnung in besseren Leistungen in der Schule oder am Arbeitsplatz besteht, in vermehrtem Selbstwertgefühl und dem Erkennen eines noch unangezapften Potenzials. Nach dem anfänglichen Trainingskurs brauchen die Betreffenden selten darüber hinausgehende Beratungen, Trainings oder Arzneimittel.«

Neuromuskuläre Integration

Wie wäre es mit einem System, das sich genauso wie das Neurofeedback mit dem Gehirn befasst, aber auch die Körperstruktur in ein Heilungssystem einbezieht? Karen Bolesky, M.A., C.M.H.C., L.M.P., ist staatlich anerkannte Psychologische Beraterin. Sie verfügt über eine Ausbildung in Psychotherapie und praktiziert und lehrt am Soma Institute of Neuromuscular Integration, gleichzeitig ist sie seine Ko-Leiterin.

Wie die anderen wird dieses System derzeit erfolgreich bei Kindern mit ADS und ADHS angewandt. Die neuromuskuläre Soma-Integration ist ein Typ von Körper-Geist-Therapie, der verändernd auf Körper und Psyche von Menschen einwirkt. Diese Veränderung geht auf die Herstellung eines strukturellen Gleichgewichts im Körper bei gleichzeitiger Arbeit am Nervensystem zurück. In zehn Grundsitzungen erfolgen Arbeit am tiefen Bindegewebe, Bewegungstraining, Dialoge zwischen Klient und Therapeut, Tagebuchführen und der Einsatz sonstiger Lernmittel, die geeignet sind, nach und nach die Harmonie des gesamten Körpers wiederherzustellen und das Nervensystem neu auszurichten.

Klingt nach einem ziemlichen Anspruch! Das Soma-System ähnelt anderen zur Verfügung stehenden Systemen, ist aber nach unserem Kenntnisstand eines der wenigen, bei denen

Massagearbeit mit neurologischer Therapie kombiniert wird. In Verbindung mit Heilung generell konnten Jan und ich Erfahrungen mit dem Ansatz unseres Freundes Dr. Sid Wolf machen, der mit Dr. Melanie Melvin zusammenarbeitet (einer der Beitragenden zu diesem Buch). Er konzentriert sich einzig und allein auf Abbau von Anspannung und erzielt sehr positive und sofortige Erfolge. Das ist mit ein Grund dafür, warum wir beschlossen haben, uns für Sie etwas mehr mit Soma zu befassen: Soma schien eine Weiterführung von Dr. Wolfs hochgradig erfolgreicher Arbeit.

Das Soma-System wurde von Bill Williams, Ph.D., entwickelt. Sein Team nennt das System ein »dreihirniges Modell«, was schlichtweg ein Bild für seine Wirkungsweise ist. Karen Bolesky führt aus: »Das Ziel der Soma-Arbeit mit einem Klienten, bei der man auf das Modell der ›drei Gehirne‹ zurückgreift, liegt darin, ein Umfeld zu schaffen, in dem er oder sie erfahren und willentlich steuern kann, welches ›Gehirn‹ im jeweiligen Augenblick oder bei der jeweiligen Aufgabe vorrangig aktiv ist.« Sie erklärt, dass es effektiver sein könne, nicht nur auf die dominantere linke Gehirnhälfte zurückzugreifen, sondern auch Zugang zu einem anderen ›Gehirn‹ zu finden. Soma sei sowohl in der Theorie als auch in der praktischen Anwendung darauf abgestellt, für eine Reintegration der drei Gehirnregionen zu sorgen, sodass der betreffende Mensch optimaler funktionieren und größeres Wohlergehen, mehr Ganzheit und Lebendigkeit erfahren könne.

Was den Spezialfall ADS beziehungsweise ADHS angeht, so berichtet Karen Bolesky:

> »Bei sämtlichen Klienten mit ADS oder ADHS ... dominiert in einem solchen Ausmaß die linke Gehirnhälfte, dass eine abnorme Überdominanz entsteht. So steckt der Klient oder die Klientin im Überlebensmodus der linken

Gehirnhälfte fest. Im Überlebensmodus jagt es Menschen Angst ein, wenn sie sich von der linken Gehirnhälfte lösen sollen; von ihrer Konzentrationsspanne her, die auf 16 Bit pro Sekunde begrenzt ist, fühlen sie sich massiv überfordert. Um die Begrifflichkeit von Soma zu gebrauchen: Ihre Bitzahl ist ausgeschöpft! Bei Soma wird mit jedem Klienten daran gearbeitet, einen Zugang zu allen drei ›Gehirnen‹ zu finden und alles lockerer und mit erweiterten Möglichkeiten angehen zu können. Ich betrachte ADS und ADHS eher als den Zustand eines ›Fixiertseins auf eine Dominanz der linken Gehirnhälfte‹ statt als ein Krankheitsbild. Die Soma-Körperarbeit ist sehr wirksam, wenn es darum geht, das innere Erleben eines Menschen zu erweitern, sodass eine stärkere Integration erreicht wird. Die Integration ermöglicht einen vermehrten Energieaustausch zwischen Körper und Geist, was den Zustand des Überfordertseins zum Verschwinden bringt.«

Soma-Arbeit: Eine Fallstudie
Karen Bolesky

Ein sehr aufgeweckter Achtjähriger mit der Diagnose »ADS«, von seinem Hausarzt an mich überwiesen, zeigte das komplette psychologische Profil eines ADS-Kindes. Der Junge hatte schon schulische Beratungsstellen und private Beratungspraxen aufgesucht. Seine Familie brachte ihn zu mir, gestresst von seinem Verhalten zu Hause und in der Schule. Sie war mit ihrer Weisheit am Ende und sah Soma als »letzte Rettung«. Der Junge ließ sich nichts sagen, war unfähig zu stiller Arbeit, benahm sich ungezogen, machte seine Hausaufgaben nicht, hielt keine Ordnung und übernahm nicht

die Verantwortung für sein Verhalten. Am schwierigsten waren sein aggressives Verhalten in der Schule und sein ständiger Streit mit den Geschwistern zu Hause.
Er befasste sich viel mit Nintendo und Computerspielen, allesamt sehr ergebnisorientierte Tätigkeiten, bei denen die linke Gehirnhälfte dominiert. Er hasste es, im Unrecht zu sein, und war gerne allein, wenn er nervös war. In der Schule ging es bei einem Großteil seiner Aggressionen um die Benutzung eines Computers. Er sagte mir, wenn er sich unter Stress fühle, bekomme er immer Lust auf Computerspiele. Er hatte eine gute Körperwahrnehmung, fühlte sich aber meist nicht wohl in seiner Haut. Er konstatierte, sein Gehirn sei »nervös«, sein Magen »verstimmt«, seine Hände »wütend«, seine Knie »nervös«, seine Augen »nervös« und seine Wirbelsäule »verkorkst«. Daran erkannte ich, dass er eine wache Körperwahrnehmung hatte, und es war unschwer einzusehen, warum er diese Empfindungen nicht ständig bewusst wahrnehmen wollte.
Ich arbeitete vier Wochen lang einmal wöchentlich mit ihm, wobei er Fortschritte machte. Beim ersten Termin war es schwierig, die Arbeit durchzuführen oder Ergebnisse zu erzielen – was an seiner kurzen Aufmerksamkeitsspanne lag. Dennoch sprach er sofort positiv auf die Soma-Arbeit an. Es war schwierig, sein Bewusstsein in seinen Körper zu bringen. Er wollte immer kichern, hatte Widerstände, wollte sich auf jede erdenkliche Weise ablenken von seinem »fühlenden Ich«. Ich ließ mich von ihm führen. Aufgrund seiner kurzen Konzentrationsspanne musste ich effizient arbeiten. Ich bat ihn, mich zu bremsen, falls ich ihm mit der Arbeit zu nahe träte. Das erforderte Aufmerksamkeit seinerseits und gab ihm das Gefühl, etwas steuern zu können. Nach nur einem Termin verkündete er stolz, in dieser Woche »keine Raufereien« gehabt zu haben.

Nach dem vierten Termin ließ er mich wissen, dass er keine Körperarbeit mehr machen wolle. Er sagte: »Mir geht es schon so viel besser, seit ich damit angefangen habe, sodass ich das jetzt nicht mehr brauche. Jetzt wird das von allein besser.« Ich glaubte ihm. Schon seit dem ersten Termin war er nie wieder durch aggressives Verhalten aufgefallen. Er kommt zu Hause und in der Schule gut zurecht und ist sogar ein begeisterter Fußballer geworden.

Meiner Einschätzung nach war es so: Als er die Kontrolle durch die linke Gehirnhälfte aufgab und mit seinem Stammhirn in Fühlung kam (dem Teil des dreiteiligen Gehirnmodells, wo wir körperliche Empfindungen und Energie wahrnehmen), erinnerte es ihn daran, dass dieser Körper ein sicherer Ort ist. Im Stammhirn spürte er seine körperliche Energie, was sein Gefühl der Überforderung minderte. Danach setzte für ihn ein Integrationsprozess ein, durch den er bei geringerer Anstrengung mehr Energie zur Verfügung hatte. Als er zu seinem Stammhirnanteil zurückfand, kehrte auch seine Gesundheit zurück. Mittlerweile liegt seine Therapie neunzehn Monate zurück.

Zusammenfassend kann ich sagen: Wenn meine Theorie stimmt und ADS und ADHS von einer starren Dominanz der linken Gehirnhälfte herrühren, wird eine vermehrte Integration eine erweiterte Konzentrationsspanne ermöglichen und die Konzentration erleichtern. Die meisten Kinder mit der Diagnose »ADS« oder »ADHS«, die Soma-Therapiestunden mitgemacht haben, zeigten in irgendeiner Hinsicht eine Besserung; in der Regel traten merkliche Verhaltensänderungen zutage. Sie kommen besser mit ihrer Umwelt zurecht, und es fällt ihnen leichter, sich zu konzentrieren.

Die Rapid-Eye-Technik

Ranae Johnson, Ph.D., ist die Begründerin des Rapid Eye Institute in Oregon und hat zwei Bücher verfasst: *Rapid Eye Technology* und *Winter's Flower*.[91] Die Rapid-Eye-Technik entstand ursprünglich bei dem Versuch, alternative Behandlungsformen für Autismus zu finden. *Winter's Flower* erzählt die herzerwärmende Geschichte, wie alles begann, als Ranae Johnson Hilfe für ihren autistischen Sohn suchte. Bei diesem Prozess stieß sie auf Methoden, nicht nur ihm zu helfen, sondern auch Kindern und Erwachsenen mit ADS und ADHS. Hier einige Gedanken des Instituts:

> »Die Rapid-Eye-Technik (RET) wendet sich an die physische, emotionale, mentale und spirituelle Seite eines Menschen. Auf der physischen Ebene lernt man, Zugang zu den im Körper gespeicherten Stressinformationen zu finden und den auf der zellularen Ebene verankerten Stress abzubauen. Der Körper erwirbt eine neue Fähigkeit: Stress bewusst zu lösen – was ihm helfen kann, mit allen stressbelasteten Situationen im Leben fertig zu werden. Durch den natürlich-gesunden Zustand des Körpers wird es dann möglich, das biochemische Gleichgewicht wiederherzustellen: Der Klient oder die Klientin wird gesund.
>
> Auf der emotionalen Ebene erleichtert RET das Sichlösen von negativer emotionaler Energie (negative Energie wird mit Erkrankungen in Verbindung gebracht). Die Klienten lernen, diese negative Energie loszulassen oder sie positiv einzusetzen, um in ihrem Leben andere Resultate zu erreichen.
>
> Auf der mentalen Ebene können diejenigen, die RET praktizieren, ihre Klienten instruieren, wie sie die Fähigkeiten zur Lebensbewältigung einsetzen. Diese Fähig-

keiten sind spirituelle Prinzipien, die dem Klienten oder der Klientin helfen, das Leben aus einem anderen Blickwinkel zu sehen. Es gibt den schönen Spruch: ›Wenn du immer das tust, was du schon immer getan hast, wirst du immer bekommen, was du schon immer bekommen hast.‹ Der kognitive Anteil der RET gibt dem Klienten eine Möglichkeit an die Hand, Dinge anders anzugehen als je zuvor in der Vergangenheit. Er oder sie kann Zugang zu diesen spirituellen Prinzipien erlangen und zur Erkenntnis seiner eigenen Kräfte bei der Erschaffung des Lebens gelangen.

Auf der spirituellen Ebene ruft die Rapid-Eye-Technik Menschen ihre Vollkommenheit in Erinnerung. Das Loslassen von Stress eröffnet Menschen ihre spirituelle Natur. Das erlaubt es ihnen, den Sinn ihres Lebens zu bestimmen und das ›existentielle Vakuum‹ zu vermeiden, das zu Krankheit führen kann.

Bei der Rapid-Eye-Technik erfolgt über Augen und Ohren ein Zugang zum limbischen System. Das limbische System ist jener Teil des Gehirns, der für die Verarbeitung von Gefühlen zuständig ist. Die Augen sind mit dem limbischen System über den Kern des lateralen Kniehöckers, das sogenannte Corpus geniculatum laterale, verbunden, und die Ohren über den Kern des medialen Kniehöckers, auch Corpus geniculatum mediale genannt. Diese Verbindung ermöglicht es den Klienten, auf der zellularen Ebene durch die Hirnanhangdrüse (Hypophyse), welche die biochemischen Zellfunktionen des Körpers regelt, Stress zu verarbeiten. Durch den Hippocampus (einen anderen Teil des limbischen Systems) und andere verwandte Erinnerungszonen im Gehirn kann der Klient Zugang zu Stress in Zusammenhang mit Ereignissen der Vergangenheit gewinnen.«

Als wir für dieses Buch zahlreiche Prozesse auswerteten, erhielten wir ein Schreiben vom Trainingsteam am Rapid Eye Institute.[92] Von dort hieß es in einem gemeinsamen Brief:

»Wir haben zusammengenommen zwölf Kinder im Alter von sechs bis dreißig Jahren, und so wie wir die Dinge sehen, haben wir definitiv unseren Anteil an dem abbekommen, was Sie als Indigo-Kinder beschreiben. Wir konnten selbst unmittelbar erfahren, wie ihnen ADS, ADHS, Autismus und andere Etiketten angeheftet wurden. Wir vermitteln eine Herangehensweise an das Elterndasein, die auf den universellen Prinzipien basiert (Life Skills Programs – Programme zur Stärkung der Lebenstüchtigkeit) – mit wunderbaren Ergebnissen.«

Das sagt die Begründerin:

»Die Rapid-Eye-Technik sowie unser Life-Skills-Programm hat meinen Kindern und Enkeln geholfen – und außer ihnen all den Tausenden, die bestimmte Techniken praktizieren und zu uns zu Trainings kamen, und ihren gesamten Klienten. Sie konnten ihr Leben unter die Lupe nehmen und dazu gelangen, Mitschöpfer ihres Lebens zu werden. Es ist so spannend, wenn man beobachtet, wie viele alternative Heilmethoden sich bei unserem medizinischen Modell zusammenfügen und eine eklektische, ganzheitliche Form der Heilkunst ergeben.«

Die EMF-Balancing-Technik

EMF Balancing® ist eine der jüngeren (und vielleicht am häufigsten Augenverdrehen hervorrufenden) Techniken, die in metaphysischen Kreisen aufgekommen sind. Die Technik wirkt in hohem Maß wie eine Heilmethode, bei der schlichtweg »Hand angelegt« wird, hat aber so verblüffende Erfolge vorzuweisen, dass sich sogar die NASA irgendwann näher damit befassen wollte. Falls Sie mehr über diese Technik wissen möchten, die »nicht voll und ganz zu erklären ist, aber funktioniert«, schauen Sie sie sich an. Entwickelt wurde sie von Peggy und Steve Dubro. Die beiden reisen durch die ganze Welt, um andere in ihren Gebrauch einzuführen.[93] Hier ein Auszug aus ihrer Website:

> »Die EMF-Balancing®-Technik ist das Energiesystem, das darauf abgestimmt ist, mit dem universellen Kalibrierungsgitter zu arbeiten, einem Modell der energetischen Anatomie des Menschen. Es handelt sich um ein einfaches, systematisches Verfahren, das jeder erlernen kann. Das System macht sich die Wirkung von Menschen auf das elektromagnetische Feld anderer zunutze ... [Es integriert] den höheren Geistaspekt (das Gott-Selbst) und die Biologie. Es gibt dabei vier Phasen, von denen jede darauf angelegt ist, die EMF-Muster zu stärken, die benötigt werden, um unsere Wirklichkeit in der neuen Energie erfolgreich mitzuerschaffen.«

Was die NASA daran interessiert hat? Offenbar hat sich ein Unternehmen mit Namen Sonalysts um ein Forschungsstipendium für eine Untersuchung dieser Arbeit beworben. Jener Teil des Experiments, der EMF betraf, sollte Trainingsmöglichkeiten und Übungen ergeben, mit denen geprüft werden konnte, wie sich die bewusste Wahrnehmung der Energie des elektromagnetischen Felds auf eine »verbesserte Teamleistung« und eine »Unterstützung des menschlichen Gesunderhaltungsprozesses« auswirkte. Mit anderen Worten: Das kollektive Bewusstsein sollte durch Integration von Spirituellem und Biologie stimuliert werden.

Wozu wir raten? Verdrehen Sie ruhig die Augen und schicken Sie dann Ihre Indigos zu uns – sie werden nicht die Augen verdrehen.[94]

5

Kommentare von Indigos

In diesem Kapitel kommen einige Indigos zu Wort, die mittlerweile erwachsen oder fast erwachsen sind. Schwierig bei der Suche nach einigen älteren Indigos, die für uns etwas schreiben würden, war die Tatsache, dass das Etikett »Indigo« nur wenigen bekannt ist. Hätte mein letztes Buch *Gemeinsam mit Gott*[95] nicht ein kleines Kapitel darüber enthalten, wären uns diese Geschichten gar nicht erst zugetragen worden. Wir erhielten sie letztes Jahr, und zwar größtenteils aufgrund dieser kurzen Erwähnung in meinem Buch. Zukünftig wird es jedoch viele geben, die erkennen, dass entweder sie selbst Indigos sind oder dass sie Indigo-Kinder, -Verwandte oder -Freunde und -Freundinnen haben. Wir wissen das, weil Tausende von Menschen auf der ganzen Welt unsere Seminare besuchen und nun mit Verblüffung feststellen, wie hochgradig relevant dies für derzeitige Ereignisse in ihrem Leben ist.

Ryan Maluski ist Anfang zwanzig. Indigos in diesem Alter sind gewöhnlich die Vorläufer; sie waren die Ersten ihrer Art, die hier ankamen. Wir können fast dafür garantieren, dass bei ihnen Probleme diagnostiziert wurden. Obwohl die Diagnose »ADS« damals, Ende der 1970er-Jahre, noch nicht so sehr in aller Munde war wie heute, wurden sie wahrscheinlich als geistig gestört oder irgendetwas anderes abgestempelt, das man geistig mit »Außenseiter« in Verbindung bringen würde.

Außerdem erwähnen viele ältere Indigos spirituelle Aspekte. Es scheint automatisch damit verknüpft zu sein. Versuchen Sie beim Lesen von Ryans Bericht, einige der Merkmale von Indigos ausfindig zu machen, von denen Sie in diesem Buch bereits gelesen haben.

Wie es ist, als Indigo aufzuwachsen
Ryan Maluski

Zu beschreiben, was für ein Gefühl es für mich war, als Indigo aufzuwachsen, ist keine einfache Aufgabe – und zwar deshalb, weil es da so vieles zu erzählen gibt. Außerdem weiß ich nicht, wie es ist, nicht als Indigo aufzuwachsen. Sie sehen also mein Dilemma. Lassen Sie mich zunächst einmal Folgendes sagen: Ich habe immer gewusst, dass ich hierher auf die Erde gehörte, und in mir war immer ein tief verwurzeltes universelles Wissen, das mir sagte, was in Wirklichkeit ablief und wer ich wirklich war. Und dennoch habe ich es mir mit grandiosem Humor ausgesucht, bei Menschen, in Situationen und an Orten aufzuwachsen, in denen sich absolut nichts von meiner Eigenwahrnehmung spiegelte. Können Sie sich ansatzweise die unendlichen Möglichkeiten denken, in diesem Spiel, auf das ich mich da einzulassen entschied, seinen Spaß zu haben? Es war eine große Herausforderung für mich; ich fühlte mich sehr anders und allein. Ich fühlte mich von Außerirdischen umgeben, die in einer Invasion mein Zuhause besetzt hatten und mich dann zu dem zu formen suchten, was ich ihrer Meinung nach sein sollte. Sehr direkt ausgedrückt: Ich fühlte mich wie ein König, der für einen Bauern arbeitet und als ein Sklave angesehen wird.

Aufgewachsen bin ich in einer katholischen Mittelklassefa-

milie in einem Vorstadtbezirk von Westchester County im Staat New York. Ich suchte es mir aus, mit zwei liebevollen Eltern und einer fünf Jahre jüngeren Schwester gesegnet zu sein. Als Kleinkind hatte ich mitunter sehr hohes Fieber, bekam dann Krämpfe und wurde ins Krankenhaus gebracht und auf Eis gelegt. Zwei Jahre lang erhielt ich Phenobarbitol, was dabei helfen sollte, die Krampfanfälle unter Kontrolle zu bekommen. Meiner Mutter fiel auf, dass ich im Umfeld von großen Menschenansammlungen leicht noch kränker wurde; also hielt sie mich wann immer möglich von Menschenmengen fern. Im Freundes- und Verwandtenkreis verstand man das nie und kritisierte sie dafür, aber ihr war klar, dass sie das tun musste.
Meine Eltern gaben mir alles, was für sie im Bereich des Möglichen lag. Ich erhielt viel Aufmerksamkeit und wurde mit Liebe nur so überschüttet. Fast jeden Tag nahmen sie mich in einen Streichelzoo mit. Ich kann mich noch an die Tiere dort erinnern; ich hatte das Gefühl, es wären meine. Ich ließ sogar die Ziegen aus ihrem Gehege in den Park, woran ich großen Spaß hatte. Mein erster Zirkusbesuch war interessant, und meine Mutter erzählt dazu folgende Geschichte:

> »Ryan war zwei, als wir einen Zirkus mit drei Manegen besuchten. Er hatte seinen eigenen Sitzplatz, aber ich war so begeistert und wollte nicht, dass er irgendetwas verpasste, also setzte ich ihn auf meinen Schoß. Und während er vergnügt zuschaute, war ich so aus dem Häuschen, dass ich ständig sagte: ›Oh Ryan, schau doch mal hier! Ryan, schau doch mal da! Ryan, sieh mal, die Clowns und die Elefanten!‹ Und da drehte er sich plötzlich zu mir um und gab mir eine Ohrfeige! Dann wandte er sich wieder nach vorn und beobachtete weiter das Zirkusgeschehen. Der Arzt sagte, ich hätte ihn überstimuliert und

solle ihn einfach in Ruhe lassen, ihn das Ganze genießen und selbst aufnehmen lassen.«

Als ich etwa sieben war, fiel mir auf, dass ich manches anders machte als andere. Wenn ich zum Beispiel in einen Bonbonladen ging und man mir sagte, ich sollte mir das Bonbon nehmen, das ich haben wollte, so klaubte ich mir nur das heraus, was ich in diesem Moment wollte. Ich plünderte nicht den halben Laden. Die Frau an der Kasse stellte ihre Betrachtungen darüber an, wie sehr ich da anders war als andere. Die meisten Kinder hamsterten in solchen Situationen, so viel sie konnten, ich aber nahm nur die kleine Menge, die ich gerade brauchte oder wollte.

An Weihnachten bekam ich eine Menge Geschenke, aber nachdem ich das erste Päckchen aufgemacht hatte, saß ich da und spielte für eine Weile damit, bis meine Mutter mich ermunterte, mir doch einmal das nächste Geschenk anzusehen. Ich war einfach dankbar für dieses eine Geschenk und wirklich ganz im Augenblick, gebannt von diesem einen Präsent. Ich hatte den ganzen Tag lang nur Augen für dieses Geschenk.

Als ich jünger war, konnte ich oft einen Gegenstand unverwandt anschauen, und dann hatte ich das Gefühl, wie sich mein ganzes Sein darauf zu bewegte und ich dabei fast meinen Körper verließ, und ich konnte den Gegenstand aus jedem Blickwinkel sehen und alle meine Sinne waren dramatisch geschärft. Gleichzeitig kam mir alles größer vor. Ich erzählte dann meinen Freunden davon, aber sie hatten absolut keine Ahnung, wovon ich redete. Ich kam mir wie ein komischer Kauz vor, unverstanden und als würde bei mir etwas »nicht stimmen«.

Meine Zeit an der Highschool war die größte Herausforderung und schmerzlichste Zeit meines Lebens – die Zeit, in der sich Kinder mit anderen vergleichen und es am allerwichtigsten ist, hineinzupassen und sich akzeptiert zu fühlen. Jede Art von Merkwürdigkeit fiel da gleich deutlich aus dem Rahmen. Und merkwürdig fühlte ich mich definitiv. In frühen Tagen hatte ich viele Freunde und kam mit jeder Art von Gruppe zurecht, aber im Lauf der Zeit spürte ich, wie ich von allen anderen wegdriftete. Ich befand mich in meiner eigenen Welt, und dort war ich sehr einsam. Das machte mich wütend. Ich wollte nur noch »normal« sein.

Ungefähr mit fünfzehn sagte ich meinen Eltern, wie ich mich fühlte: deprimiert, paranoid und andersartig. Ich hatte oft Panikattacken, und dann kam es bei mir zu seltsamen Zwangshandlungen, von denen ich wie besessen war und die keinen logischen Sinn ergaben, aber ich musste das tun, um mich sicher zu fühlen. Außerdem hörte ich in meinem Geist Stimmen, die mich herabwürdigten, negative Dinge sagten und mich manipulieren wollten. Dann begannen meine Gedanken und Gefühle zu rasen. Es fiel mir schwer, mich lange auf irgendetwas zu konzentrieren. Ich konnte nur schwer an mich halten, fühlte mich wie eine zusammengedrückte Feder. Ich hatte das Gefühl, eine Spannung von 10 000 Volt in einem Körper zu haben, der nur halb so viel verkraften konnte. Ich war wie ein unter Strom stehendes Kabel ohne Erdung. Ich hatte leichte Tics: ein Tourette-Syndrom. Meine Eltern nahmen mich mit zum Arzt – zu vielen Ärzten.

Ich setzte meinem inneren Chaos Humor entgegen und wurde so zum Klassenclown. Ich nahm es gerne in Kauf, nachsitzen zu müssen, wenn ich dafür etwas Aufmerksamkeit bekam. Es war mir sehr wichtig, zu tun, was ich konnte, um andere zum Lachen zu bringen. Wenn ich das tat, war da wirklich ein Miteinander mit ihnen auf dem Planeten – ich wurde beachtet!

Dann gab es wiederum Zeiten, wo ich einfach allein dasaß und mir im Geist ein ganzes Szenarium ausdachte – eine Art von Theaterstück, bei dem ich jede Figur spielen konnte, die ich mir dafür aussuchte, und dann tat ich, was ich gerade wollte. Manchmal fing ich plötzlich hysterisch zu lachen an, und wenn man mich fragte, warum, leuchtete meine Erklärung anderen absolut nicht ein.

Witzig zu sein half mir dabei, meinen ganzen »Müll« zu vergessen – Lachen fühlt sich so gut an. Ich war allerdings auch sehr unberechenbar; meine Laune konnte sich schlagartig und ohne Vorwarnung ändern. Man gab mir Namen wie »Psycho«, »Loony« (der Verrückte) und dergleichen mehr – und ich glaubte, dass die Namen zutrafen. So fühlte ich mich wirklich. Ich dachte, ich würde dem Gefängnis, in dem ich mich befand, wohl nie entrinnen. Diverse Medikamente halfen mir jeweils für eine gewisse Zeit, mit bestimmten Herausforderungen fertig zu werden; nach einer Weile jedoch stand – »plopp« – wieder etwas Neues vor mir. Als ich etwa fünfzehn war, teilte einer der weltweit führenden Spezialisten, die sich mit dem Tourette-Syndrom befassen, mir und meinen Eltern mit, ich sei ein einzigartiger Fall – der seltsamste, den er je gehabt hätte: »Es erweckt ganz den Anschein, als würde immer dann, wenn wir die eine Sache beheben, etwas Neues kommen. Er hat überall diese kleinen Fächer voller Probleme. Vor einem solchen Rätsel habe ich in meinem ganzen Leben noch nicht gestanden.«

Damals war ich sogar stolz darauf, dass keiner aus mir klug wurde, denn das bedeutete immerhin, dass es noch Hoffnung gab. Die Medikamente nahmen mir Schmerz und Verwirrung nie ganz, der Alkohol aber durchaus, wie ich entdeckte. Ich zog mich fast täglich in meine vier Wände zurück und ersäufte dann meine ganzen Probleme. Das Trinken betäubte und versetzte mich in eine sichere, geschützte, vertraute und immer zugängliche Welt. Auch Zigaretten waren ein Weg, dazuzugehören und sich wenigstens ein kleines bisschen normal zu fühlen.

Mit etwa sechzehn war ich hyperaktiv und begann eine neue medikamentöse Therapie. Eines Abends war ich derart nervös, dass meine Mutter und ich den Arzt anriefen, der mir sagte, ich sollte noch eine Tablette einnehmen, um mich zu beruhigen. Ich nahm sie also und wurde doppelt so nervös. Dann rief ich eine Ärztin an, weil ich mich vergewissern wollte, was da los war, und sie sagte mir, es seien eben genau die Tabletten, die bewirkten, dass ich mich so fühlte. Ich hätte aus der Haut fahren können und bat meine Mutter inständig, mir Alkohol zu kaufen, um das zu betäuben. Es war unerträglich! Der Gedanke ans Sterben lag da angenehm nahe, damit diese Hölle eine Ende haben würde. Ich fühlte mich in meinem Körper eingeschlossen.

Bis ich die Abschlussklasse der Highschool erreicht hatte, war ich so verzweifelt, dass ich mich freiwillig in eine psychiatrische Klinik einweisen ließ. In der therapeutischen Praxis, die ich regelmäßig aufsuchte, hatte man es mir empfohlen, und ich ließ mich darauf ein, ohne eine Vorstellung zu haben, was ich tat. In der Klinik war ich mit etwa 25 anderen Jugendlichen zwischen zehn und achtzehn zusammen. Wenn ich so die Palette an Aufgaben und Problemen sah, vor denen alle anderen dort standen, hatte ich tatsächlich das Gefühl, noch ganz gut dazustehen. Bei diesem ersten Aufenthalt blieb ich etwa für einen Monat dort. Nach ein paar Tagen fiel mir auf, dass fast die gesamten anderen Kinder zu mir kamen, um mit mir zu reden, wenn sie aufgewühlt waren. Sie alle öffneten sich mir und nahmen jeden Rat an, den ich ihnen gab. Das Klinikpersonal war nicht allzu begeistert darüber, weil es sich wohl fragte, wie denn so ein anderer »verrückter Patient« irgendjemandem helfen konnte. Sie spiegelten mir mein

inneres selbst geschaffenes Gefängnis. Nun war es real, und es konnte einem schon Angst machen.
Eines Nachts überkam mich mit einem Mal die Erkenntnis, wo ich mich da eigentlich befand, und ich brach in meinem Zimmer zusammen und schluchzte immer wieder: »Warum gerade ich?« An meinem ersten Tag wurde ich viermal Zeuge, wie Patienten ruhiggestellt wurden, das heißt, das Personal nahm Patienten, die nicht zu bändigen waren, zwang sie in einem Ringkampf zu Boden, spritzte ihnen Thorazin und schnallte sie dann in einer stillen Kammer an einem Bett fest, bis sie sich beruhigten. Danach kam eine Bewährungszeit: keine Anrufe, keine Besuche, kein Fernsehen, kein Verlassen des Zimmers und die Anweisung, die Tür offen zu lassen, damit jemand vom Personal einen rund um die Uhr unter Beobachtung halten konnte. Ich liebte meine Freiheit, also sorgte ich dafür, dass mir das nie passierte.
Frustrierend an den ganzen Klinikregeln war, dass sie einem von Leuten auferlegt wurden, bei denen ich eindeutig erkennen konnte, dass sie selbst eine Menge Probleme hatten. Ich konnte das sehen, denn ich hatte die Gabe, genau »ablesen« zu können, wer vor mir stand. Meine Familie und Schulfreunde besuchten mich öfter und waren mir eine große Unterstützung. Meinen achtzehnten Geburtstag verbrachte ich in der Klinik, und ich verpasste sogar meinen Abschlussball. Ich fühlte mich nicht wie ein Mann. Ich hatte jede Menge Gründe, mir selbst leid zu tun. Ich weiß noch, wie ich mir sagte: »Ich werde das alles überwinden und dann anderen Kindern zeigen, wie sie das auch tun können. Ich weiß, dass es einen Weg gibt.«
Als ich meinen Highschool-Abschluss machte und mich dafür entschied, nicht aufs College zu gehen, verstanden meine Eltern eindeutig, warum. Ich bildete mich autodidaktisch weiter, wobei es mich zunächst einmal zu Büchern über

Wicca und Magie hinzog, dann zu Selbsthilfebüchern und gechanneltem Material. Genau das war das Bewusstsein, das ich die ganze Zeit gebraucht hatte! Es gab mir Hoffnung, und ich wusste, dass alles bestens war.

Selbst wenn ich in meinem Zimmer oder allein zu Hause war, fühlte ich mich immer beobachtet: Ich hatte das Gefühl, dass jede Bewegung und jeder Augenblick beurteilt und auf irgendwelchen Tafeln festgehalten wurde. Einfach nur zu »sein«, mich allein im Wald aufzuhalten, war eine feine Sache. Es war eine der besten Techniken, um alles, was ich empfand, auszusöhnen und zu verarbeiten, und es half mir, mich selbst zu finden, wenn ich nicht mehr wusste, wer ich war.

Zum Indigo-Dasein gehörte für mich auch, als Heranwachsender unglaublich viel Ärger und Wut zu erleben: Wann immer ich zum Ausdruck brachte, wie ich mich fühlte – nie konnte mich jemand verstehen. Das steigerte sich immer mehr, bis ich schließlich aufhörte, etwas von mir selbst auszudrücken. Ich hatte das Gefühl, auf einer anderen Frequenz zu sein – kurz davor, dort zu explodieren. Ich warf dann schon einmal mit Stühlen, schlug um mich und bedachte jemanden mit Flüchen, oder ich ertränkte meine Wut einfach in Alkohol.

Sie sehen, ich war in einem »Ausdehnungsprozess« begriffen, und da ich von der Norm abwich, gab man mir eine Pille, um zu versuchen, das einzudämmen. Ich aber befand mich in diesem Zustand, wo ich mich immer weiter ausdehnte und nie zu kontrollieren oder zu bändigen war. Ich war – und bin noch immer – ständig in Ausdehnung begriffen. So fühlt man sich, wenn man ein Indigo ist.

Zu den unglaublichsten Erfahrungen, die ich bislang gemacht habe, gehörte die EMF-Balancing-Technik von Peggy Dubro, bei der auf einer bestimmten Ebene die elektromagnetischen

Schaltkreise des Körpers neu verdrahtet werden. Nach der ersten Phase fühlte ich mich innerlich immens anders; es war ein Unterschied wie Tag und Nacht. Die ganzen winzigen Straßen in meinem Körper und meinen Energiefeldern, wo sich noch Baustellen befunden hatten, waren einfach komplett fertig gestellt und benutzbar. Ich fühlte mich sehr geerdet, hatte viel stärker das Gefühl, die Kontrolle und mein Gleichgewicht zu haben.

Ich empfand Frieden und fühlte mich mehr in der Lage, an mich zu halten und meine Gefühle zu verstehen. Ich konnte negative Emotionen loslassen. Schlechte Laune, so wusste ich nun, ging einfach vorbei, und dann würde es mir wieder gut gehen. EMF Balancing ist für mich mit dem gesunden Menschenverstand absolut nachvollziehbar, und ich denke, dass auch alle anderen Indigos diese Technik erlernen sollten. Tatsache ist, dass sogar alle anderen auf der Erde das machen lassen sollten, wenn sie wollen, dass sich das Leben etwas leichter anfühlt, und wenn sie mehr Kontrolle über ihr Leben haben wollen.

Ein riesiger Durchbruch kam für mich, als mich jemand mit einer lebendigen essenziellen Nahrung bekannt machte, die Blaugrüne Meeresalge (Spirulina) heißt. Nachdem ich drei Tage lang davon gegessen hatte, begann sich mein ganzes Leben zu ändern. Ich fühlte mich, als würden die Schaltkreise in meinem Körper geschlossen und als würde ich mich ausdehnen, um endlich meine Gesamtheit zu umfassen! Ich fühlte mich ruhig und hatte das Gefühl, alles unter Kontrolle zu haben. Meine Konzentration nahm zu, ebenso meine Energie und mein Gedächtnis. Ich hatte ein ganz neues Gefühl von innerer Kraft und fühlte mich ruhiger und ausgeglichener als je zuvor. Diese Nahrungsergänzung hat mir wirklich das Leben gerettet. Ich kann sie allen anderen Indigos bestens empfehlen.

Es ist für mich sehr wichtig, auch Zeit allein zu verbringen. Allein werde ich ganz offen, öffne mich wie eine Blüte. Mein besonderer Ort zum Alleinsein ist ein Naturkundezentrum bei mir in der Nähe. Wenn ich dort frühmorgens hingehe, trete ich aus dem Alltag heraus und kann ihn mit Abstand betrachten, als wäre er ein Film. Ohne diese Zeit für mich allein kann ich nur das sehen, was sich in meinem unmittelbaren Umfeld befindet, und ich werde verwirrt und frustriert. In meiner Zurückgezogenheit kann ich mein Leben als Ganzes viel klarer sehen. Ich erkenne leichter, warum ich auf einem bestimmten Gebiet vor besonderen Herausforderungen stehe. Ich kann sehen, wo mein Weg durch den Wald verläuft und wohin er mich führen wird, wenn ich ihm weiter folge. Ich kann die Sackgassen sehen und Stellen, an denen Laubwerk und Gehölz beschnitten werden müssen.

Außerdem ist mehr Liebe in den Erkenntnissen, die mir zu allem kommen, vor allem zu mir selbst. Wenn mich etwas irritiert, kann ich es ansehen, ohne darüber zu richten. Wenn ich mit Menschen zusammen bin, komme ich gut mit ihnen aus, aber wenn ich allein bin, geschieht etwas Magisches: Es fördert meine Intuition. Ich habe stärker das Gefühl, in meinem Leben die Fäden in der Hand zu haben. Dann kehre ich mit einem höheren Bewusstsein in meinen Alltag zurück und bin in der Lage, mit den Situationen des täglichen Lebens umzugehen.

Meiner Einschätzung nach ist es sehr wichtig, den privaten Raum und die heilige Zeit zu respektieren, die Menschen mit sich allein verbringen. Wenn ich im Wald allein bin, kann ich einfach ich selbst sein, weiter nichts. Ich kann mich mit den Bäumen und allem um mich herum unterhalten, und sie hören mir zu und lieben mich als der, der ich bin. Es ist schön, an einem Ort zu sein, an dem ich einfach »sein« kann und wo ich weiß, ich muss nicht einkalkulieren, dass mich irgendjemand beurteilt. Ich bin damit aufgewachsen, mich viel beurteilt zu fühlen: als jemand, der ganz anders ist.

Wenn ich ein Indigo-Kind hätte, würde ich es anders behandeln. Ich würde ihm umgehend von dieser Supernahrung mit einer hohen Schwingung und lebenden Essenz geben, vor allem Blaugrüne Algen. Ich würde diesem Kind Erdungstechniken beibringen und an ihm EMF Balancing vornehmen lassen. Ich würde dafür sorgen, dass es sich seiner Einzigartigkeit bewusst ist, die ein Geschenk ist – nichts Falsches, Schlimmes oder Böses.

Ich würde es wahrscheinlich nicht zur Schule schicken. Vielmehr würde ich mich mit anderen Eltern in Verbindung setzen und eine Gruppe gründen, in der den Kindern beigebracht wird, was sie wirklich wissen müssen: über Spiritualität, wer sie in Wahrheit sind, wie sie sich selbst zum Ausdruck bringen können, wie sie ihrem Ärger Luft machen können und wie sie Selbstwertgefühl, eigenes Wachstum, Eigenliebe, Liebe zu anderen und Intuition erlangen. Ich selbst habe mich in der Schule total gelangweilt. Nichts davon machte Sinn – diese ganze Auswendiglernerei von Erkenntnissen über Vergangenes. Mir lag wirklich nichts an der Vergangenheit. Ich hatte Schwierigkeiten mit der Gegenwart, und die Zukunft schien ganz schön düster.

Das Schulwesen verlangt definitiv nach einer Umstrukturierung. Es ist lächerlich, dass ein in Entwicklung begriffenes menschliches Wesen wie ein kleiner Ganove behandelt wird. Wir müssen dafür sorgen, dass die Lehrenden eine angemessene Ausbildung bekommen und Menschen sind, die innerlich im Gleichgewicht sind. Es gibt eine Menge Lehrer, die nicht im Gleichgewicht sind und eine Menge »Müll« bei den Kindern abladen. Das gleiche Problem taucht an psychiatrischen Kliniken auf. Man sollte den Patienten Raum geben, mit der Erde in Berührung zu kommen, statt ihnen nur Tabletten zu verabreichen und sie voneinander zu isolieren.

Indigos stehen viel mehr Hilfsmittel zur Verfügung, die sie im Leben einsetzen können. Ein Nicht-Indigo hat vielleicht eine Schaufel, um damit ein Loch zu graben, während ein Indigo über einen Traktor oder einen Bagger verfügt. Er kann dieses Loch also schneller graben, aber auch sehr tief, und dann kann er sehr tief hineinfallen in diese Grube. Sind Indigos aus dem Gleichgewicht, haben sie keine Leiter, um wieder hinauszuklettern. Von daher können Indigos ihre Gaben gewissermaßen zu ihrem eigenen Schaden einsetzen.

Betonen wir hier, dass Ryan nichts souffliert wurde; wir baten ihn um Stellungnahme, weil wir seine Geschichte gehört hatten, aber es wurde ihm nicht eingetrichtert, was er sagen sollte. Seine Geschichte war wirklich seine eigene, wie Sie vielleicht gemerkt haben. Er berichtet Ihnen von seiner »Ausdehnung« und davon, dass ihn keiner versteht, selbst wenn er versucht, zu erklären, was sich abspielt. Das ist klassisch für Indigos. Sehen Sie außerdem das Humanitäre an ihm? Auf der psychiatrischen Station wird er zum Helfer der anderen, die ihrerseits sofort darauf ansprechen. Außerdem stellt er fest: »Ich werde das alles überwinden und dann anderen Kindern zeigen, wie sie das auch tun können. Ich weiß, dass es einen Weg gibt.« Ihm geht es darum, etwas benennen zu können, damit auch anderen geholfen werden kann. Er weiß intuitiv, dass es noch andere gibt, die so sind wie er. Er befindet sich ständig im »Jetzt«. Er konzentriert sich nur auf das, was »ist«, nicht auf das, was sein wird. Dies ist ein Hauptgrund, warum Indigos die Folgen ihrer Handlungen nicht überschauen können. Auch hierin ist Ryan ein klassischer Indigo. Die Szene mit dem Öffnen der Weihnachtsgeschenke, die Szene im Bonbonladen, der Wunsch, einfach

zu »sein«, das überwältigende Bedürfnis, allein zu sein – aus alldem spricht ein Verweilen im »Jetzt«. Das spricht für ein erweitertes Bewusstsein eines Kindes – etwas, das sich oft erst viel später im Leben einstellt. Ryan hat es von Anfang an und erhält dafür das Etikett »schräger Vogel«. Ryan sagte: »Ich war – und bin noch immer – ständig in Ausdehnung begriffen. So fühlt man sich, wenn man ein Indigo ist.«
Ryan kann »ablesen«, welche Menschen er vor sich hat. Er spricht nicht viel darüber, da viele das noch immer als merkwürdig erleben. Für uns ist es lediglich die Fähigkeit, die Energie zu spüren, die Menschen umgibt, und vor diesem Hintergrund kluge Entscheidungen zu fällen. Manche Erwachsene nennen das Intuition. Er hat davon von früh auf eine tüchtige Portion und ist frustriert, weil er »sehen« kann, dass seine Lehrer und Ärzte innerlich nicht im Gleichgewicht sind. Was für ein Geschenk ..., aber was für eine Last, wenn es nicht verstanden wird.
Ryan fühlte sich weit entwickelt, aber er spürte, dass niemand es wusste. Erinnern Sie sich daran, wie wir an einer früheren Stelle schreiben, dass sich Indigo-Kinder wie Könige fühlen? Ryan sagt, er habe sich gefühlt »wie ein König, der für einen Bauern arbeitet und als ein Sklave angesehen wird«. Auch über die Schule spricht er mit Bitterkeit. Was ist das für eine Travestieshow, wenn du Lehrer hast, die nicht erkennen, wer du bist?
Die Verweise auf die Blaugrünen Algen und das EMF Balancing von Dubro waren für uns eine wahre Offenbarung! Wir hatten keine Ahnung gehabt, dass Ryan diese Hilfsmittel benutzte. Seine Kommentare klingen wie Werbung; beides muss ihm enorm geholfen haben.
Vielleicht möchten Sie gerne wissen, dass Ryans Eltern das Ganze überlebt haben und heute einen liebevollen Sohn haben, der sein inneres Gleichgewicht gefunden hat, der

glücklich ist, in geregelten Verhältnissen lebt und ihr bester Freund ist. Ehrlich! Und wenn es nichts bewirkt, so wird es Ihnen wenigstens verraten, dass es durchaus Hoffnung gibt für den Menschen in Ihrem Leben – wer es auch sein mag, bei dem die Dinge hoffnungslos scheinen. Geben Sie nie auf!

Wir erhielten von Cathy Reiter – auch sie ein Indigo – den folgenden Brief, kurz und liebenswert:

> »Ich bin sechzehn Jahre alt; ich glaube, dass ich erleuchtet bin, und finde es sehr frustrierend, zu versuchen, die Handlungen, Gedanken und Gefühle von anderen in meinem Alter zu verstehen. Ich habe gerade jemanden kennengelernt, der meine Gedanken teilt und selbst erleuchtet ist. Ich war erstaunt, jemanden zu finden, nach dem ich mein ganzes Leben gesucht hatte und mit dem ich meine Erfahrungen teilen kann.
> Ich habe gerade Ihr Kapitel über Indigo-Kinder gelesen und fühlte mich eigenartig erleichtert angesichts der Tatsache, dass es noch andere Kinder und Jugendliche gibt, die so frustriert sind wie ich.
> Ich merke, allein schon das hier zu schreiben und gehört zu werden, beflügelt mich, zu glauben, dass sich etwas tun könnte. Bekommen Sie öfter Rückmeldungen von Leuten in meinem Alter? Ich weiß nicht, wo es für mich als Nächstes hingeht. Ich schätze einmal, ich mache einfach weiter mit meinem Leben und sehe mir an, wohin mein Weg mich führt.«

Wie Ryans Kommentar, so erhielten wir auch diese kurze Notiz aufgrund der beiläufigen Erwähnung von Indigo-Kindern in meinem [Lee Carrolls] Buch *Gemeinsam mit Gott*. Cathy sagt nicht, dass sie klug ist. Sie sagt »erleuchtet«.

Auch sie stieß ganz von allein auf die Informationen über Indigos, als sie ein metaphysisch ausgerichtetes Erwachsenenbuch aus dem Bereich »Selbstfindung« las. Auch sie geht aus sich heraus, um herauszufinden, ob »da draußen« jemand ist. Am Ende ist sie sehr froh, dass sie auf jemanden in ihrem Alter gestoßen ist, der sie versteht, denn bei den meisten Gleichaltrigen ist dies nicht der Fall. Sollte Cathy ein Indigo sein (und wir glauben, dass ja), dann muss sie sich allein fühlen. Die meisten Indigos aber sind zwischen sechs und zehn. Cathy ist eine Vorreiterin, wie auch Candice Creelman, ebenfalls ein Indigo; von ihr stammt der folgende Artikel.

All You Need Is Love: Wie Indigos die Welt erleben
CANDICE CREELMAN

Ich wusste von Anfang an, dass irgendetwas bei mir anders war, wenn ich auch nicht wusste, was. Ich kann mich noch so deutlich an meinen ersten Tag im Kindergarten erinnern, wie ich zu der Gruppe hinzukam, die sich bereits um unsere Vorschullehrerin versammelt hatte. Mir war sofort klar, dass irgendetwas daran sehr merkwürdig war und dass ich wirklich nicht dorthin gehörte. Die anderen Kindern behandelten mich vom ersten Tag an buchstäblich wie eine Außerirdische oder so etwas. Ich weiß nicht mehr, was ich im Einzelnen zu den anderen Kindern sagte, aber mir ist in Erinnerung geblieben, dass man mir das Gefühl gab, ich sei dieser Gruppe nicht würdig und gehörte nicht dazu. Das ging die ganze Schulzeit über bis zum College so weiter, und dann auch noch draußen in der »realen« Welt.
Die Schule war für mich ein einziger Kampf. Nicht nur, weil ich isoliert war und als »anders« galt, sondern weil ich wusste,

dass das meiste, das wir in der Klasse durchnahmen, völliger Müll war und nichts mit der realen Welt zu tun hatte. Ich wusste die ganze Zeit über, dass ich nichts von dem, was man mir dort beibrachte, je brauchen würde. Ganz gleich, wie sehr mich andere vom Gegenteil zu überzeugen versuchten: Ich wusste, dass das, was wir in der Schule lernten, relativ nutzlos war. Von einigen nützlichen Grundkenntnissen in Lesen, Schreiben und Rechnen sowie einer vagen Vorstellung von dem, was es da draußen noch alles gibt, abgesehen, spulte man dort einfach nutzlose Informationen ab. Obwohl ich damals nicht ganz überblickte, was das bedeutete, hat sich für mich im Grunde bewiesen, dass es stimmte. Was mir immer zu schaffen machte, als die Abschlussprüfung näher rückte, war die Tatsache, dass man uns nur eine einzige Sache richtig beigebracht hatte: nämlich das, was uns die Lehrer eingetrichtert hatten, auf Kommando wieder auszuspucken – genau so, wie es uns vermittelt worden war, ohne Sinn und Verstand und ohne eigenständiges Denken welcher Art auch immer. Wie sollte uns das in der realen Welt helfen?

Angesichts meines Schulfrusts und der Tatsache, dass ich mich dort zu Tode langweilte, schnitt ich nicht sehr gut ab. Ich hatte sogar Glück, überhaupt durchzukommen. Ich schaffte nur mit Hängen und Würgen meinen Highschool-Abschluss, mit knapp mehr als der minimalen Punktzahl, die ich brauchte, um dort herauszukommen und nicht mehr der Ächtung durch Gleichaltrige ausgesetzt zu sein. Das Geächtetwerden setzte sich allerdings bis in meine College-Jahre fort und geht in einem gewissen Ausmaß noch bis zum heutigen Tag weiter.

Meine Eltern liebten mich zwar sehr, hatten aber einfach keine Ahnung, was ich durchmachte – wirklich und wahrhaftig. Von meiner Mutter bekam ich immer Sachen zu hören wie: »Auf jedem wird mal herumgehackt«, und: »Kinder können eben ganz schön grausam sein«, oder – hier das Beste, worüber ich heute nur laut lachen kann: »Nimm sie einfach nicht zur Kenntnis, dann lassen sie dich schon in Ruhe.« Unwahr – und so viel leichter gesagt als getan. Nicht genug damit, dass sie mich nicht in Ruhe ließen: Sie zogen mich sogar noch mehr auf, wenn ich auf die Lösung zurückgriff, mich in eine Ecke zu kauern.

Statt meine Kindheit mit ganz normalen Sachen zu verbringen, wie etwa mit anderen Kindern herumzuhängen, verbrachte ich meine Zeit bei Ma und Pa im Kellergeschoss mit meiner Musik, die mir über all das hinweghalf. Das erwies sich als etwas sehr Gutes, da ich mich mittlerweile beruflich mit Musik befasse. Ich brauche wohl kaum zu sagen, dass ich am Ende so wenig Selbstwertgefühl hatte, dass ich noch heute gegen diese seltsamen Stimmen in meinem Kopf ankämpfe, die mir sagen, dass ich es zu nichts bringen würde und so weiter. Neulich war ich bei einer mehrtägigen Veranstaltung, bei der ich mich fehl am Platz fühlte, und plötzlich hatte ich das Gefühl, wieder in der Schule zu sein. Glücklicherweise habe ich inzwischen Wege entwickelt, in mich hineinzuhorchen, um herauszufinden, was da vor sich geht, damit ich diese alten Wunden heilen kann.

Unmittelbar vor meinem Highschool-Abschluss nahm ich eines Tages meinen ganzen Mut zusammen und beschloss, jemanden zu fragen, warum man mich so behandelt hatte. Ich befand mich gerade vor meiner Schule in der Kleinstadt Alberta, in der Nachbarschaft von Edmonton, und da sah ich ein Mädchen, mit dem ich vom ersten Tag an zusammen in die Schule gegangen war. Ich schaute die andere an, und aus heiterem Himmel hatte ich mit einem Mal den Mut, sie zu fragen. Bevor ich wusste, wie mir geschah, waren die Worte auch schon heraus: »Du weißt, dass du mich die ganzen Jahre über so mies behandelt hast, oder?«

Sie schaute mich mit leerem Blick an und tat, als wüsste sie nicht, wovon ich sprach. Als ich weiterbohrte, brummte sie etwas Zustimmendes.
»Warum?«, fragte ich. »Was habe ich euch denn jemals getan, Leute, damit ich das verdiente? Was um alles in der Welt könnte ich getan haben, dass es mir recht geschah, so furchtbar behandelt zu werden?«
Sie sah wie Hilfe suchend um sich, als wollte sie versuchen, sich einer Antwort auf meine Frage zu entziehen. Als sie merkte, dass das nicht ging, begann sie, darüber nachzudenken. Alles, was sie schließlich hervorbrachte, war: »Du bist eben anders.«
Die ganze Zeit über konnte ich nur sagen oder denken: »Aber was redest du da? Was meinst du mit ›anders‹? Und selbst wenn ich das bin, wieso sollte ich dadurch Leute dazu bringen, mir all das anzutun und zu sagen, was sie all die Jahre über getan und gesagt haben?«
Zu diesem Zeitpunkt hatte ich keine Ahnung, inwiefern oder warum ich anders war. In den vergangenen Monaten jedoch ist es mir klar geworden. Ich bin heute froh, dass mich diese Erlebnisse stärker gemacht haben, obwohl sie damals der reine Horror waren. Ich verbrachte meine Kindheit und Jugend in dem Gefühl, vollkommen allein zu sein. Ich hatte niemanden, mit dem ich wirklich etwas anfangen konnte. Deshalb zog ich für zweieinhalb Jahre nach Toronto, ans andere Ende des Landes. Im Sommer dieses Jahres musste ich jedoch »notgedrungen« wieder nach Hause zurück, nach Edmonton, da meine Mutter erkrankt war. Es sollte sich als der beste Sommer meines Lebens erweisen, da ich es schaffte, endlich die Vergangenheit vergangen sein zu lassen.
Zumindest erwarb ich mir durch das alles die Fähigkeit, nach innen zu gehen. Außerdem fand ich eine Gruppe von Menschen, bei denen ich endlich ein Zugehörigkeitsgefühl

verspürte. Noch nie zuvor hatte ich mich irgendwo zugehörig gefühlt. Meine Freunde gaben mir dieses Gefühl – was mir wiederum den Eindruck vermittelte, dass mein Leben doch einen Sinn hatte, und mir neues Selbstvertrauen schenkte. Dennoch spürte ich auch intensiv, dass ich hier in Toronto eine Aufgabe hatte. Ich hatte gelernt, dass man vor seinen Gespenstern nicht davonlaufen kann. Früher oder später musst du dich dir selbst stellen, wie ich es diesen Sommer in Edmonton tat. Ich lernte dabei eine Menge über meine Vergangenheit und was es mit ihr in Wirklichkeit auf sich hatte. Auch Informationen über das Indigo-Phänomen lieferten mir eine Menge Erklärungen und haben mir geholfen, besser zu verstehen, wer und was ich bin und warum ich zu dieser Zeit hier bin. Das hat mir die Kraft gegeben, alle Verletzungen von früher zu heilen, damit ich als zuversichtlicher Mensch, der Zugang zu seinen eigenen Fähigkeiten hat, weitergehen kann. Ich habe mich dafür entschieden, diese ganze unangezapfte Energie in meine Musik zu stecken, indem ich Kompositionen über die wirklich wichtigen Dinge im Leben schreibe.

Mitunter stieß ich auf Widerstand, wenn ich anderen erzählte, dass ich mich »weiter« fühlte als die meisten – meiner Zeit voraus, wie man so schön sagt. Was ich gelernt, erlebt und gefühlt habe, geht weit über das hinaus, was die meisten Menschen auch nur ansatzweise verstehen können. Für mich war das immer wieder sehr frustrierend und manchmal regelrecht niederschmetternd. Wenn ich den Fehler machte, dieses »Wissen« anderen gegenüber auszusprechen, die es nicht verstanden, bekam ich zur Antwort, in Wirklichkeit sei ich diejenige, die nicht versteht. Und ich sei zu jung, um über diese Art von Weisheit zu verfügen, und außerdem sei ich von mir eingenommen, wenn ich sage, ich sei »weiter« als jemand, der erfahrener in solchen Dingen ist.

Nun, ich bin hier, um zu sagen, dass die physische Erfahrung nichts mit Weisheit zu tun hat. Jeder und jede – gleich, welches Alter – hat Zugang zu dieser Weisheit. Es kommt nur darauf an, ob du offen genug bist, um sie zum Vorschein kommen zu lassen. Das Alter spielt keine Rolle.

In diesem Sommer bin ich auch spirituell in vieler Hinsicht gewachsen. In meinem Ausbildungskurs zur Reiki-Meisterin wusste ich, dass ich im Handumdrehen die meisten anderen überflügelt hatte, auch diejenigen, die schon seit vielen Jahren Reiki praktizierten. Bevor ich wusste, was los war, absolvierte ich das Ganze in einem Jahr. Mein Fehler (war es einer?) war, dass ich etlichen Leuten davon erzählte. Ich wusste, dass die meisten von ihnen sich ganz platt über mich ärgerten, wenn ich sagte, wie viel weiter ich mich fühlte und dass das Reiki-Retreat für mich wirklich eine Art Sandkastenspiel war. Diverse Leute versuchten mich zu überzeugen, dass mir die Feinheiten des Retreats wohl entgangen waren, aber ich wusste, dass das nicht stimmte. Es hatte mir über weite Strecken Spaß gemacht, aber das, worüber wir dabei sprachen, war für mich doch ganz schön Stoff für Anfänger. Wenn ich so rede, nehmen andere natürlich automatisch an, dass das nur meinem Ego entspringt. Das gleiche Erlebnis hatte ich diesen Sommer mit einem anderen Lehrer, der mir sagte, ich sei von mir eingenommen. Er setzte mir ziemlich zu und nahm mir wirklich viel von meinem Selbstbewusstsein. Ich weiß jedoch einfach nur, was ich weiß, und ich habe keine Möglichkeit, es zu beweisen. Ich weiß es eben.

Ich habe nicht das Gefühl, dass ich viel Trara darum mache, ein Indigo zu sein – ich tue es hier nur für dieses Buch, um Menschen dabei zu helfen, zu verstehen, wie das ist. Die Sache mit den Indigos hilft mir eben dabei, zu verstehen, was ich durchgemacht habe – und noch immer durchmache. Früher habe ich das als Bürde betrachtet; ich hasste es, anders zu sein. Heute freue ich mich darüber, weil ich es verstehe, und ich kann es nun als Abenteuer bezeichnen. Ich wache jeden Morgen auf und fühle mich wie ein Kind vor Heiligabend, und ich hätte nie gedacht, dass dieses Gefühl einmal da sein würde. Aber hier bin ich und liebe jeden Tag. Ich bin am Leben und habe meine Freude daran, wie wundersam all das ist. Jeder hat Zugang zu dem, was da draußen ist, wenn es auch Indigos anscheinend viel schneller »kapieren« als die meisten anderen.

Aufgrund meiner Erfahrung lautet also der beste Rat, den ich Leuten geben kann, die mit Indigos zu tun haben: Verständnis aufbringen! Indigos brauchen wirklich Ihre Liebe und Unterstützung, aber wir Indigos können nicht gesund sein, wenn Sie einen trennenden Wall zwischen uns und sich selbst schieben. Wir müssen wissen, dass wir geliebt und unterstützt werden und wichtig sind. Wenn wir das wissen, werden wir sein können, wer wir wirklich sind, ohne uns dafür zu schämen, »anders« zu sein. Ich weiß nicht, wie viele Male ich mir nur eines gewünscht habe: dass mir jemand sagen würde, dass er oder sie mich liebt und dass ich etwas ganz Besonderes sei. Nicht auf die herablassende Tour, sondern auf eine Weise, die einem Kraft gibt und die mir das Gefühl vermitteln würde, dass mein Dasein hier einen großen Zweck verfolgt, wie bei uns allen.

Andere können uns nicht helfen, indem sie mit dem Finger auf uns zeigen und sagen: »Aah, das ist eine von diesen Indigos. Wow! Stellen wir sie aufs Podest.« Bitte lassen Sie uns stattdessen wissen, dass es wirklich okay ist, wenn wir sind, wer wir sind, und lieben Sie uns einfach dafür – für das, was wir wirklich sind. Das ist schon alles. In einfachen Worten ausgedrückt, beschreibt dies der Song »All You Need Is Love« (Alles, was du brauchst, ist Liebe) am besten. Das trifft auf alle zu, nicht nur auf Indigos. Dieses Lied sollte derzeit der

Titelsong für den Planeten sein, denn in Wirklichkeit ist dies das Einzige, wozu wir hier sind: Liebe zu erreichen. Der Himmel auf Erden ist mehr als ein Kindertraum oder eine Fantasie. Bei der Fantasie fängt alles an. Der Himmel auf Erden ist Realität, obwohl das noch nicht jeder sehen kann. Indigos sind Teil der Gruppe, die es zu sehen vermag. Er ist bereits da. Glauben Sie es also, und dann wird es so sein!

Candice hat einige sehr grundlegende Dinge mit Ryan und mit den meisten Indigos gemeinsam. Auch sie ist Mitte zwanzig. Ist Ihnen aufgefallen, wie schlimm es für sie war, nach ihrem Gefühl »anders« zu sein? Damit war sie wirklich gezeichnet und dazu verdammt, ausgesondert zu werden. Vielleicht sehen Sie auch, dass ihre Bitterkeit gegenüber der Schule ein weiteres Thema ist. Glauben Sie uns, Derartiges wird wie die Pilze aus dem Boden schießen: dieses Rebellieren gegen die Art, wie Bildung dargeboten wird. Genau das geschieht derzeit – wie viele Pädagogen aussagen. Die Andersartigkeit von Candice lag in Wirklichkeit in ihrem »Wissen« – darin, dass sie weiser war als die meisten anderen –, was verhinderte, dass sie zu ihnen passte.

Das andere gemeinsame Thema war das absolute Wissen, dass sie erleuchtet sei. Sie »wusste« Dinge, die Ältere, Erfahrenere noch zu lernen versuchten. Als hätte sie diese schon immer gekannt, schwebte sie wie im Flug durch diese Unterweisung in Techniken, die auf uralte Weisheiten zurückgehen. Auch das ist ein weiteres Attribut der Indigo-Kinder. Gerade dann, wenn Sie versuchen, ihnen etwas beizubringen, zeigen sie sich gelangweilt und wollen auf einem höheren Niveau weitermachen, oder sie steigen ganz aus. Das mag Ihnen eigensinnig vorkommen, aber wahrscheinlich haben sie den Stoff bereits begriffen – warum also weitermachen? Es ist nicht nur Intelligenz – es ist eine Weisheit, die über das hinausgeht, was man bei ihrem Lebensalter erwarten würde. Der Beitrag von Candice ist voll von Belegen dafür, und jedes Mal versucht sie uns deutlich zu machen, dass hier nicht das Ego spricht – es »ist« einfach so.

Wie Ryan fand auch Candice Trost im Alleinsein. War sie allein, hatte sie die Fäden in der Hand und konnte tun, was sie tun wollte, in ihrem eigenen, beschleunigten Tempo. Außerdem schirmte es sie vor denen ab, die sie verstießen. Obwohl sie das Gefühl hatte, etwas Besonderes zu sein, machten Gleichaltrige und Lehrer sie verbal »zur Schnecke«, sodass ihr Selbstwertgefühl auf eine harte Probe gestellt wurde. Obwohl Indigos mit diesem Gefühl eines »erweiterten« Bewusstseins auf die Welt kommen, das Ryan beschreibt, kann im Lauf der Zeit genau diese Schicht ihrer Persönlichkeit aus ihnen herausgeprügelt werden. Das war sowohl bei Ryan als auch bei Candice der Fall. Feiern Sie die Tatsache, dass die beiden wieder den Zugang zu ihrem innerem Gleichgewicht fanden!

Beide Indigos hatten außerdem das Gefühl, es sei ein Fehler gewesen, anderen zu sagen, wie sie sich fühlten. Es schien die Situation zu verschlimmern und führte dazu, dass sie von Gleichaltrigen geächtet wurden. Und dennoch versuchten sie weiterhin, anderen mitzuteilen, wie es ihnen erging. Rückblickend betrachtet haben alle beide nun den Eindruck, sie hätten einfach den Mund halten und die Welt ohne ihre Hilfe herausfinden lassen sollen, wer sie sind. Wir können uns schlichtweg nicht vorstellen, wie schwierig das gewesen sein muss.

Betrachten Sie einmal Folgendes: Ryan, Cathy und Candice – alle drei machten sich aus eigenem Antrieb auf die Suche nach spiritueller Erkenntnis. Wie zuvor gesagt, liegt auch hier eine Vorliebe von Indigos. Sie tun sich in einer geistlichen Gemeinschaft hervor, da dort die Liebe zu Hause ist.

Sie fühlen sich von den universellen Prinzipien der Liebe angezogen, da sie diese verstehen und sich in diesem Umfeld »zu Hause« fühlen.
Was sagte Candice – was war der Schlüssel zu ihrem Trost? Liebe. Dasselbe sagten die meisten Menschen aus Wissenschaft und Pädagogik, die Beiträge zu diesem Buch verfasst haben. Der Wunsch von Candice, geliebt und respektiert zu werden, war übermächtig und stärker als fast alles andere.
Wie ihre Botschaft an uns alle lautet? Liebt die Indigo-Kinder!

6

Zusammenfassung

Eine Anmerkung von Jan Tober

Eines wurde für uns ziemlich offensichtlich, als wir uns mit den Indigo-Kindern befassten: Obwohl diese Kinder eine relativ neue Gruppe von Wesen sind, zeigt uns ihre alterslose Weisheit eine neue und liebevollere Weise, unser Dasein zu führen – nicht nur mit ihnen, sondern auch miteinander. Lee und ich dachten, dies würde ein Buch über Kinder, ein Buch für Eltern, Großeltern, Lehrende und Berater. Aber eigentlich ist es ein Buch über uns alle. Diese Kinder verlangen es uns ab, Worte wie »Schuld« und »Opfer« aus unserem Vokabular zu streichen und durch positive Worte wie »Hoffnung«, »Mitgefühl« und »bedingungslose Liebe« zu ersetzen. Nichts hiervon ist neu – die Kleinen geben uns nur einen Anlass, es in die Praxis umzusetzen. Sie bieten uns eine neue Weise an, sie sowie uns selbst zu messen. Sie tragen ihre von Gott gegebenen Gaben geradezu am Revers:

- Sie erinnern uns daran, in unseren sämtlichen Beziehungen *präsent* zu bleiben, also auch ganz im Augenblick.

- Sie bitten uns, die Verantwortung zu übernehmen für das, was wir sagen, und das, was wir nach außen projizieren, ob bewusst oder unbewusst.

- Sie bitten uns, die Verantwortung für uns selbst zu übernehmen.

- Diese »königlichen Wesen« spiegeln die Kostbarkeit eines jeden von uns. Sind wir nicht alle von Adel – allesamt spirituelle Wesen, die Erfahrungen in einem Körper hier auf Erden sammeln?

Und schließlich ist da ein weiteres herrliches Geschenk, das uns diese Indigos zu machen haben. Wenn wir lernen, sie und den Prozess, den sie durchlaufen, zu ehren, und wenn wir lernen, ihnen auf effektivere Weise Eltern zu sein, lernen wir auch, dieses von tiefer Bedeutung erfüllte innere Kind in jedem und jeder von uns zu ehren und liebevolle Eltern zu sein. Die Indigos bitten uns, zu spielen. Wenn Sie keine Zeit für Späße haben, schaffen Sie sich welche! Sie muss *von uns* geschaffen werden – wir bekommen sie nicht automatisch. Wenn das Leben so ernst wird, dass wir nicht spielen, nicht lachen, an einem Regentag keine Deckenburg bauen und nicht mit dem Hund durch den Schlamm rennen können, dann sind wir verloren. Ein weiser Mensch sagte einmal: »Es kommt nicht darauf an, was uns gegeben wird, sondern was wir damit tun.«

Abschließend möchte ich Ihnen Folgendes nicht vorenthalten:

Kinder des Lichts
Für alle Kinder ...
VERFASSER UNBEKANNT

Die Zeit des großen Erwachens ist gekommen. Ihr, die ihr für euch die Wahl getroffen habt, euren Blick aus der Dunkelheit ins Licht zu heben, seid damit gesegnet, den Anbruch eines neuen Tages auf dem Planeten Erde zu erleben. Da es euer Herz danach verlangt hat, wirklichen Frieden zu sehen, wo Krieg geherrscht hat, Erbarmen zu zeigen, wo Grau-

samkeit regiert hat, und Liebe zu kennen, wo die Angst die Herzen hat erstarren lassen, habt ihr das Privileg des Zutritts zu unserer Welt.
Der Planet Erde ist ein Segen für euch. Die Erde ist eure Freundin und eure Mutter. Ruft euch immerzu eure Beziehung zu ihr in Erinnerung und ehrt sie. Sie ist ein lebendiges, liebendes und atmendes Wesen wie ihr selbst. Sie spürt die Liebe, die ihr schenkt, wenn ihr frohen Herzens auf ihrem Boden wandert.
Der Schöpfer hat eure Hände dafür ausgewählt, die Einsamen zu erreichen; eure Augen, um Unschuld zu sehen statt Schuld; und eure Lippen, um Worte des Trostes zu äußern. Lasst da keinen Schmerz mehr sein! Ihr seid nun so lange schon in dunklen Träumen umhergewandert. Tretet ins Licht und schickt nach dem, von dem ihr wisst, dass es die Wahrheit ist. Die Welt hat gelitten, und zwar nicht an Schlechtigkeit, sondern an Angst davor, das Gute anzuerkennen. Lasst zu, dass man sich nun für immer von der Angst löst – dass sie in das Licht hineinkann und verwandelt wird. Es steht durchaus in eurer Macht, das zu tun.
Niemand kann euch finden, wenn nicht ihr selbst. All eure Antworten sind in eurem Innern. Gebt die Lektionen weiter, die ihr gelernt habt. Eure Erkenntnis habt ihr nicht nur für euch selbst erhalten, sondern auch dazu, eine wunde und ermattete Welt zu einem Ort zu führen, wo sie in einem neuen Bewusstsein Ruhe findet.
Hier vor euch habt ihr eure wahr gewordene Vision. Hier ist die Antwort, die euch gegeben wurde – ein Lied, einer ermatteten Seele Trost zu spenden und sie wieder zu erneuern. Hier ist die Brücke, die euch mit euren Brüdern und Schwestern verbindet. Hier ist euer Selbst. Betrachtet euch selbst mit Güte und lasst zu, dass ihr von dem Licht erfüllt werdet, das ihr gesehen habt. Wahre Liebe kommt aus euch

selbst, und jeder Gedanke ist ein Segen für das gesamte Universum.

Auf allen Gebieten eures Lebens werdet ihr Heilung erfahren. Aus euch wird in goldener Pracht ein Licht erstrahlen, das von dem *Einen* kündet, das euch in Weisheit und Herrlichkeit geschaffen hat. Die Vergangenheit wird sich auflösen wie ein düsterer Traum, und eure Freude wird so strahlend sein, dass ihr keine Erinnerung mehr habt an die Nacht.

Gehet hin und seid Botschafter der Hoffnung. Weist den Weg zur Heilung, indem ihr voller Dankbarkeit auf der Erde wandelt. Eure Brüder und Schwestern werden euch folgen. Und wenn ihr das Portal der Begrenztheit durchschreitet und über es hinausgelangt, werdet ihr vereint und wiedervereint werden mit allen, die verloren schienen. Es gibt keinen Verlust im Schöpfer. Wählt den Pfad der Vergebung, und ihr werdet Tränen der Freude weinen angesichts des Guten, das ihr in allem findet.

Gehet hin und lebt das Leben der strahlenden Seele, die ihr seid. Verherrlicht den Schöpfer in jedem Tun. Ihr seid wichtig, ihr werdet gebraucht, und ihr seid würdig. Lasst nicht zu, dass der dunkle Umhang der Furcht das Licht vor euren Augen verbirgt. Ihr seid nicht geboren worden, um Fehlschlag zu erleiden. Eure Bestimmung ist das Gelingen. Die Hoffnung der Welt ist in eure Brust eingepflanzt worden, und der Erfolg ist euch gewiss, wenn ihr für das *Eine* einsteht, das euch geschaffen hat.

Dies ist die Heilung des Planeten Erde. All eure Zweifel und Ängste können dann beiseite geschoben werden, da ihr wisst, dass sich die Heilung durch die Liebe in eurem Herzen einstellt.

Ein Schlusswort von Lee Carroll

Die akademischen Seiten des Bücherschreibens sind mir mittlerweile vertraut – schließlich ist dies hier mein siebtes. Was dieses Buch jedoch von den anderen unterscheidet, ragt hinter all den Worten auf, die Sie gelesen haben: die profunde, zusammengenommene menschliche Erfahrung von Kindern in Not, die diese Gedanken hervorgerufen und diese Ideen in unser Blickfeld gerückt haben.

Bei Seminaren stehen wir ständig vor Teilnehmern, die Schlange stehen, um uns zu begegnen und zu umarmen – und etwas von ihren Schwierigkeiten oder ihren Freuden auszupacken. Eltern kommen zu uns, um uns zu sagen, wir sollten doch bitte Energie zu ihrem Sohn oder ihrer Tochter schicken, weil sie als Indigo-Kinder in Verwirrung sind oder große Probleme in der Schule haben. Ständig fragen uns Lehrerinnen und Lehrer: »Was kann ich tun?« Kein Fall gleicht dem anderen, und doch sind sie einander merkwürdig ähnlich. Beschäftigte von Kindertagesstätten berichten, dass einige Kinder tatsächlich neue Paradigmen in der Art ihres Spiels auszubilden scheinen sowie neue Formen des Umgangs miteinander, die man in diesen Altersstufen noch nie erlebt hat.

Kinderkrankenschwestern und -pfleger sowie Menschen, die in der Kinderbetreuung tätig sind, wissen Erstaunliches zu berichten: Die Indigos nehmen sich an Orten, wo alles im Leben höchst flüchtiger Natur ist, anderer bedürftiger Kinder an. Unser Herz vergießt bittere Tränen, wenn wir die Erzählungen hören, was sie tun, wenn andere Kinder krank sind oder im Sterben liegen. Genau hier tun sich Indigos hervor, hier, wo keiner da ist, der sich über sie lustig macht oder ihnen sagt, sie seien »zu anders«. Es sind nicht viele Erwachsene dabei, und die anderen Kinder sind zu geschwächt, um sich darum zu kümmern. Die Indigos organisieren dann die

Spiele und schenken anderen Liebe – in einem Ausmaß, das weit über das hinausgeht, was man von ihnen in diesem Alter erwarten könnte –, und sie geben anderen sogar ihren Rat.
Sie legen sich neben die Todkranken und schenken ihnen Liebe und ihre Gesellschaft, und dann wandern sie weiter zu anderen, die zu müde oder krank sind, um sich zu fragen, wer diese »merkwürdigen« Kinder wohl sein mögen. Das tun sie so lange, bis sie selbst zu krank sind. Und dann legen sie sich einfach hin wie die anderen. Darauf sind wir in diesem Buch nicht eingegangen. Für manche von uns sind der Anblick und die Auseinandersetzung damit zu hart. Es ist ein Ort, den die meisten von uns nicht freiwillig aufsuchen und sich ansehen wollen, aber die Krankenschwestern müssen es tun ... Und sie erzählen uns dann von dieser »neuen Art von Kind«.
Zuweilen kommen Indigos in unsere Seminare und stellen sich in der Schlange an. Manchmal sind sie erst sechs Jahre alt und haben ihre Eltern gebeten, ob sie nicht mit den Erwachsenen zusammen teilnehmen dürften. Da war ein Sechsjähriger, der es kaum erwarten konnte, zu erleben, ob ich ihn wohl »erkennen« würde. Ich sagte: »Nein, wir sind uns noch nie begegnet.« Er zwinkerte mir zu und meinte, er habe das auch nicht wirklich erwartet, aber ich hätte ihn schon gekannt, bevor er »er« gewesen sei. Er war eine sehr alte Seele, und ich weiß noch immer nicht, was er wusste oder zu wissen glaubte. Allein der Gedanke, dass ein Sechsjähriger diese Vorstellung hat, ist doch erstaunlich. Mir ist es gleich, ob er damit nur die Ideologie von anderen aufgriff. Diese Idee, die er von seiner ewigen und königlichen Natur hatte, spricht für mich Bände. Er glaubte daran.
Die Indigos im Teenageralter, mit denen wir ins Gespräch kommen, sind etwas ganz Besonderes. Ich wollte, ich könnte einen ganzen Club von ihnen in einem Raum zusammenbringen und wir könnten einfach singen! Ich glaube, das

würden sie lieben. Keine Telefone, keine typische Teeniemusik und kein Fernsehen, nur eine kurze Zeit für Erwachsene und Jugendliche, einander ihre Liebe zu schenken. Die Jugendlichen haben uns etwas zu sagen – ich höre es von ihnen immer wieder: »Alter spielt für uns keine Rolle. Wir alle kennen einander. Wenn du uns wirklich respektierst, dann pass mal auf, was wir alles tun werden!«
Diese Indigo-Teenager sind etwas ganz, ganz Besonderes. Jedes Mal, wenn ich eine Zeit lang mit jemandem von ihnen zusammen gewesen bin, denke ich, wenn ich wieder weggehe: »So war das aber nicht, als ich fünfzehn war! Da habe ich gerade einmal wieder ein Gespräch mit einem weisen Erwachsenen in einem sehr jungen Körper gehabt.« Kein Wunder, dass andere sie für komische Vögel halten. Die Welt hat so etwas zuvor noch nicht gesehen, und für manche ist es wahrscheinlich schon sehr merkwürdig. Mittlerweile gehören die Indigos mit zu jenen Leuten auf der Welt, die mir persönlich am liebsten sind: eine witzige Mischung aus wählerischer Jugendtorheit und der Weisheit des Alters. Es ist eine Energie, die man erlebt haben muss, um es glauben zu können – wie die topaktuellsten Klamotten anzuziehen, sich einen Ring durch die gepiercte Oberlippe zu ziehen und dann mit seinem Urgroßvater, ein paar Priestern und einem indianischen Medizinmann heisere Rapmusik zu hören – und dabei den größten Spaß zu haben!
Die Menschen, die ihre Beiträge zu diesem Buch beigesteuert haben, sind fanatisch im Hinblick auf unsere Kinder. Oft sind sie in der Gesellschaft »über die rote Linie getreten«, um ein System zu attackieren oder für etwas einzutreten, das bislang unbewiesen ist, aber nun werden sie gesehen und beim Namen genannt. Sie sind schon ein ganz besonderer Menschenschlag; allein dadurch, dass sie in diesem Buch stehen, riskieren sie einiges! Fragen Sie sie, und sie werden Ihnen

sagen, dass es diese Kinder verdienen. Sie wissen, dass es an der Zeit ist, in der Gesellschaft einen Konsens zu erreichen, aus dem eine beeindruckende Gruppe von Menschen entstehen wird – eine Gruppe, die in der Lage ist, die Merkmale eines Indigo-Kindes zu erkennen, und genau weiß, was zu tun ist, wenn sie einem begegnet.

ANHANG

Biografische Angaben zu den Beitragenden

Die folgenden Kurzpräsentationen basieren auf dem Stand der amerikanischen Original- bzw. deutschen Erstausgabe 1999. E-Mail-Adressen und Websites konnten jedoch für diese Auflage gemäß der aktuellen Website www.indigochild.com angepasst werden (Nov. 2009).

Karen Bolesky, M.A., C.M.H.C., L.M.P., ist für den US-Bundesstaat Florida zugelassene und im Bundesstaat Washington zertifizierte psychologische Beraterin. Darüber hinaus ist sie offiziell zugelassene Massagetherapeutin. Karen Bolesky ist auch im »Who's Who of American Women« sowie in »Who's Who in Finance and Industry« vertreten. Sie hat an der University of South Florida studiert und ist derzeit Mitleiterin und Eigentümerin des Soma Institute, in dem sie neuromuskuläre Integrationsarbeit lehrt. Ihre Ausbildung umfasst gestalttherapeutische Techniken und Psychotherapie für erfahrene Therapeuten, Bioenergetik, Ernährungsberatung, IPR[96], Sterbebegleitung sowie Bioenergetik.
Kontaktadresse: The Soma Institute, 730 Klink St., Buckley, WA, USA • E-Mail: soma@tx3.net

Candice Creelman lieferte einen Beitrag zu Kapitel 5. Sie gehört zu den erwachsenen Indigos, die sich bereitfanden, ein wenig über ihr Leben zu schreiben, damit wir uns damit aus-

einandersetzen können. Sie sagt: »All you need is love« (Alles, was du brauchst, ist Liebe).
Kontaktadresse: E-Mail: candice_c555@hotmail.com

Barbra Dillenger, Ph.D., ist Beraterin in transpersoneller Entwicklung. Seit 1969 ist sie auf dem Gebiet der Metaphysik tätig. Sie ist ausgebildete Pastorin und verfügt über einen Abschluss in Erziehungswissenschaften und Psychologie. Darüber hinaus hat sie einen Doktortitel in Metaphysik. Barbra ist bei Menschen, die beruflich mit ihr in Berührung kommen, für ihre mediale Ader und ihre spirituellen Erkenntnisse bekannt. In ihrer Privatpraxis mit Sitz in Del Mar und San Francisco, Kalifornien, arbeitet sie hauptsächlich mit Profis verschiedenster Herkunft.
Kontaktadresse: PO Box 2241, Del Mar, CA 92014, USA

Peggy und Steve Dubro haben das außerordentliche Geschenk universellen Wissens erhalten. Als Mitglieder des internationalen Kryon-Seminarteams bieten sie auf der ganzen Welt Lebenshilfetrainings an, durch die Individuen in ein neues Bewusstsein initiiert werden.
Peggy Phoenix Dubro ist Mitbegründerin von The Energy Extension, Inc., mit Sitz in Norwich, US-Bundesstaat Connecticut. Außerdem channelte sie die Phoenix-Factor-Informationen, in denen auch die Technik des EMF Balancing enthalten war. Im Lauf der letzten Jahre hat Peggy ein einzigartiges Verständnis des menschlichen Energiefeldes entwickelt. Hiermit wird sich ihr Buch *Spiritual Intelligence – The Gift of the Phoenix* befassen.
Kontaktadresse: The Energy Extension, Inc., P.O. Box 4357, Sedona, AZ 86340, USA
www.EMFWorldwide.com

Karen Eck ist in Baker City, Orgeon, aufgewachsen. Schon von jeher ist sie auf der Suche nach der letzten Wahrheit. Ihr Interesse an Gesundheitsfragen und Wissenschaft brachte sie 1970 dazu, nach Portland, Oregon, zu ziehen, wo sie das Marylhurst College und die St. Vincent School of Medical Technology besuchte. Karen Eck hat sich mit zahlreichen Wegen der Heilung befasst und ist dabei zu dem Schluss gelangt, dass alle Arten von Heilung in erster Linie durch den eigenen Glauben an das gewählte System zustande kommen. Derzeit vertreibt Karen Eck Weiterbildungssoftware, diverse Lernprogramme und Nahrungsergänzungen, für die belegt ist, dass sie bei den meisten medizinischen Problemen weiterhelfen. Sie betont die erstaunlichen Eigenschaften ätherischer Öle sowie das Wirkvermögen von Oregano bei den meisten Infektionskrankheiten und Allergien.
Kontaktadresse: Smart Start Vitamins, 2499 8th Street, Baker City, OR 97814, USA
E-Mail: kareneck@eoni.com

Robert Gerard, Ph.D., ist Dozent, Visionär und Heiler. Als Verleger gehörte ihm und leitete er Oughten House Publications. Er ist Verfasser von *Lady from Atlantis; The Corporate Mule; Handling Verbal Confrontation: Take the Fear out of Facing Others* und *DNA Healing Techniques: The How-To Book on DNA Expansion and Rejuvenation*. Er steht weltweit für Vorträge und Workshops zur Verfügung.
Kontaktadresse: Oughten House Foundation, Inc., PO Box 1059, Coarsegold, CA 93614
E-Mail: contact@oughtenhouse
www.oughtenhouse.com

Deborah Grossman hat an der Greenwich Academy in Connecticut studiert. Danach besuchte sie die Duke University in North Carolina, schließlich die University of Miami, wo sie eine Ausbildung als examinierte Krankenschwester absolvierte. Ihre Leidenschaft gilt der Pflege. Sie hat Krankenschwestern unterschiedlicher medizinischer Fachrichtungen unterrichtet und bis vor wenigen Jahren an der School for Accupressure and Acupuncture in Florida gelehrt. Mittlerweile lehrt sie in Südflorida über Themen wie Selbstversorgung und Grundbegriffe der Homöopathie. Darüber hinaus ist sie homöopathische Schwestern-Fachberaterin sowie Gründerin und Präsidentin von Artemis International, einem Unternehmen, das sich der Integration sämtlicher Heilverfahren verschrieben hat.

Kontaktadresse: 102 NE 2nd Street, #133, Boca Raton, FL 33432, USA

Debra Hegerle war ursprünglich vierzehn Jahre lang eine »linkshirnig« ausgerichtete Buchhalterin. Dann beschloss sie, beruflich stärker ihre rechte Gehirnhälfte in Anspruch zu nehmen, indem sie tagsüber als Reisefachberaterin tätig war und abends als Medium. Sechs Jahre später öffnete sie ihre eigene Firma, Dragonfly Productions, wo sie sich mit Buchhaltung wie auch medialer Beratung befasste.

Sie ist verheiratet, hat ein Kind und betätigt sich seit Jahren ehrenamtlich als Hilfslehrerin. Sie ist zertifizierte Lehrerin für die Reiki-Meister-Ausbildung, interessiert sich für Astrologie und praktiziert heilende Energiearbeit nach dem Huna-Prinzip. Zu ihren sonstigen Interessen gehören Reiten, Jazztanz und Aerobics. Derzeit ist sie ehrenamtlich für die in San Francisco und San José ansässigen Filialen von Compassion in Action (Nächstenliebe in Aktion) tätig. Langfristig hat sie sich zum Ziel gesetzt, auch im kalifornischen Contra Costa County eine Nebenstelle von Compassion in Action zu gründen.

Kontaktadresse: Dragonfly Productions, PO Box 2674, Martinez, CA 94553

Ranae Johnson, Ph. D., ist Verfasserin von *Reclaim Your Light Through the Miracle of Rapid Eye Technology*. Daneben hat sie ein Buch mit dem Titel *Winter's Flower* geschrieben, das von der Erziehung eines autistischen Kindes handelt. Ranae Johnson hat sieben Kinder und 26 Enkel und ist Begründerin des Rapid Eye Institute in Orgeon.

Studiert hat sie an der Long Beach State University in Kalifornien und an der Brigham Young University. Sie hat am American Institute of Hypnotherapy in Santa Ana, Kalifornien, ihren Abschluss als Dr. der Klinischen Hypnotherapie absolviert und an der American Pacific University in Honolulu ihren Titel »Ph. D.« erworben.

Die Zertifikate und Ausbildungsschwerpunkte, die Ranae Johnson zu bieten hat, sind außerordentlich beachtlich. Hierunter zählen Spieltherapie, Trauerbegleitung, Zeitmanagement, Krisenmanagement, Neurolinguistisches Programmieren für Fortgeschrittene, Orthobionomie, positive Elternschaft, um nur einiges zu nennen. Sie ist eine von der National Guild of Hypnotists anerkannte Hypnotherapeutin und »Master« in NLP. Daneben ist sie »Master« der Rapid-Eye-Technik und Rapid-Eye-Trainerin.

Sie hat in Fountain Valley, Kalifornien, mit autistischen Kindern im Vorschulalter gearbeitet; am Community Mental Health Crisis Center in Spokane, Washington; mit der Selbsthilfegruppe von Eltern autistischer Kinder, Parents of Autistic Children Support Group, in Spokane, und unterhält derzeit das Rapid Eye Institute in Salem, Oregon.

Kontaktadresse: Rapid Eye Institute, 3748 74th Ave., SE, Salem, OR 97301, USA
www.rapideyetechnology.com

Donna K. King ist Absolventin der University of North Texas. Sie verfügt über mehrere Diplome in Biofeedback und Neurofeedback und ist als Leiterin der beruflichen Aus- und Weiterbildung an den Behavioral Physiology Institutes, einem Doktorandenprogramm in Verhaltensmedizin in Bainbridge Island, Washington, tätig.

Frau King beschäftigt sich seit 1992 aktiv mit der Aufklärung der Öffentlichkeit über Neurotherapie sowie mit neurotherapeutischer Behandlung und diesbezüglichen Untersuchungen an Erwachsenen und Kindern. Sie war eine treibende Kraft bei der Entwicklung von Biofeedback, Neurofeedback und verwandten Trainingsprogrammen, die den Bedürfnissen klinischer Therapeuten und Ärzte unterschiedlichster Fachrichtungen und Hintergründe entgegenkommen.

Außerdem half Donna King beim Aufbau von Sommercamps mit neurotherapeutischen Programmen für Schulkinder, bei denen ADS und ADHS diagnostiziert worden waren. Seit 1992 widmet sie einen Großteil ihrer Bemühungen der Werbung für und dem Einsatz von Programmen aus dem Bereich der klinischen Verhaltensmedizin, unter ihnen auch Neurotherapie. Als beratendes Mitglied des Vorstands der Kidwill Foundation, einer Stiftung, arbeitet Frau King daran, Kindern jedes gesellschaftlichen Hintergrunds in den gesamten Vereinigten Staaten topaktuelle, umfassende Behandlungsprogramme verfügbar zu machen.

Kontaktadresse: 1807 N. Elm PMB 225, Denton, TX 76201, USA

E-Mail: brainwm@aol.com

Ryan Maluski ist einer der mittlerweile erwachsenen Indigos, die sich bereitgefunden haben, in Kapitel 5 für uns etwas über ihr Leben aufzuschreiben, damit wir es eingehender untersuchen können. Er lebt derzeit in Connecticut und

arbeitet in Bereichen, wo er anderen ganz besonders helfen kann. Überrascht Sie das?
Kontaktadresse: Center for Synthesis, 957 U.S. Route 1, Whiting ME. 04691
E-Mail: ryan@centerforsynthesis.com

Kathy A. McCloskey, Ph.D., Psy.D., war fast zehn Jahre lang mit Status einer Zivilistin als Wissenschaftlerin der US Air Force in Dayton, Ohio, tätig, wo sie Untersuchungen zu den Auswirkungen von Umweltstressfaktoren auf die physiologische und biomechanische Leistungsfähigkeit des Menschen untersuchte. Im Zuge ihrer Suche nach einem persönlichen und beruflichen Sinn verließ sie schließlich das Militär, um klinische Psychologin zu werden. Sie erhielt ihren zweiten Doktortitel im August 1998 und bereitete sich auf eine Prüfung vor, um eine Lizenz als unabhängige Psychologin zu erhalten. Sie war im Rahmen ihrer Ausbildung erfolgreich in einer Einrichtung der Krisenhilfe, auf einer Krankenhausstation, in einem städtischen Psychiatriezentrum, einem Zentrum auf einem Universitätscampus sowie einem Zentrum tätig, in dem auf entsprechenden Gerichtsbeschluss Männer behandelt werden, die ihre Frauen misshandelt haben.
Kathy McCloskey verfügt über Erfahrungen mit den unterschiedlichsten Personengruppen: Afroamerikaner, Menschen aus der Appalachenregion, Jugendliche, Kinder, Schwule, Lesben, Bisexuelle, Transsexuelle, geschlagene Frauen und ihre Misshandler, die Campusgemeinschaft und geistig Schwerkranke. Derzeit ist sie als Postdoctoral Fellow am Ellis Human Development Institute in Dayton, Ohio, tätig. Zu ihren aktuellen Schwerpunkten gehören Kurztherapie als Krisenintervention, die gerichtlich verfügte Behandlung von Personen, die durch Ausübung häuslicher Gewalt auffällig wurden, existenzielle Herangehensweisen an Lebensprobleme und die Super-

vision von in Ausbildung befindlichen Therapeutinnen und Therapeuten.

Kathy McCloskey gehört diversen Verbänden an: der American Psychological Association, der Ohio Psychological Association, der American Association for the Advancement of Science sowie der Human Factors and Ergonomics Society (HFES). Sie war die frühere Vorsitzende der Gruppe »Test- und Evaluationsverfahren« der HFES und ist derzeit staatlich lizenzierte und anerkannte Ergonomin. Sie hat bei Jahrestreffen und in viel gelesenen Fachzeitschriften bereits zahlreiche Publikationen präsentiert und kann auf eine stattliche Zahl wissenschaftlicher Veröffentlichungen verweisen. Sie war darüber hinaus von 1991 bis 1994 Adjunct Professor der Psychologie an der Wright State University und ist seit 1992 klinische Dozentin an der Wright State University School of Medicine. Während sie sich mit ihrer zweiten Doktorarbeit befasste, war sie im Rahmen ihres Curriculums als Tutorin für Kurse tätig. Zudem ist sie seit 1996 zugelassene Sozialarbeiterin für Ohio. Kontaktadresse: Ellis Human Development Institute, 9 N. Edwin C. Moses Blvd., Dayton, OH 45407
E-Mail: kathym642@aol.com

Judith Spitler McKee, Ed. D., ist Entwicklungspsychologin, Beraterin für Heranwachsende und emeritierte Professorin der Pädagogischen Psychologie und Frühkindlichen Erziehung an der Eastern Michigan University. Sie hat rund ein Dutzend Lehrbücher über Lernprozesse, Entwicklung, Spiel und Kreativität bei Kindern verfasst, zum Beispiel *Play: Working Partner of Growth* (1986, ACEI); *The Developing Kindergarten* (MIAEYC, 1990), sowie Beiträge für zehn Bände der Reihe *Annual Editions: Early Childhood Education* geschrieben (1976–1991).

Sie veranstaltet Workshops über die kindliche Entwicklung

für Eltern, Lehrer, Bibliothekare, Therapeuten und medizinisches Personal. Sie ist ferner eine überkonfessionelle Priesterin der Heilkünste und spirituelle Beraterin. Judith Spitler, die als mit dem siebten Grad ausgezeichnete Astarian auch als Reiki-Meisterin und -lehrerin tätig ist sowie Jin Shin praktiziert, schreibt für eine Serie im Rundbrief *Healing Natural Alternatives*. Außerdem leitet sie Workshops zu spirituellem Wachstum, ganzheitlicher Heilung und zur Elternrolle bei Indigo-Kindern.
Kontaktadresse: Tel. 001 (248) 698-3961

Melanie Melvin, Ph. D., DHM, RSHom, verfügt über einen Doktortitel in Psychologie und war von 1988 bis 1996 in Kalifornien lizenziert. Seit 1994 ist sie im Besitz einer Lizenz für Colorado und praktiziert nun dort. Darüber hinaus besitzt sie ein Diplom in Homöopathie und gehört dem »British Institute of Homeopathy« und der »North American Society of Homeopaths« an. Seit vielen Jahren kombiniert sie Homöopathie und Psychotherapie für ihre Klienten, unter ihnen auch viele Kinder.
Sie entdeckte die Homöopathie für sich 1970, als ein Autounfall bei ihr diverse physische Symptome hinterließ. Zehn Jahre lang suchte sie einen Arzt oder eine Ärztin, die sie als ganze Person behandeln würden, statt einer Spezialisierung zu folgen. 1980 erzählte ihr eine neue Bekannte, dass es Ärzte dieser Art gebe. Überglücklich suchte sie den Homöopathen auf; ihre Heilung begann Fortschritte zu machen, und von da an begann sie, sich mit Homöopathie zu beschäftigen. Sie fühlte sich, als wäre sie nach Hause gekommen, und arbeitet seitdem mit Klienten jeden Alters, wobei sie ihre beiden Disziplinen miteinander verbindet.
[Hinweis d. Red., 2009: Dr. Melanie Melvin †]
Robert P. Ocker ist beratend für Mittelschulen in Mondovi,

Wisconsin, tätig. Seine Leidenschaft gilt der Anleitung von Jugendlichen; hier sieht er offenbar seinen Daseinszweck. Seine Arbeit umfasste unter anderem eine Beratertätigkeit im Grundschulbereich innerhalb des Schulbezirks Eau Claire, ferner wurde von ihm das CHAMPS Peer Leadership Trainingsprogramm etabliert. In Lake Geneva (US-Bundesstaat Wisconsin) war er als Berater für die Grund- und Mittelschule tätig. Er hat vor Zuhörern jeden Alters zahlreiche Präsentationen zu »Erziehung durch Unterhaltung« vorgeführt. Robert Ocker unterstützt seine Schülerinnen und Schüler durch Laientheater bei Problemlösung, Konfliktbewältigung und Charakterbildung. Er wurde von der Wisconsin School Counselors Association als eine der am meisten bahnbrechenden pädagogischen Führungsgestalten für die Zukunft ausgezeichnet und hält häufig öffentliche Vorträge.
Robert Ocker ist als Berater für die Altersgruppen Vorschule bis 12. Klasse zugelassen. Er hat an der University of Wisconsin, Eau Claire, wo er für seine herausragenden Führungsqualitäten und Kommunikationsfähigkeiten belobigt wurde, Kommunikation studiert. Seine Studien führten ihn häufig nach Europa, wo er zeitweise lebte, Reisen unternahm und Vorträge hielt. Zu seinen Qualifikationen gehört auch ein Examen als Psychologischer Berater von der University of Wisconsin, Stout. Er wurde für seine herausragenden Forschungsleistungen, seine schriftliche Arbeit und seinen pädagogischen Weitblick geehrt. Dieser aufrichtige, gütige, fürsorgliche und energiegeladene Mann steht in dem Ruf, Kinder und Erwachsene gleichermaßen an seinen Gaben teilhaben zu lassen.
Kontaktadresse: 7717 35th Ave., Knolsha, WI 53142, USA
Tel. 001 (715) 831-9429

Jennifer Palmer ist Lehrerin (Bildende Kunst, Sekundar-

stufe) und hat darüber hinaus Pädagogik, unter anderem mit Schwerpunkt Pädagogik in Erziehungsberufen, studiert. Seit vielen Jahren unterrichtet sie an öffentlichen Grundschulen in Australien, wurde für ihre herausragenden Leistungen mit einem Preis, dem Advanced Skills Teachers Award, ausgezeichnet und wohnt in Adelaide.
[Adresse unbekannt]

Cathy Patterson ist als Sonderschullehrerin in Vancouver, British Columbia, Kanada, tätig. Dort arbeitet sie primär daran, zusammen mit Fachpersonal aus anderen Berufszweigen eine Besserung von Verhalten und schulischen Leistungen schwer verhaltensgestörter Schülerinnen und Schüler zu erreichen.
Aktuell steht sie kurz vor ihrem Examen in beratender Psychologie. Sie leitet Sitzungen von Elterngruppen zur Unterstützung der Eltern von Problemkindern. Ihr unmittelbares Ziel besteht darin, Menschen, die an der Schule tätig sind, und Familien zu helfen, gemeinsam Möglichkeiten auszuarbeiten, wie im Rahmen öffentlicher Schulen Bedürfnisse von Kindern mit Verhaltensproblemen erfüllt werden können.
Kontaktadresse: E-Mail: rpatter262@aol.com

Joya Pinkham Clark, Rev. D. D., »Eulenfrau«, lebt im ländlichen Neu-England, wo sie schriftstellerisch tätig ist und den Menschen herauszufinden hilft, wer sie sind und was sie auf dieser Welt erreichen wollen. Man könnte sie als »Gesandte des Lichts« bezeichnen, als Heilerin, Autorin und Fotografin. Sie initiiert im ganzen Land Events, die von dem Verlangen getragen sind, das spirituelle Bewusstsein des Planeten zu stärken. Laurie Joy Pinkham fungiert als Katalysatorin für die Menschheit; sie bewahrt Energie und baut auf der ganzen Welt Brücken für das menschliche Bewusstsein. Sie schreibt

über ihre eigenen Erfahrungen in diesem und anderen Leben und interviewt Menschen über deren eigene Lebensreise: Interviews, die in diversen esoterischen und New-Age-Publikationen in aller Welt veröffentlicht wurden. Einige ihrer Texte aus *Songs from God* (Lieder von Gott) wurden auf Tonträgern aufgezeichnet; Erzählungen, Gedichte, Interviews und Fotos von ihr finden sich in Magazinen und Zeitungen rund um den Globus. Außerdem ist sie Reiki-Meisterin, Craniosakral- und intuitiv arbeitende Therapeutin, verfügt über einen Abschluss in Frühkindlicher Erziehung von der University of New Hampshire und hat eine Doktorarbeit in Theologie geschrieben. Derzeit unterhält sie in einem ländlichen Gebiet Neu-Englands eine private Praxis als Chiropraktikerin.
Kontaktadresse: PO Box 266, Wilmot, NH 03287, USA
E-Mail: joya@owlwoman.com
www.owlwoman.com

Pauline Rogers befasst sich schon ihr ganzes Leben mit kindlicher Entwicklung und ist auf diesem Gebiet beratend tätig. Studiert hat sie an der California State University und an der University of La Verne, Kalifornien, mit Studienschwerpunkt Administrativ-organisatorische Aufgaben auf pädagogischem Gebiet. Darüber hinaus absolvierte sie beim UCLA-Campus Seminare über Verwaltungsfragen und Kindliche Entwicklung. Sie war leitende Lehrerin und Supervisorin bei Bellflower, Kalifornien (acht Orte), und Programmkoordinatorin für soziale Programme zur Förderung der kindlichen Entwicklung in Norwalk, Kalifornien. Ihre beruflichen Qualifikationen und Mitgliedschaften einzeln aufzuzählen, würde den Rahmen dieses Buches sprengen.
Kontaktadresse: 680 Juniper Way, La Habra, CA 90631, USA
Richard Seigle, M.D., betreibt eine Privatpraxis in Carlsbad,

Kalifornien. Seine Ausbildung erfolgte an der University of California in LA. Vor Erlangung seiner Zulassung als niedergelassener Psychiater durch einen entsprechenden Abschluss an der University of California in San Diego (UCSD) arbeitete er drei Jahre lang im Navajo-Reservat. Seitdem hat er bei vielen Heilerinnen und Heilern sowie Lehrern an der Medizinischen Fakultät der UCSD studiert.
Kontaktadresse: Tel. 001 (619) 434-9778

Joyce Golden Seyburn hat an der Wayne State University Pädagogik studiert und unterrichtete Vorschulkinder und Erstklässler. Als ihre drei Kinder noch klein waren, studierte sie für ihren Abschluss in Frühkindlicher Entwicklung. Joyce Golden Seyburn ist als Kolumnistin für die Zeitung *Detroit News* tätig und hat darüber hinaus Beiträge für diverse Zeitschriften sowie für eine Kurzgeschichten-Anthologie verfasst. Ihre Tätigkeit in Deepak Chopras Center for Mind/Body Medicine in La Jolla, Kalifornien, weckte ihr Interesse an den Zusammenhängen zwischen Geist und Körper. Als sie im Begriff stand, zum ersten Mal Großmutter zu werden, und keine Elternbücher fand, die auf den Zusammenhang zwischen Geist und Körper eingingen und die sie ihren Kindern hätte empfehlen können, beschloss sie kurzerhand, selbst das erste Buch dieser Art zu schreiben: *Seven Secrets to Raising a Happy and Healthy Child.*
Kontaktadresse: 1155 Camino Del Mar, # 464, Del Mar, CA 92014, USA
E-Mail: joy7secrets@hotmail.com

Keith R. Smith ist ursprünglich Absolvent des San Francisco State College. Und dennoch ging seine akademische Ausbildung danach noch sage und schreibe zwanzig Jahre weiter. Er verfügt über einen Master-Abschluss als Heilkräuterkundiger

(Dominion Herbal College in Kanada sowie Christopher School of Natural Healing). Er unterzog sich einer hochkarätigen Ausbildung in Irisdiagnostik und ließ sich von Dr. Bernard Jenson auf diesem Gebiet selbst zum Ausbilder schulen. Er absolvierte mit Auszeichnung die School of Natural Health in Spanish Forks, Utah, und studierte ferner an der School of Healing Arts in San Diego, Kalifornien.

Im Lauf seines Werdegangs legte Keith R. Smith auch einen Abschluss in Ernährungswissenschaft ab und begann, sich für Rayid zu interessieren, jene emotional-spirituell orientierte Form der Irisdiagnose, die auf Denny Ray Johnson zurückgeht. Mittlerweile ist er Präsident der International Rayid Society und selbst Rayid-Meister. Er befasst sich seit Jahrzehnten mit Naturheilkunde und ist in Escondido, Kalifornien, ansässig.

Kontaktadresse: 360 N. Midway, Suite 102, Escondido, CA 92027, USA • Tel. 001 (760) 489-6889

Nancy Ann Tappe arbeitet seit mehr als 25 Jahren auf dem Gebiet der Parapsychologie. Studiert hat sie Theologie und Philosophie, sie ist ordinierte Pastorin. In den USA, in Kanada sowie in Teilen Europas und Asiens kennt man sie für die enorme Offenheit, mit der sie Menschen sowie Möglichkeiten sieht, wie wir uns selbst und andere besser verstehen können.

Bei ihrer Ergründung des menschlichen Wesens stieß sie auf die Bedeutung von Farben und die der menschlichen Aura. Drei Jahre lang befasste sie sich damit, die Aura als solche zu definieren und zu deuten. Schnell fand sie heraus, dass sie die seltene Gabe hatte, Auras »sehen« zu können, sodass sie sich mit Feuereifer daran machte, den Sinn zu entschlüsseln, den das Gesehene ergab.

Zur Überprüfung der Informationen, die sie intuitiv gewann,

nahm sie Kontakt mit einem Psychiater in San Diego auf. Dank seiner Mitwirkung konnten Hunderte von Patienten und Freiwilligen unter Anwendung der Theorie, die sie an die Hand bekommen hatte, getestet werden. Neun Jahre lang arbeitete sie daran, bis Nancy Ann Tappe überzeugt war, dass ihre Erkenntnisse exakt zutreffen.
Sie wurde daraufhin als Dozentin im Experimental College der San Diego State University tätig. Heute hält sie weiterhin auf der ganzen Welt Vorträge, unterrichtet und berät.
Kontaktadresse: www.nancyanntappe.com
E-Mail: nancytappe@gmail.com

Doreen Virtue, Ph. D., verfügt über eine Reihe akademischer Abschlüsse (bis hin zum Doktortitel) in Psychologie. Sie hält häufig Vorträge und hat zahlreiche Bücher mit einer weltweiten Bestseller-Auflage geschrieben. Daneben sind CDs von ihr erhältlich. Dr. Virtues Website findet sich unter www.AngelTherapy.com und liefert Informationen über Workshops und Bücher.
Die Metaphysikerin der vierten Generation (ein Elternteil war in Christian Science involviert und in diesem Rahmen heilend tätig) mischt übernatürliche Phänomene, Heilung durch Engelkräfte, Psychologie und spirituelle Prinzipien aus *Ein Kurs in Wundern* in ihre Beratungspraxis und ihre Tätigkeit als Autorin. Ihre zwölfjährige klinische Erfahrung konnte sie unter anderem als Begründerin und Leiterin einer reinen Frauenpsychiatrie sammeln, als Leiterin eines psychiatrischen Therapieprogramms für Erwachsene und als privat praktizierende Psychotherapeutin. Darüber hinaus ist sie Fakultätsmitglied des American Institute of Hypnotherapy, wo sie Seminare über die Förderung übersinnlicher und medialer Gaben hält.
Zusammen mit James Twyman und Gregg Braden initiierte

sie mehrere weltweite Gebete für den Frieden. Immer wieder trat sie in amerikanischen Talkshows auf, unter anderem bei Oprah, Good Morning America, The View, Donahue, Ricki Lake, Geraldo, Sally Jessy Raphael, Montel, Leeza, The 700 Club, Gordon Elliott, CNN und Extra. Seit 1989 bietet sie Workshops über Spiritualität und seelische Gesundheit an, wobei zu ihrem Publikum etwa »The Whole Life Expo«, »The Universal Lightworkers Conference«, »The Health and Life Enrichment Expo«, die von dem Magazin *Fortune* als die 500 erfolgreichsten Unternehmen benannten Firmen, The Learning Annex und der Kongress des American Board of Hypnotherapy gehörten.

Kontaktadresse: www.AngelTherapie.com oder über Hay House, PO Box 5100, Carlsbad, CA 92018-5100, USA

Dr. Sid Wolf
Kontaktadresse: Phoenix Healing Center, 1017 Vision Way, Lyons, CO 80540, USA
E-Mail: info@phoenixhealingcenter.com

Über die Autoren

Lee Carroll studierte Betriebswirtschaft und war 30 Jahre lang ein erfolgreicher Unternehmer. 1989 geschah der Wendepunkt in seinem Leben. Seitdem sind zahlreiche Kryon- und Indigo-Bücher von ihm erschienen und in rund 25 Sprachen übersetzt worden. Mit Jan Tober begann er 1991 in Del Mar die »Kryon Light Groups«. Vortragsreisen führen ihn in viele Länder. Seit 1995 hat er mehrmals vor den United Nations Botschaften von Kryon übermittelt. Inzwischen besuchen täglich etwa 20 000 Gäste die Kryon-Website. Er lebt mit seiner Frau Patricia und zwei Haustieren in San Diego und ist weiterhin schriftstellerisch tätig.

Jan Tober trat viele Jahre lang als Sängerin auf und wurde von weltbekannten Persönlichkeiten wie Benny Goodman, Bob Hope und Fred Astaire als Künstlerkollegin hoch geschätzt. Ihre Begabung für Musik, Farbempfinden und Design kommt ihr auch bei ihrer aktiven Beschäftigung mit Metaphysik zugute. Ihre Klang-/Farben-Workshops und ihre geführten Meditationen sind Teil der weltweiten Kryon-Seminare. Gemeinsam mit Lee Carroll spricht sie vor Tausenden von Interessierten über Wege zur Entfaltung unseres vollen menschlichen Potenzials.

Kontaktadresse von Lee Carroll und Jan Tober:
1155 Camino Del Mar, PMB 422, Del Mar, CA 92014
E-Mail Lee Carroll: kryonemail@kryon.com
E-Mail Jan Tober: jantober@kryon.com

Adresse des amerikanischen Verlags:
Hay House Inc.
PO Box 5100
Carlsbad, CA 92018-5100
www.hayhouse.com

Lee Carroll kommt regelmäßig nach Hamburg und gibt ein Wochenendseminar.
Mehr Informationen bei WRAGE, Schlüterstraße 4, 20146 Hamburg, Tel. (040) 413297-0, Fax (040) 442469,
E-Mail: wrage@wrage.de
www.wrage.de
oder www.koha-verlag.de

Weitere Literaturhinweise

Seit dem Erscheinen der deutschen Erstausgabe 1999 ist eine Vielzahl von Büchern zum Thema »Indigo-Kinder« bzw. »Neue Kinder«, aber auch zu ADS und ADHS auf dem Buchmarkt erschienen, sowohl in Deutschland als auch in USA und anderen Ländern. Die folgende Liste ist keinesfalls vollständig. Die genannten deutschen Titel sollen weder eine Empfehlung der beiden Autoren noch des Koha-Verlags darstellen. Die englischsprachigen Titel sind jedoch der Indigo-Website von Lee Carroll und Jan Tober entnommen, sodass darauf geschlossen werden kann, dass die beiden Autoren die Qualität dieser Werke befürworten.

Anderson, Nina und Dr. Howard Peiper: *A.D.D. – The Natural Approach.*

Bell, Rachel und Dr. Howard Peiper: *The A.D.D. and A.D.H.D. Diet!*

Blackburn Losey, Meg: *The Children of Now.*

Corley, Theresa: *The Journey Home. Children's Edition.*

Dorsey, Jason R.: *Ending School Violence.*

Groeneveld, Nicolette Désirée: *Beyond What You See.*

Kaufman Dosick, Ellen: *Spiritually Healing the Indigo Children.*

Kreger Silverman, Linda: *Upside-Down Brilliance: The Visual Spatial Learner.*

Lancaster, Dianne: *Anger and the Indigo Child.*

Magazin *Children of the New Earth* (www.childrenofthenewearth.com).

Tappe, Nancy: *Understanding Your Life Through Awareness.*

Atwater, P.M.H.: *Indigo-Kinder und die neue Zeit ab 2012.* Lüchow-Verlag, 2007

Blackburn Losey, Meg: *The Children of Now. Kristallkinder, Indigokinder, Sternenkinder und das Phänomen der Übergangskinder.* Amra-Verlag, 2008

Blackburn Losey, Meg: *The Children of Now: Gespräche mit den Neuen Kindern. Liebe, Gott, das Seelenreich und die Erde nach 2012.* Amra Verlag, 2008

Bonya, Melissa: *Sanfte Medizin für die Kinder der »Neuen Zeit«: Sensitive Indigo-Kinder und ihre speziellen Bedürfnisse.* Spiritrainbow-Verlag, 2004

Bootsch, Laura: *Gegen den Sturm: Mein Weg als Indigokind.* Smaragd Verlag, 2007

Carroll, Lee und Jan Tober: *Indigo-Kinder erzählen.* Koha Verlag 2001

Carroll, Lee und Jan Tober: *Indigos werden erwachsen: Experten berichten vom Umgang mit Indigo-Jugendlichen* Koha Verlag 2009

Classen, Peter: *Indigo-Kinder und das Burn-out-Syndrom: Die Herausforderung einer neuen Zeit.* Geest-Verlag, 2006.

Devi, Elsbeth: *Öffne Dein Herz. Für die Kinder des Lichts.* Michaels-Verlag, 2001

Fenn, Celia: *Vom Abenteuer, als Indigo- oder Kristallmensch zu leben. Über die Erschaffung globalen Friedens durch Liebe und Harmonie.* Amra Verlag, 2007

Ghisletta, Michaela: *Die Regenbogenkinder: Lichtwesen der Neuen Zeit.* Smaragd Verlag, 2009

Harland, Simone: *Hyperaktiv oder hochbegabt? Indigo-Kinder. Begabung erkennen und fördern. Rat für betroffene Eltern.* Trias Verlag, 2003

Hehenkamp, Carolina: *Das Indigo-Phänomen: Kinder einer neuen Zeit. Das Geschenk der Indigo-Kinder.* Schirner-Verlag, 2006

Hehenkamp, Carolina: *Der Indigo-Ratgeber: Tips und Übungen für einen entspannten Umgang mit Indigo-Kindern.* Schirner-Verlag, 2006

Hehenkamp, Carolina: *Indigos öffnen ihre Seele: Berichte aus der Neuen Zeit.* Schirner-Verlag, 2005

Hessel, Greta: *Die neuen Kinder. Leben mit hyperaktiven, hochbegabten und Indigo-Kindern.* Königsfurt Urania Verlag, 2003

Holey, Jan Udo: *Die Kinder des neuen Jahrtausends: Mediale Kinder verändern die Welt.* Ama Deus Verlag, 2001

Jaffe, Kabir und Ritama Davidson: *Indigo-Erwachsene. Wegbereiter einer neuen Gesellschaft. Sind Sie eine Indigo-Seele und wissen es nicht?* AMRA Verlag, 2008

Kühlewind, Georg: *Sternkinder: Kinder, die uns besondere Aufgaben stellen.* Verlag Freies Geistesleben

Maurer, Elsbeth: *Kinder des Lichts – erkennen, lieben, begleiten.* Silberschnur Verlag, 2007

Mohr, Bärbel: *Lichtkinder.* Koha Verlag, 2005

Minatti, Ava: *Praxisbuch für die Kinder der Neuen Zeit: Im Grunde ist alles ganz einfach.* Smaragd Verlag, 2004

Virtue, Doreen: *Das Praxisbuch für Indigo-Eltern.* Koha Verlag, 2002

Virtue, Doreen: *Die Kristall-Kinder.* Koha Verlag, 2008

Woitinas, Siegfried: *Wer sind die Indigo-Kinder? Herausforderungen einer neuen Zeit.* Urachhaus Verlag

Endnoten

1 Gibbs, Nancy: »The Age of Ritalin«, *Time*-Magazin, 30. November 1998, S. 86.

2 MMPI = Minnesota Multiphasic Personality Inventory; MCMI = Millon Clinical Multiaxial Inventory

3 TAT = Thematischer Apperzeptionstest; ScT = Scenotest

4 WMS-R = Wechsler Gedächtnistest; Bender = Bender Gestalttest

5 Anm. d. Übers.: Gedacht ist hier offenbar an den Ansatz von Heinz Kohut.

6 Tappe, Nancy Ann: *Understanding Your Life Through Color.* Carlsbad, CA: Starling Publishers, 1982. [Hinweis d. Red. 2009: Das Buch war lange Zeit nicht über den normalen Buchhandel erhältlich. Auch die deutsche Ausgabe *Verstehe dein Leben durch Farben: Metaphysische Konzepte in Farben und Auras* ist allenfalls noch antiquarisch zu haben. Auf der Website www.indigochild.com findet man jedoch die Information, dass die englischsprachige Ausgabe nun wieder über http://stores.lulu.com/nancytappe bzw. direkt über die Autorin (nancytappe@att.net) zu erwerben sei. Ankündigt wird auf der Website auch ein neues Buch von Nancy Tappe: *Understanding Your Life Through Awareness.*]

7 Deutsche Ausgabe: Taylor, Hartman: *Deine Lebensfarbe, der Schlüssel zum Erfolg. Die Menschen selbst verstehen, sein Leben gestalten.* Verlag: Ludwig, München (1998)

8 *The Rising Curve: Long-Term Gains in IQ & Related Measures* [Die ansteigende Kurve: Langfristige Zugewinne im Hinblick auf den IQ & verwandte Messverfahren]. Hrsg. Ulric Neisser, veröffentlicht von der American Psychological Association [Amerikanischer Psychologenverband]. Washington, DC, 1998.

9 Quellenangaben für alle Beiträge von Dr. Doreen Virtue in diesem Buch: http://www.angeltherapy.com – »Ritalin use is a bar to military service«, *Cox News Service*, 1. Dez. 1996. – *Ein Kurs in Wundern,* Übungsbuch Lektion 198, 9.5f. Gutach: Greuthof. – Hayes, Laurie L.: »Ritalin use has doubled in past five years«, *Counseling Today,* Bd. 39, Nr. 11, Mai 1997. – Kilcarr, Patrick und Patricia Quinn: *Voices from Fatherhood: Fathers, Sons and ADHS.* New York: Brunner/Mazel Inc., 1997. – Lang, John: »Boys on Drugs«, *Scripps Howard News Service.* – Schachar, R.J., R. Tannock, C. Cunningham und P. Corkum: »Behavioral, Situational, and Temporal Effects of Treatment of ADHS with Methylphenidate«, *Journal of the American Academy of Child and Adolescent Psychiatry,* 1997, 36(6), S. 754–763.

10 Wright, Robert: »The Power of Their Peers«, *Time*-Magazin, 24. August 1998, S. 67.

11 Harris, Judith Rich: *The Nurture Assumption: Why Children Turn Out the Way They Do.* Free Press, 1998, S. 480 ff. [Anm. d. Red., 2009: Von diesem Titel ist eine Neu-

auflage erhältlich. – Auf Deutsch erschienenes Buch der Autorin: *Jeder ist anders. Das Rätsel der Individualität.*]

12 Anm. d. Übers.: Der *MarVaTots* ist ein Teens Gymnastics Club in Washington, DC, bietet Gymnastik für Kinder und Jugendliche aller Altersgruppen bis hin zum Training für die Teilnahme an sportlichen Elite-Wettbewerben. *The Discovery Zone* ist in den USA eine »Pay-to-Play«-Kette, die beaufsichtigte Räume mit Möglichkeiten zum Toben und Spielen sowie Animation für Kinder bietet, von der Hüpfburg bis zu Kinder-Karaoke und Maskenschminken.

13 Bodenhamer, Gregory: *Back in Control: How to Get Your Children to Behave.* Fireside, N.Y., 1988. [Hinweis d. Red., 2009: Vom selben Autor stammt auch der Titel *Parent In Control: Restore Order in Your Home and Create a Loving Relationship with Your Adolescent.*]

14 Millman, Dan: *The Life You Were Born to Live: A Guide to Finding Your Life Purpose.* HJ Kramer Inc., 1993. [Hinweis d. Red., 2009: Dan Millman ist v.a. mit seinen Büchern über den »friedvollen Krieger« auch in Deutschland bekannt, z.B.: *Der Pfad des friedvollen Kriegers. – Die Goldenen Regeln des friedvollen Kriegers. – Die Rückkehr des friedvollen Kriegers. – Die universellen Lebensgesetze des friedvollen Kriegers. – Die Weisheit des friedvollen Kriegers.*]

15 Werner Holzarth, Wolf Erlbruch: *Vom kleinen Maulwurf, der wissen wollte, wer ihm auf den Kopf gemacht hat.* (Anm. d. Übers.: Im Original wird hier ein Buch ähnlichen Inhalts empfohlen: Gomi, Taro: *Everyone Poops.* Broo-

klyn, NY: Kane/Miller Pub., 1993.) [Hinweis d. Red., 2009: In *Häschen braucht keine Windeln mehr* von Maribeth Boelts und Kathy Parkinson geht es ums Einnässen während der Nacht. Das Stichwort »Windeln« taucht in etlichen Bilderbüchern auf, z. B.: *Pünktchen braucht keine Windel mehr* oder *Willie ganz ohne Windel*. Viel Anklang bei den Lesern findet das Bilderbuch *Moritz Moppelpo braucht keine Windeln mehr* von Hermien Stellmacher.]

16 Anm. d. Übers.: Angegeben werden hier: Baer, Edith: *This Is the Way We Eat Our Lunch.* NY: Scholastic, 1995; Dooley, Norah: *Everybody Cooks Rice.* Minneapolis, MN: Caroliheda Books, 1991.

17 Gardner, Howard: *Abschied vom IQ: Die Rahmen-Theorie der vielfachen Intelligenzen.* [Hinweis d. Red., 2009: Vom selben Autor sind erschienen: *Intelligenzen: Die Vielfalt des menschlichen Geistes. – Der ungeschulte Kopf: Wie Kinder denken. – Kreative Intelligenz* u.a.] – McKee, Judith Spitler: *The Developing Kindergarten*, East Lansing, Michigan Association for Education of Young Children, MI 1990. – Armstrong, Thomas: *Seven Kinds of Smart: Identifying and Developing Your Many Intelligences.* NY: Plume/Penguin 1993. [Hinweis d. Red., 2009: Vom selben Autor sind in deutscher Sprache erschienen: *Ich bin Seele, Geist und Körper: Entwicklungskraft und Potential Ihres Kindes. – Das Märchen vom ADHS-Kind: 50 sanfte Möglichkeiten, das Verhalten Ihres Kindes zu verbessern – ohne Zwang und ohne Psychopharmaka! – Die Spiritualität des Kindes: Pädagogik für ein neues Bewusstsein.*]

18 Erikson, Erik H.: *Kindheit und Gesellschaft.*

19 McKee, Judith Spitler: *Play: The Working Partner of Growth*. Olney, MD: Association for Childhood Education International, 1986.

20 Jeram, Anita und Sam McBratney: *Weißt du eigentlich, wie lieb ich dich hab?* (Anm. d. Übers.: Im englischen Original werden empfohlen: Brown, Margaret Wise: *Goodnight Moon*. New York: Harper Collins, 1947 [Hinweis d. Red., 2009: Neuauflage Klett, 2008]. – Degen, Bruce: *Jamberry*. New York: Harper Collins, 1990 [Hinweis d. Red., 2009: Vom selben Autor auf Deutsch erschienen ist die Reihe *Der Zauberschulbus* (nur noch antiquarisch erhältlich) mit folgenden Einzeltiteln: *Auf Tauchstation im Meer. – So entsteht ein Hurrikan. – Eine Reise durch den Körper. – Ausflug ins All.*] – Boynton, Sandra: *Barnyard Dance*. New York: Workman Publishing, 1993. – Porter-Gaylord, Laurel: *I Love My Mummy Because ...* NY: Dutton, 1996. – Porter-Gaylord, Laurel: *I Love My Daddy Because ...* NY: Dutton, 1996.)

21 Anm. d. Übers.: Im englischen Original werden als Beispiele *The Three Little Kittens* sowie *Goldilocks and the Three Bears* angeführt.

22 Potter, Beatrix: *Die Geschichte von Peter Hase*. (Anm. d. Übers.: Von den Autoren angegeben werden hier noch weitere Bücher, die für Eltern mit etwas Englischkenntnissen zum freien Nacherzählen der Geschichte und Betrachten der Bilder geeignet sein könnten: Wescott, Nadine: *The Lady with the Alligator Purse*. NY: Little Brown & Co, 1990. – Preston, Edna Mitchell: *The Temper Tantrum Book*. NY: Puffin, 1976. – Piper, Watty: *The Little Engine that Could*. NY: Price/Stern/Sloan

Publishers, 1990 [dt.: *Die kleine blaue Lokomotive*] – eine wunderbare Mutmachgeschichte von einer kleinen Lokomotive, die sich nicht so leicht unterkriegen lässt.)

23 Milne, A. A.: *Pu der Bär*. (Anm. d. Übers.: Im englischen Original werden zudem folgende Hörkassetten empfohlen: Raffi: *Baby Beluga*, Rounder Records, Universal City, CA, USA, 1990. – Ives, Burl: *A Twinkle in Your Eye*, Sony Wonder, 1998.)

24 Anm. d. Übers.: Im englischen Original empfohlen: *Magna Doodle*™, *Etch-a-Sketch*™ oder *Spirograph*™.

25 Anm. d. Übers.: Im englischen Original werden empfohlen: Rosenbloom, Joseph: *Doctor Knock-Knock*. NY: Sterling, 1976. – Rosenbloom, Joseph: *Biggest Riddlebook in the World*. NY: Sterling, 1976. – Hall, Katy und Lisa Eisenberg: *101 Cat and Dog Jokes*. NY: Scholastic, 1990 (Hinweis der Autoren: Von Katy Hall gibt es viele, viele Witzbücher!). Es folgt von den Autoren außerdem der Tipp: Lesen Sie aus den folgenden Büchern vor und spielen Sie Ihre Lieblingspassagen mit den Kindern nach: Berenstain, Stan und Jan: *The Berenstain Bears and the Messy Room*. – *The Berenstain Bears and Too Much TV*. – *The Berenstain Bears and Too Much Junk Food*. Alle drei Bücher NY: Random House, 1983–1985. Hier werden mit viel Komik Alltagssituationen aufgegriffen: Chaos im Kinderzimmer, zu viel Fernsehen, zu viel Hamburger und Pommes frites. [Hinweis d. Red., 2009: Deutschsprachige Kinder- bzw. Bilderbücher übers Aufräumen, Fernsehen, Essen sind z. B.: *Der TV-Gucki oder Über den richtigen Umgang mit Fernsehen und Computerspielen* und *Der kleine Aufräumfix* von Bärbel Spathelf und Susanne

Szesny; außerdem Greta Carolat und Susanne Mais: *Aufräumen? Mach ich morgen!* – Marco Campanella: *Leo Lausemaus will nicht essen.*]

26 E. B. White: *Wilbur und Charlotte.*

27 Anm. d. Übers.: Von James Herriot sind zahlreiche Bücher in deutscher Sprache erschienen, z. B.: *Der Doktor und das liebe Vieh. – Alles für die Katz: Zehn schnurrige Geschichten. – Auf den Hund gekommen.*

28 Baum, Lyman Frank: *Der Zauberer von Oz.* [Diverse deutsche Verlage haben hierzu deutsche Ausgaben unterschiedlichster Gestaltung herausgebracht.]

29 Kindersley, Anabel und Barnabas (Illustr.), Copsey, Sue: *Kinder aus aller Welt.* In Zusammenarbeit mit UNICEF, Loewe Verlag, 1997. (Anm. d. Übers.: Weitere empfohlene Lektüre in der Originalausgabe: Hoberman, Mary Ann: *Fathers, Mothers, Sisters, Brothers: A Collection of Family Poems.*)

30 Lofting, Hugh: *Doktor Dolittle und seine Tiere.* (Anm. der Übers.: Empfohlen wird im englischen Original ferner folgende englischsprachige Audiokassette: Cleary, Beverly: *Ramona Forever*, vorgelesen von Stockard Channing, Old Greenwich, CT: Listening Library, 1989.)

31 Hinweis d. Red., 2009: Koosh-Bälle sind aus buntem, gummiartigem Kunststoff und fühlen sich mit ihren Zotteln flauschig an; sie passen bequem in die Hand. Mittlerweile werden sie auch in deutschen Spielwarengeschäften angeboten.

32 Anm. d. Übers.: In der englischen Originalfassung angegeben: Rosen, Michael, *Walking the Bridge of Your Nose: Wordplay Poems Rhymes*. NY: Kingfisher, 1995. In deutscher Sprache erschienen ist vom gleichen Autor ein ähnlich gelagertes Buch: *Wir gehen auf Bärenjagd.*

33 Anm. d. Übers.: Als separaten Punkt empfehlen die Autoren im englischen Original die folgenden biografisch ausgerichteten Bücher über Musiker, Schriftsteller, Künstler und Sportler (jeweils Männer und Frauen): Krull, Kathleen: *Lives of the Musicians (and What the Neighbors Thought).* San Diego, CA: Harcourt Brace, 1993. – *Lives of the Writers (and What the Neighbors Thought)*, 1994. – *Lives of the Artists (and What the Neighbors Thought)*, 1995. – *Lives of the Athletes (and What the Neighbors Thought)*, 1997.

34 L'Engle, Madeleine: *Die Zeitfalte.* [Hinweis d. Red., 2009: Von derselben Autorin auf Deutsch erschienen: *Der Riss im Raum.*]

35 Cline, Foster und Jim Fay: *Parenting with Love and Logic: Teaching Children Responsibility.*

36 Hinweis d. Red., 2009: Die Liste alternativer Schulen auf der Website ist lang, allerdings umfasst sie derzeit außer den Montessori- und Waldorfschulen fast ausschließlich Schulen in den USA. Gelistet wird jedoch ALF (Aktives Lernen Favoriten) in Österreich (www.members.aon.at/alf. Schule). Allgemeine Informationen zu Stichwörtern wie »Reformschule«, »Alternative Schule«, »Privatschule« sowie die Namen solcher Schulformen (etwa Daltonplan-Schule, Freie Alternativschule,

Freinet-Schule, Jenaplan-Schule, Montessori-Schule Sudbury-Schule, Freie Waldorfschule) finden deutsche Leser jedoch im Internet, z.B. durch Eingabe der Begriffe in eine Suchmaschine. Angezeigt werden dann u.v.a. folgende Links: www.sueddeutsche.de/dossiers/dossier/542/119398/; www.br-online.de/wissen/bildung/privatschulen-DID121750579476/reform-privatschulen-schulen-ID1217504392285.xml; www.optikur.de/familie/erziehung/schule/alternative-schulen/; www.privatschulen.de/ – Siehe auch Europäisches Forum für Freiheit im Bildungswesen: www.effe-eu.org/effe2/

37 Anm. d. Übers.: An dieser Stelle weicht die deutsche Ausgabe vom amerikanischen Original ab, indem wir eine Anlaufstelle für den deutschen Raum nennen.

38 Übersetzung nach dem englischen Zitat (Anm. d. Übers.).

39 Anm. d. Übers.: Auch hier wird abweichend vom amerikanischen Original eine deutsche Kontaktadresse angegeben.

40 McArthur, David: »Learning to Love«, *Venture Inward Magazin,* Jan./Febr. 1998, S. 33.

41 McArthur, Bruce und David: *The Intelligent Heart: Transform Your Life with the Laws of Love.* A.R.E. Press, S. 224 ff.

42 Siehe www.heartmath.com oder www.heartmath.org. [Heartmath Deutschland: heartmathdeutschland.de (Hinweis d. Red., 2009)].

43 Hinweis d. Red., 2009: Die Übersetzerin hat für die deutsche Erstausgabe 1999 einen Auszug von der damaligen Website der Organisation (http://www.planetarypub.com) in deutscher Übersetzung eingefügt:
»In allen Menschen existiert eine organisierende zentrale Intelligenz, die uns selbst inmitten von Chaos über unsere Probleme hinwegheben kann. Da diese Intelligenz ihren Ursprung im Herzen hat, nennen wir bei HeartMath sie ›Herzintelligenz‹. Kombinieren Sie die Ihnen von Geburt an innewohnende Intelligenz Ihres Herzens mit den Verarbeitungsfähigkeiten Ihres Kopfes, so ist das Gesamtergebnis ›größer als die Summe seiner Teile‹. Diese Herz/Geist-Dynamik stellt eine wirkungsvolle Integration der besten Eigenschaften dar, die das Menschsein ausmachen. Unsere weit verbreitete fünfstufige Stressbewältigungstechnik, Freeze-Frame, ist nun als interaktives Softwareprogramm erhältlich. Der sogenannte Freeze-Framer™ Emotional Management Enhancer benutzt einen an Ihrer Fingerspitze anzusetzenden Pulssensor, um Ihren Herzschlag abzulesen und auf Ihrem PC-Monitor darzustellen. Bei mehreren vergnüglichen, farbenfrohen Spielen können Sie beobachten, wie sich Ihr Herzrhythmus durch die Freeze-Frame-Übungen verändert.«

44 Childre, Doc Lew: *Freeze-Frame: One Minute Stress Management.* [Hinweis d. Red., 2009: Neben etlichen (zum Teil gemeinsam mit Deborah Rozman verfassten) englischsprachigen Büchern wie *Transforming Anxiety: The Heartmath Solution for Overcoming Fear and Worry and Creating Serenity; Transforming Anger; Transforming Stress: The Heartmath Solution for Relieving Worry, Fatigue, and Tension* sind auch etliche Titel von Doc Childre in deutscher Sprache erschienen, u.a.: *Stressfrei mit*

Herzintelligenz®: Gelassen und voller Energie in 5 Schritten. – Die Herzintelligenz entdecken: Das Sofortprogramm in fünf Schritten. – Verwandle deine Wut: Innere Ausgeglichenheit durch Herzintelligenz. – Immer dem Herzen nach: Ein Ratgeber für Eltern. – Kannst du mit dem Herzen sehen? Mit Kindern die Herzintelligenz entdecken: 77 Spiele.]

45 Gregson, Bob: *The Incredible Indoor Games Book* (Spiele für drinnen). – *The Outrageous Outdoor Games Book* (Spiele für draußen). Belmont, CA: David S. Lake Publishers.

46 Childre, Doc Lew: *A Parenting Manual: Heart Hope for the Family*, S. 160 ff.; *The How to Book of Teen Self Discovery*, S. 120 ff.; *Teaching Children to Love: 80 Games & Fun Activities for Raising Balanced Children in Unbalanced Times.* – Rozman, Deborah: *Meditation für Kinder.* – Goelitz, Jeffrey: *The Ultimate Kid* (Ganzheitliche Erziehung), Planetary LLC, S. 154 ff. – Herzog, Stephanie: *Joy in the Classroom*, Planetary LLC.

47 Seyburn, Joyce: *Seven Secrets to Raising a Happy and Healthy Child: The Mind/Body Approach to Parenting.* Berkley Press, 1998.

48 Drummond, Tammerlin: »Touch Early and Often«, *Time*-Magazin, 27. Juli 1998, S. 54.

49 Anm. d. Übers.: Ein Brauch, der analog dazu zu sehen ist, dass man sich etwas wünschen darf, wenn man eine Sternschnuppe entdeckt.

50 Organisation »Children and Adults with AD/HD« siehe unter www.chadd.org. [Hinweis d. Red., 2009: In einem Aufsatz mit dem Titel »Ritalin – die verkannte Gefahr« von Dr. phil. Judith Barben, Kinderpsychologin, und Dr. med. Andreas Bau, Kinderarzt, wird die »Selbsthilfegruppe« CHADD allerdings kritisch betrachtet: Mit ihren mehr als 30 000 Mitgliedern und Hunderten von Sektionen falle sie in den USA als gut organisiert, publizistisch geschickt und finanzkräftig auf; sie propagiere sogar Ritalin als angeblich einzig wirksame Therapie gegen ADHS.]

51 Anm. d. Übers.: Zur Bedeutung von 11:11 siehe www.nvisible.com/1111--Doorway.html.

52 Anm. d. Red.: Im Englischen reimen sich die Verse.

53 Anm. d. Red., 2009: In der englischsprachigen Originalausgabe und in der deutschen Erstausgabe werden erwähnt:
Edward M. Hallowell, M. D.: *Zwanghaft zerstreut*. (Dieses Buch ist für viele das beste, wenn es um eine medizinische Betrachtungsweise von ADS geht.) – John F. Taylor: *Helping Your Hyperactive ADD Child*. (Auch dies ein wunderbares Buch, gilt als das umfassendste Werk über das Thema »Kinder mit ADS und ADHS«.) – Mary Sheedy Kurcinka: *Raising Your Spirited Child: A Guide for Parents Whose Child Is More Intense, Sensitive, Perceptive, Persistent, and Energetic*. (Behandelt die Frage, wie man aus elterlicher Perspektive mit bestimmten Eigenheiten umgehen kann.) – Sears, William, M. D., und Lynda Thompson, Ph. D.: *The A.D.D. Book, New Understandings, New Approaches to Parenting Your Child*. (Dieses

Buch, geschrieben von einem Kinderarzt und einer Kinderpsychologin, skizziert einen nichtmedikamentösen Behandlungsansatz für Kinder mit ADS.) – Diller, Lawrence: *Running on Ritalin: A Physician reflects on Children, Society, and Performance in a Pill.* (Dies sollten Sie wirklich lesen, wenn Sie derzeit bei Ihren Kindern Ritalin einsetzen.) [Hinweis d. Red., 2009: Deutscher Titel von L. Diller: *ADS und Co: Braucht mein Kind Medikamente?*] – Mary Ann Block: *No More Ritalin: Treating ADHS without Drugs.* (In diesem Buch wird de facto dargestellt, worum es in diesem Kapitel geht.) – Eileen Beal: *Ritalin. Its Use and Abuse.* – Anm. d. Übers.: Geben Sie in eine Suchmaschine etwa »Ritalin + Kinder« ein, so wird eine große Fülle von deutschsprachigen Artikeln zum Thema gelistet. Siehe auch Breggin, Peter R., M.D.: »Wie amerikanische Kinder zu Sündenböcken gemacht werden« (www.breggin.com). – Diodà, Carin: »Zappler werden ruhig gestellt«, *Facts Nr. 43, 28. Okt. 99, S. 134–136.* (Ein Artikel, in dem unter anderem darauf hingewiesen wird, dass der kleine Raoul Wüthrich, der in den USA Ende 1999 wegen »schweren Inzests« gegenüber seiner jüngeren Schwester verhaftet wurde, regelmäßig Ritalin einnahm. [Hinweis d. Red., 2009: Siehe auch www.adhs-schweiz.ch bzw. www.adhs-schweiz.ch/ADHS_3b.htm oder www.psychologicus.de/newsticker/artikel.php?nummer=2417] – Gray, Phyllis: »Immer mehr amerikanische Kinder erhalten Psychopharmaka«; www.trend.infopartisan.net/trd1298/t081298.html. [Hinweis d. Red., 2009: Mittlerweile ist auch auf dem deutschen Buchmarkt eine Vielzahl neuer Publikationen über ADHS und ADS erschienen (Sie finden die Titel leicht über den Internetbuchhandel – dazu oftmals Rezensionen von anderen Lesern – oder mithilfe Ihres ortsansässigen Buchhändlers; siehe auch das Kapitel »Weitere Literaturhinweise« in diesem Buch).]

54 Hinweis d. Red., 2009: Siehe auch das Kapitel »Weitere Literaturhinweise« in diesem Buch.

55 Anm. d. Übers.: Geben Sie in eine Suchmaschine die Begriffe »ADHS + Kinder« ein. Sie erhalten eine immense Fülle an zum Teil vorzüglichem deutschsprachigem Material, das sich mit diesem Thema und allem, was im Entferntesten damit zusammenhängt, beschäftigt. Eine äußerst hilfreiche Website ist die des Bundesverbands der Elterninitiativen zur Förderung hyperaktiver Kinder e.V., Postfach 60, D-91291 Forchheim; www.osn.de/user/hunter/badd.htm, auf der Sie auch Literaturhinweise finden.

56 Hinweis d. Red., 2009: Zu CHADD siehe unsere Anmerkung weiter vorne.

57 Network of Hope: www.networkofhope.org.

58 Barkley, Russell: *Hyperactive Children: A Handbook for Diagnosis and Treatment.* New York: Guilford Press, 1981, S. 13. [Hinweis d. Red., 2009: Deutscher Titel dieses Autors: *Herausforderung Teenager: Vertrauen gewinnen, Zugang finden, Konflikte lösen.*]

59 Breggin, Peter R., M.D.: *Talking Back to Ritalin: What Doctors Aren't Telling You about Stimulants for Children.* Monroe, ME, USA: Common Courage Press, 1998. – Breggin, Peter und Ginger: *Journal of College Student Psychotherapy,* Bd. 10 (2), 1995. [Hinweis d. Red., 2009: Der deutschsprachige Titel *Giftige Psychiatrie* (2 Bände) von

Peter R. Breggin ist derzeit nur antiquarisch zu erwerben; er behandelt darin Themen wie Psychopharmaka, Angst, Panik, Zwang, Essstörungen, Sucht und kindliche Verhaltensauffälligkeiten.]

60 Siehe auch einen deutschsprachigen Artikel von Peter Breggin, M.D.: »Wie amerikanische Kinder zu Sündenböcken gemacht werden« sowie die Website www.breggin.com.

61 Block, Mary Ann: *No More Ritalin: Treating ADHS without Drugs.* Kensington Publication Corp., 1997.

62 Gibbs, Nancy: »The Age of Ritalin«, *Time*-Magazin, 30. November 1998, Seite 86.

63 Ebenso.

64 Mendelsohn, Robert S., M.D.: *Wie Ihr Kind gesund aufwachsen kann ... auch ohne Doktor.* [Hinweis d. Red., 2009: Der kritische Ansatz des Autors wird auch in einem weiteren Titel deutlich: *Trau keinem Doktor: Bekenntnisse eines medizinischen Ketzers.*]

65 Gibbs, Nancy: »The Age of Ritalin«, *Time*-Magazin, 30. November 1998, Seite 86.

66 Nachschlagewerk für die ärztliche Praxis mit Hinweisen zu Medikamenten ähnlich denen in der Roten Liste.

67 Eine nationale Organisation in den USA, die sich mit der Gesundheit von Kindern und der kindlichen Entwicklung befasst (Anm. d. Übers.).

68 Lyon, G. Reid, Ph.D.: *Research in Learning Disabilities at the NICHD* (National Institute of Child Health and Human Development).

69 Hinweis d. Red., 2009: Die Website www.mediconsult.com, auf die an dieser Stelle in der Originalausgabe hingewiesen wurde, existiert zwar noch, doch die betreffende Information ist auf diesem Weg nicht mehr auffindbar (ebenso wie etliche andere Referenzen, die in der Originalausgabe erwähnt wurden). Die hier angegebenen Zahlen für Kinder, bei denen ADS oder ADHS diagnostiziert wird, sind schwierig zu aktualisieren; inzwischen muss man mit weit höheren Zahlen rechnen.

70 Hinweis d. Red., 2009: Vergleiche aber die Richtigstellungen dieser Aussage z.B. auf http://www.g-o.de/dossier-detail-65-4.html; http://www.3sat.de/dynamic/sitegen/bin/sitegen.php?tab=2&source=/nano/news/75000/index.html; http://de.wikipedia.org/wiki/Albert_Einstein

71 Weiterführende Literatur: Lyon, G.R., D.B. Gray, J.F. Kavanagh u.a. (Hrsg.): *Better Understanding Learning Disabilities: New Views from Research and Their Implications for Education and Public Policies.* Baltimore: Brookes, 1993. – Moats, L.C. und G.R. Lyon: *Learning Disabilities in the United States: Advocacy, Science, and the Future of the Field*, J Learn Diab 1993; 26:282–294. – Stanovich, K.E. und L.S. Siegel: *Phenotropic Performance Profile of Children with Reading Disabilities: A Regression-Based Test of the Phonological-Core Variable-Difference Model*, J Ed Psych 1994; 86:24–53. – Lyon, G.R. (Hrsg.): *Frames of Reference for the Assessment of Learning Disabilities: New*

Views on Measurement Issues. Baltimore, USA: Brookes, 1994. – Duane, Drake D. und David B. Gray: *The Reading Brain: The Biological Basis of Dyslexia.* York, Parkton, MD, USA, 1991. – Lyon, G. R.: *Research in Learning Disabilities* (Fachbericht), Bethseda, MD, USA: National Institute of Child Health and Human Development, 1991. – *Guide to Medical Cures and Treatments – A Complete A to Z Sourcebook of Medical Treatments, Alternative Options and Home Remedies,* S. 237, »Inattention/Hyperactivity Comparison«, veröffentlicht als Reader's Digest Buch 1996, ISBN 978-0895778468.

72 Siehe Literaturangaben unter der vorhergehenden Anmerkung.

73 Hinweis d. Red., 2009: Die Website www.insight-usa.com, die hier in der Originalausgabe genannt wird, weist nicht mehr auf eine Firma dieser Art hin.

74 Hinweis d. Red., 2009: Auf der Website parentingtips.co.za/Fibro.asp ist zu lesen, dass die Produktion von Smart Start wegen einer Firmenfusion (so) nicht fortgeführt wurde. Auf www.indigochild.com wird derzeit in der Kontaktadresse von Karen Eck dennoch der Markenname Smart Start genannt, allerdings mit Angabe einer Website (www.karen-eck.com), die nicht mehr mit Informationen von Karen Eck belegt ist. (Auch unter askkareneck.com findet man keine aktuellen Informationen zu Smart Start.) Die Hinweise auf Smart Start in diesem Artikel wurden daher weitgehend entfernt. Der Artikel ist unabhängig davon im Hinblick auf das Thema »Nahrungsergänzung« aufschlussreich. Ein eventueller zusätzlicher Bedarf an Mineralstoffen und Spurenelementen

bei Kindern lässt sich auch über andere, in Deutschland erhältliche Präparate decken, sollte aber in jedem Fall mit einem naturheilkundlich orientierten Arzt abgeklärt werden. Von einer unbedachten Aufnahme der Mineralien rät der KOHA-Verlag eindringlich ab! Eine Überversorgung kann genauso zu gesundheitlichen Schäden führen wie eine Unterversorgung!

75 Hinweis d. Red., 2009: Karen Eck erwähnt hier, dass sich die Wissenschaftler bei der Entwicklung von Smart Start auf die Förderung der geistigen Leistungsfähigkeit konzentriert haben. Das Produkt sei von Albion Laboratories patentiert worden. Die Mineralien seien chelatiert worden, um vom Körper besser absorbiert zu werden.

76 Die Angaben beziehen sich auf eine Tablette Smart Start. In der Originalausgabe dieses Buches steht unter der Liste der folgende Abschnitt: »Bei den mit Sternchen versehenen obigen Mineralien handelt es sich um patentierte Aminosäurechelate von Albion Laboratories; sie enthalten zudem eine einzigartige, gesetzlich geschützte Mischung der nachfolgenden Kräuter, die mit der Unterstützung der Denkfunktionen in Verbindung gebracht werden: Gingko-biloba-Blätter: 40 mg; Blaubeere (Anthozyanadin-Konzentrat): 20 mg; Seetang/Kelp: 12 mg; Häutchen der Schwarzen Walnuss (black walnut): 12 mg; Sibirische Ginsengwurzel: 12 mg; Pycnogenol: 400 mg. Enthält außerdem: Fruchtzucker, Traubenzucker, Glyzin, Zitronensäure, Aromen und Stearinsäure.«

77 Hinweis d. Red., 2009: Aufgelistet werden die pflanzlichen Wirkstoffe in Smart Start.

78 Anm. d. Verlags: Siehe dazu das Buch von Christian Salvesen: *Blaugrüne Algen: Supernahrung für Körper und Geist* und Musik-CD von Crystal: *Bluegreen* (Aquarius/Silenzio Musik). – Siehe auch den Kommentar von Ryan Maluski: »Wie es ist, als Indigo aufzuwachsen« in Kapitel 5 dieses Buches; dort werden Blaugrüne Meeresalgen (Spirulina) erwähnt.

79 Hinweis d. Red., 2009: An dieser Stelle bietet die Autorin eine Liste der Produkte, die sie ihrem Sohn täglich verabreicht: Source of Life Multivitamine; 3 Super-Cholin-Kapseln; 2x 5-H-T-P Kapseln von Biochem; 1x 1000-mg-Kapsel Lecithin; 1x 50-mg-Kapsel Liponsäure von Biochem; 1 Kapsel Rhododendron Caucasicum+; 3 Restores (Zusammenstellung von Aminosäuren); 2 Kapseln Omega Gold (Kombination mit Blaugrünen Algen); 1 DHA-Kapsel von Solray; 2 Efalex-Focus-Kapseln; Trace Lyte in Wasser, das einer Umkehr-Osmose unterzogen wurde. Außerdem erwähnt sie das Spray Pedi Active für Kinder, die keine Tabletten schlucken können. [Pedi Active wird z. B. auch auf www.macaio-supplements.de/hyper/menu.html für ADS-Kinder empfohlen.] – Die verschiedensten Nahrungsergänzungen und Vitalstoffe (nicht nur Vitamine, wie es der Name nahelegen würde) werden z. B. über www.shop.vitaminwelten.de angeboten. – Der KOHA-Verlag weist hier nochmals darauf hin, dass Sie die Art und Dosis von Nahrungsergänzungsmitteln unbedingt mit einem Naturheilarzt bzw. medizinischen Experten absprechen sollten!

80 Hinweis d. Red., 2009: Die kanadische Firma Nutri-Chem führt laut der Autorin die Produkte, in denen ein Großteil der von ihr angegebenen Bestandteile enthalten sei (http://

www.nutrichem.com). Siehe auch www.nutrichem.de. Nutrichem Diät + Pharma stellt jedoch keine eigenen Produkte her – siehe die Werbung auf ihrer Website:
»Unsere Entwicklung – ein Team aus Biochemikern, Lebensmittelingenieuren, Ökotrophologen und Medizinern – setzt Ihre Ideen in ein Produkt um, das den geforderten Produkteigenschaften wie Geschmack, Konsistenz, Stabilität, Handling sowie den technischen Forderungen entspricht. In enger Abstimmung werden eine Rezeptur entwickelt und die geeignete Verpackung gewählt sowie vor der Produktion Labor- und Pilotversuche durchgeführt. Wir unterstützen Sie bei der Anmeldung Ihrer Produkte und bei der Erstellung der Registrierungsunterlagen. Wir beraten Sie in Fragen der Deklaration, der rechtlichen Erfordernisse und der formalen Etikettengestaltung. Wir verfügen über eine Herstellererlaubnis für Arzneimittel, nach GMP (Good Manufacturing Practice), gemäß den Richtlinien der Milchverordnung und im Einklang mit den Veterinärbestimmungen.«

81 »Doctors Give Alternative Remedies Closer Look«, *Associated Press,* zitiert im *Norwich Bulletin: Health,* 11. November 1998. Berichtet wird darin über *The Journal of the American Medical Association,* Band 008, 11. November 1998 (Band über alternative Medizin).

82 Ebenso

83 Hallowell, Edward, M.D., und John J. Ratey: *Zwanghaft zerstreut: Die Unfähigkeit, aufmerksam zu sein.* [Hinweis d. Red., 2009: Die Bewertungen von Lesern lassen bei Amazon darauf schließen, dass dieses Buch große Anerkennung genießt.]

84 Taylor, John F.: *Helping Your Hyperactive ADD Child.* Prima Publishing, 1997. – Taylor, John F.: *Answers to ADD: The School Success Kit.* 102-minütiges Video, in dem rund 125 Techniken beschrieben und illustriert werden.

85 Newsletter (Rundbrief) von Network of Hope, Februar 1998, Ausgabe über Ernährung.

86 Lawrence, Ron, M.D., Ph.D., Paul Rosch, M.D., F.A.C.P., und Judith Plowden, *Magnetic Therapy: The Pain Cure Alternative.* Prima Publishing.

87 Hinweis d. Red., 2009: Zur Magnet-Therapie bzw. Magnetfeld-Therapie sind mittlerweile auf dem deutschen Markt etliche Bücher publiziert worden. Sie finden die Titel leicht durch die Eingabe der Stichwörter bei Internetbuchhändlern, aber auch in Ihrer Buchhandlung vor Ort.

88 Lubar, J.F. und M.N. Shouse: *The Use of Biofeedback in the Treatment of Seizure Disorders and Hyperactivity.* Advances Child Clinical Psychology, 1, Plenum Publishing Company, S. 204–251. [Hinweis d. Red., 2009: Auch zum Biofeedback-Verfahren sind inzwischen in Deutschland etliche Bücher erschienen, z.B.: *Biofeedback: Die alternative Methode zur Behandlung von Schmerzen und psychosomatischen Beschwerden. – Biofeedback in der Praxis. – Biofeedback: Grundlagen, Indikationen, Kommunikation, praktisches Vorgehen in der Therapie. – Wie wirksam ist Biofeedback? Eine therapeutische Methode.*]

89 Hinweis d. Red., 2009: Laut www.soma-institute.com besteht das Soma Institute of Neuromuscular Integration mittlerweile nicht mehr. Dies gilt im Übrigen auch für etliche andere der in der Originalausgabe erwähnten Einrichtungen.

90 Dr. Sid Wolf, H.H.P., Ph.D.: Phoenix Center for Healing, Fitness & Education (www.phoenixhealingcenter.com/kryon.html).

91 Johnson, Ranae, Ph.D.: *Reclaim Your Light Through the Miracle of Rapid Eye Technology* und *Winter's Flower*. Bücher erhältlich über http://www.rapideyetechnology.com

92 Rapid Eye Institute: www.rapideyetechnology.com.

93 Dubro, Peggy und Steve: *The EMF Balance Technique: Phoenix Factor*. www.emfbalancingtechnique.com. [Hinweis d. Red., 2009: Siehe auch die deutsche Website www.emfbalance.de. Von Peggy Phoenix Dubro und David P. Lapierre ist auf Deutsch erschienen: *Potenziale der inneren Kraft*. – Zu EMF Balancing siehe auch den Kommentar von Ryan Maluski: »Wie es ist, als Indigo aufzuwachsen« in Kapitel 5 dieses Buches.]

94 Anm. d. Übers.: Übersetzung eines aufschlussreichen Ausschnitts aus der Website von EnerChi U.K., wo mit EMF Balancing gearbeitet wird (http://www.enerchiuk.com) [Hinweis d. Red., 2009: Auch diese Website gibt es derzeit nicht mehr]:
»EMF. Elektromagnetisches Feld. Felder dieser Art existieren im Umfeld jeglicher Energie. Unser Strom-

netz, Radio- und Fernsehübertragungen, Mobiltelefone, Mikrowellengeräte und Radaranlagen verseuchen unsere Umwelt kontinuierlich mit synthetischen Wellen. Schon seit Langem wird über die gesundheitlichen Auswirkungen debattiert, doch angesichts multinationaler Konzerne, die Billionen in dieses Geschäft investiert haben, gelangen die vollständigen Ergebnisse nie an die Öffentlichkeit. Subtilere Energiefelder finden sich um Pflanzen, Tiere und Menschen. Das menschliche Energiefeld wird von Mystikern, Sehern, Hellsichtigen und Religionen in der Geschichtsschreibung immer wieder erwähnt. Mit diesem Feld befasst sich die *EMF-Balancing-Technik*. Wir alle sind von einem elektromagnetischen Feld umgeben; es ähnelt dem, was wir unter unserer ›Aura‹ verstehen. Es handelt sich um eine energetische Netzstruktur, die uns schützend umhüllt und als Licht- und Energiefasern von unseren Chakras ausstrahlt. Wenn unsere Aura geschädigt werden kann, so kann dies auch mit unserer Verbindung zu diesem Netz, diesem Raster geschehen. Durch *EMF Balancing* lernen wir, unser Energiefeld zu stärken und zu reparieren; wir lernen, wie es funktioniert und wie es sich auf unser tägliches Leben sowie unser persönliches und spirituelles Wachstum auswirkt.«

95 Carroll, Lee: *Gemeinsam mit Gott*. Koha Verlag, 2007

96 Anm. d. Übers.: Interpersonal Process Recall, ein von Norman Kagan entwickelter Ansatz der Psychotherapie.

Doreen Virtue
Die Kristall-Kinder
Tb. 128 Seiten
ISBN 978-3-86728-052-5
€ 7,95

Kristallkinder haben eine schillernde Aura und man erkennt sie an ihren große Augen. Sie sind höchst sensitiv und medial begabt und haben eine wichtige Lebensaufgabe. Während die Indigo-Kinder eher kämpferisch veranlagt und handlungsorientiert sind, zeigen sich die Kristall-Kinder sanft und gelassen. Sie sind die Friedensstifer der kommenden Zeit.

Doreen Virtue
Das Praxisbuch für Indigo-Eltern

Tb. 320 Seiten
ISBN 978-3-86728-141-6
€ 9,95

Das Praxisbuch für Indigo-Eltern behandelt die außergewöhnlichen psychologischen Merkmale wie auch die besonderen Eigenschaften der Indigo-Kinder. Die Autorin, selbst Mutter von vier Indigo-Kindern, beschreibt sehr eindrucksvoll, wie man im Alltag auf natürliche Weise mit diesen jungen Persönlichkeiten umgehen kann.
Auf der Basis dieser bahnbrechenden Erkenntnisse und mithilfe von Doreen Virtues wertvollen Hinweisen können Sie umgehend positive Veränderungen erzielen. Sie werden in der Lage sein, die Zukunft ihrer Kinder auf wundervolle Weise zu gestalten.